Ole Kofoed-Olsen

Törnführer Dänemark 3

Jütland · Læsø · Anholt · Samsø

Edition Maritim

Autor und Verlag übernehmen für Irrtümer, Fehler oder Weglassungen keinerlei Gewährleistung oder Haftung. Die Pläne dienen zur Orientierung und nicht zur Navigation; sie ersetzen also keinesfalls Seekarten und Seehandbücher.

Impressum

Die Deutsche Bibliothek – CIP-Einheitsaufnahme
Törnführer Dänemark / – Hamburg : Ed.
Maritim.
3. Jütland, Laesø, Anholt Samsø / Ole Kofoed-Olsen / [Aus dem Dän. von Rosemarie Lecoutre]. – 1994
ISBN 3-89225-276-9
NE: Kofoed-Olsen, Ole

Titel der dänischen Originalausgabe:
Sejltouren går til Nord- og Vestjylland

Umschlag: Buchholz/Hinsch/Hensinger, Hamburg
Übersetzung: Rosemarie Lecoutre, Kassel
Pläne: Erik Leenders
Fotos: Ole Kofoed-Olsen, Jyllinge
Titelfoto: Wyn Hoop, Hamburg
Satz: Utesch Satztechnik GmbH, Hamburg
Druck und Bindung: pdc Paderborner Druck Centrum GmbH, Paderborn
Titelfoto: Nykøbing am Limfjord

Printed in Germany 1994
1. Auflage
ISBN 3-89225-276-9

Inhalt

Nordjütland 131

Westjütland 150

Vorwort

Dieses Buch lädt zu einem Segeltörn ein, der an der dänischen Ostseeküste im Horsens Fjord beginnt. Die Reise führt über Samsø und Århus, rund um Djursland in die Fjorde von Randers und Mariager. Die Inseln Anholt und Læsø werden angelaufen, und den weitverzweigten Gewässern des Limfjords sind zwei Kapitel gewidmet.
Von Skagen an der Nordspitze Dänemarks geht der Kurs an der dänischen Nordseeküste nach Süden über Hirtsholm, Hanstholm, Ringkøbing und Esbjerg zu den Inseln Fanø, Mandø und Rømø in die dänischen Wattengewässer.
In den kleinen wie großen Häfen und Marinas entlang der Törnroute legen wir an, und der Sportbootfahrer kann seine Reise mit den verschiedenen Zielen, Sehenswürdigkeiten und Ausflugsmöglichkeiten danach planen. Als Alternativen werden jeweils auch Ankerplätze in der Nähe der Häfen genannt.
Der vorliegende Törnführer ist kein Ersatz für Seekarten oder Handbücher, sondern dient als Ergänzung der vorhandenen Literatur.
Dieses Buch will dem Sportbootfahrer neben dem Wissen über Häfen, Marinas und Ankerplätze auch Kenntnisse über all das, was im Ort und im Hinterland jenseits der Kaimauern geboten wird, vermitteln.

Ole Kofoed-Olsen

Die in den dänischen Karten und Plänen enthaltenen Begriffe bedeuten:

Bredning	– Haff/Haffsee
Bro	– Brücke
Færgehavn	– Fährhafen
Fiskerihavn	– Fischereihafen
Friluftsteater	– Freilichtbühne
gl./gammel	– alt
Jernbane	– Eisenbahn
Løb	– Fahrwasser
Lystbådehavn	– Sportboothafen
Mølle	– Mühle
Politi	– Polizei
Roklub	– Ruderverein
Rutebilstation	– Bushaltestelle
Slot	– Schloß
Sømil	– Seemeile
Station	– Bahnhof
Svømmebad	– Schwimmbad
Tårn	– Turm
Torv	– Markt
Trafikhavn	– Handelshafen
Vig	– Wiek
Zool. Have	– Zool. Garten

Die Gewässer zwischen Horsens, Samsø und Århus

Horsens – Endelave – Samsø – Tunø – Hov – Norsminde

Vom Kattegat bis Snaptun

Den Horsens Fjord steuert man ab der grünen Søndergrundtonne durch den Hjarnø Sund an, der zwischen Hundshage und Hjarnø verläuft. Hier draußen, wo See und Fjord aneinander grenzen, liegen die Inseln Hjarnø und Alrø wie zwei Korken vor dem langen Fjordarm nach Horsens hinein, um ihn fast in ein Binnenmeer zu verwandeln. Die flachen Küsten, von denen dieser Fjord umgeben ist, bewirken, daß der Wind hier nicht im gleichen Maße wie z. B. im Vejle Fjord kanalisiert wird, wo man fast immer entweder auf Kreuz- oder Vorwindkursen segelt. Auf halber Höhe des Hjarnø Sundes liegt ein kleiner Hafen am Westufer:

Snaptun Fischerei- und Fährhafen

Der Hafen von Snaptun liegt sehr malerisch am Eingang des Horsens Fjordes. Genau gegenüber, auf der anderen Seite des 800 Meter breiten Sundes, befindet sich Hjarnø Havn, wohin den ganzen Tag über eine Fährverbindung besteht. Die Endelave-Fähre legt ebenfalls in Snaptun an.
Südlich des Hafens erstrecken sich Wald und schöne Badestrände. Gute Ankerplätze liegen 0,5 Seemeilen südlich des Hafens.

- Telefon
- Wasser
- Lebensmittel
- Benzin/Diesel
- E-Anschluß
- Hafenmeister: Tel. 75 68 32 64
  Nächste Tourist-Information:
  Horsens, Tel. 75 62 31 32

Die Umgebung

Das drei Kilometer entfernt gelegene **Glud Museum** ist eines der ältesten Dorfmuseen des Landes. Die Sammlungen von altem Hausrat, Werkzeugen, Trachten und Textilien aus etwa 300 Jahren Bauernkultur sind in einer Reihe von alten Fachwerkgebäuden untergebracht. U. a. findet man hier Dänemarks ältestes Wohngebäude aus dem Jahre 1662, ein Altenteilerhaus von 1687, ein Fischerhaus von 1725, zwei Schmieden und ein Dreschhaus.

Von Snaptun nach Horsens

Am Ende des zehn Seemeilen langen und sehr schönen Fjords liegt die Stadt Horsens mit ihrem Handels-, Fischerei- und Yachthafen.

Horsens Yachthafen

Horsens laufen nicht besonders viele Segler an, weil der Ort so abgelegen ist. Und das ist eigentlich schade, denn man ist in Horsens hochwillkommen. Auswärtige Segler nehmen während ihres Aufenthalts gern den kostenlosen Liegeplatz in Anspruch, und in dem Vereinshaus des Segelclubs gibt es eine kleine Gaststätte (kein Verzehrzwang). Wenn man hier einkehrt, kann man die Aussicht über den Hafen und den Fjord genießen. Der Verein ist leicht an einem roten Reisigbesen vor dem Eingang zu erkennen: eine Erinnerung an die einstige Kennzeichnung der dänischen Gewässer durch Reisigbesen, wie sie bis in die 80er Jahre üblich war.

Wie so viele andere dänische Kleinstädte hat Horsens eine wechselhafte Entwicklung durchlaufen, geprägt von Pest, Kriegen und Feuersbrünsten. Es sind nur noch wenige Spuren vorhanden, die an die mittelalterlichen Klöster und an die vielen Befestigungsanlagen erinnern.

- Telefon
- Wasser
- Lebensmittel
- Benzin/Diesel
- E-Anschluß
- Hafenmeister: Tel. 75 62 10 14
- Fahrradverleih
- Tourist-Information: Søndergade 26, Tel. 75 62 31 32

Dafür gibt es genug aus dem 19. Jahrhundert und der Zeit danach, an dem man seine Freude haben kann. Heute besitzt Horsens die wirtschaftliche Struktur einer vielseitigen Industriestadt.

„Ich habe fünf Jahre in Horsens gewohnt und habe nie seine Hauptstraße gesehen." Ein alter Scherz, der auf einen alten und ganz gewiß ungewöhnlichen, aber für die Stadt typischen Arbeitsort anspielt. Es handelt sich um das Staatsgefängnis von Horsens, früher als Zuchthaus bezeichnet, das 1847–1853 als Strafanstalt im nordwestlichen Randgebiet der Stadt erbaut wurde.

In der Stadt

Arbeiter-, Handwerker- und Industrie-Museum, Gasvej 17: Im alten Elektrizitätswerk ist Dänemarks einziges Museum dieser Art eingerichtet worden. Hier findet man Ausstellungen über die heimische Industrie in ihrer Aufbauphase etwa um 1860–1914. Es werden Maschinen in Betrieb und wechselnde Ausstellungen gezeigt.

Das **Horsens Museum** kann man im Sundvej 1 A besuchen. Dies ist ein kulturhistorisches Museum mit vielerlei Erinnerungsstücken aus der Geschichte der Stadt. Man findet hier Gegenstände aus der Vorgeschichte dieser Gegend, wobei man besonders den reichhaltigen Sammlungen von Silbergerät, von Keramik und Mobiliar aus der Glanzzeit der Stadt Beachtung schenken sollte. Im Museum werden wechselnde Ausstellungen gezeigt.

Die **Horsens Klosterkirche** in der Borgergade stellt die Kirche eines früheren Klosters der Grauen Brüder (Gråbrødre) dar und wurde um etwa 1200 erbaut. Sie zeichnet sich durch eine reiche Innenausstattung aus dem Mittelalter und der Zeit bis etwa 1800 aus. Dabei sind vor allem die Grabmale aus der Zeit um 1700 hervorzuheben.

Die **Erlöserkirche** (Vor Frelsers Kirke) am Marktplatz wurde etwa um 1225 erbaut und ist leicht an ihrer Zwiebelturmspitze zu erkennen. Unter den Gewölben des Mittelschiffes sieht man einige seltene Doppelsäulengalerien. In der Vorhalle befinden sich die Grabsteine der Eltern von Vitus Bering.

Das **alte Rathaus** in der Søndergade 26 wurde 1854–1856 im Renaissancestil erbaut. Heute sind in dem al-

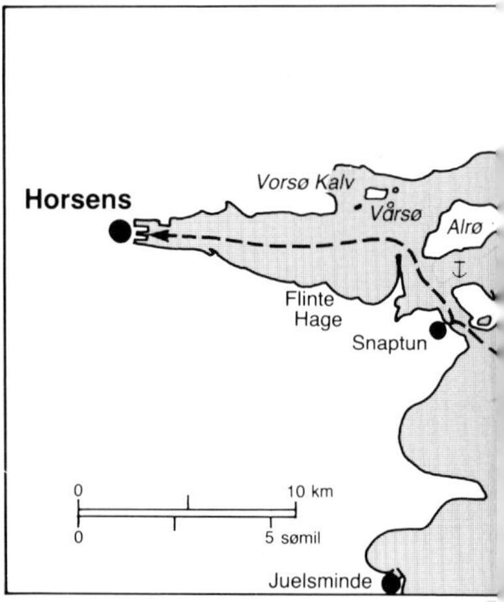

ten Gebäude das Fremdenverkehrsbüro und das Stadtarchiv von Horsens untergebracht.

Schloß Bygholm mit Park steht ebenfalls am Bygholm Parkvej, zwei Kilometer vom Hafen entfernt. Das jetzige Hauptgebäude wurde 1775 errichtet. Heute ist aus dem früheren Herrenhof ein modernes Kongreßzentrum geworden. Der große Park ist der Öffentlichkeit zugänglich, und ein schöner Spaziergang führt an Erik Menveds Burgruine aus der Zeit um 1300 vorbei.

Der **Vitus Berings Park** liegt gegenüber dem Bahnhof. Ein Seefahrer aus den ruhigen Gewässern des Horsens Fjords hat seinen Namen in den Seekarten der Weltmeere verewigt. Vitus Bering wurde 1681 in Horsens geboren. Als erster segelte er in russischen Diensten durch die rauhen Meere entlang der Küste Sibiriens. 1741 entdeckte er, daß Asien und Nordamerika durch eine Meerenge voneinander getrennt sind, die später einmal seinen Namen tragen sollte. Unglücklicherweise strandete sein Schiff bald auf ei-

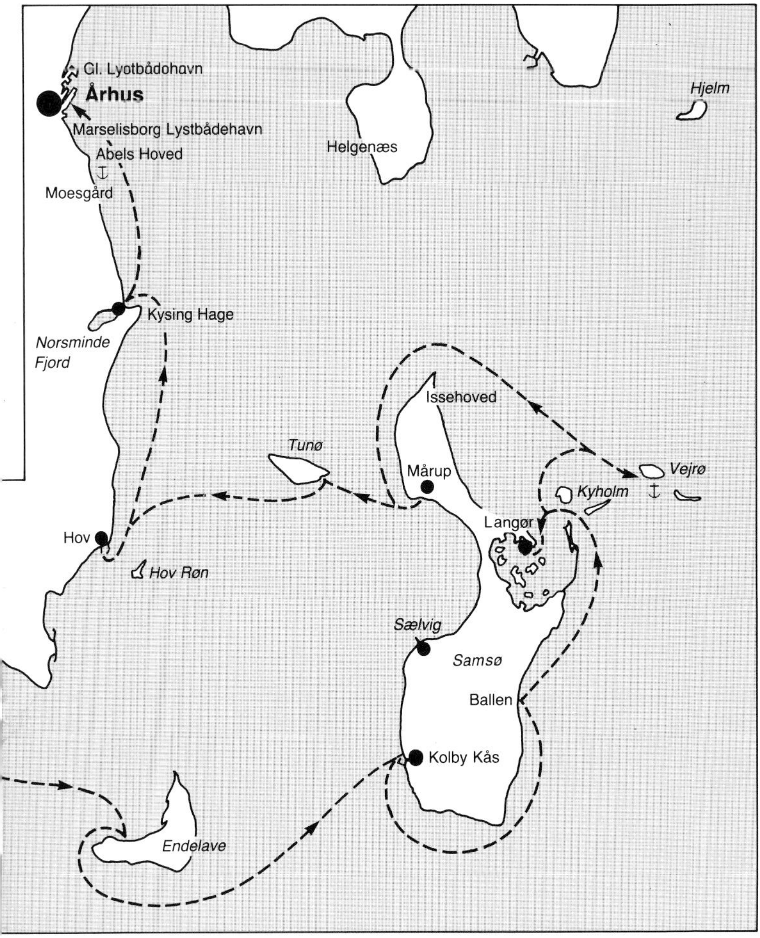

ner öden Klippe, die später den Namen Beringinsel erhielt. Hier starb er zusammen mit der Schiffsbesatzung an Skorbut. In dem Park, der zur Erinnerung an diesen berühmten Sohn der Stadt Horsens angelegt wurde, findet man u.a. eine Gedenktafel, flankiert von zwei Kanonen der „Sankt Peter", des Schiffes, mit dem er seine letzte Reise unternahm. Die Kanonen sind ein Geschenk der Sowjetunion aus dem Jahre 1957. Außerdem stehen in diesem Park verschiedene Skulpturen.

Das **Stokværk** am Smedetorv ist das Haus der Künstler. Hier teilen sich eine Galerie und kleine Läden mit Kunstgegenständen ein 200 Jahre altes, unter Denkmalschutz stehendes Gebäude, das sich im Besitz eines Kreises von Künstlern und Kunsthandwerkern befindet.

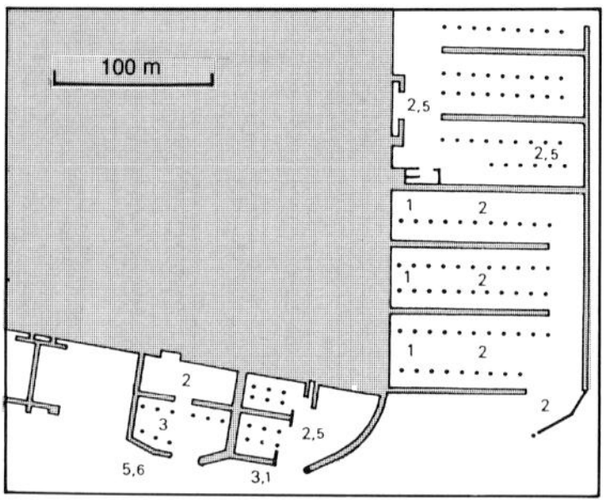

Von Horsens nach Hjarnø

Ob der Törn nun in den Horsens Fjord hinein oder aus ihm herausführt, hier kann man die Natur auf jeden Fall so erleben, wie sie für die Fjordwelt Dänemarks typisch ist: Äcker und Wald, Strandwiesen, die Inselchen des Küstengewässers und gewaltige Felsblöcke, auf denen sich stets eine bunte Schar lautstarker Seevögel aufhält. Nordöstlich der Fahrrinne, die von Horsens hinausführt, liegt die Vårsø-Inselgruppe im Fjord wie Perlen an einer Schnur aufgereiht. Im Westen liegt Vårsø Kalv, dann folgen Vårsø und die Lang-Inseln. Sie stehen unter Naturschutz, und das Betreten ist das ganze Jahr über nicht gestattet. Weil die umgebenden Gewässer ebenfalls in den Naturschutz einbezogen sind, sollte man die gelben Tonnen beach-

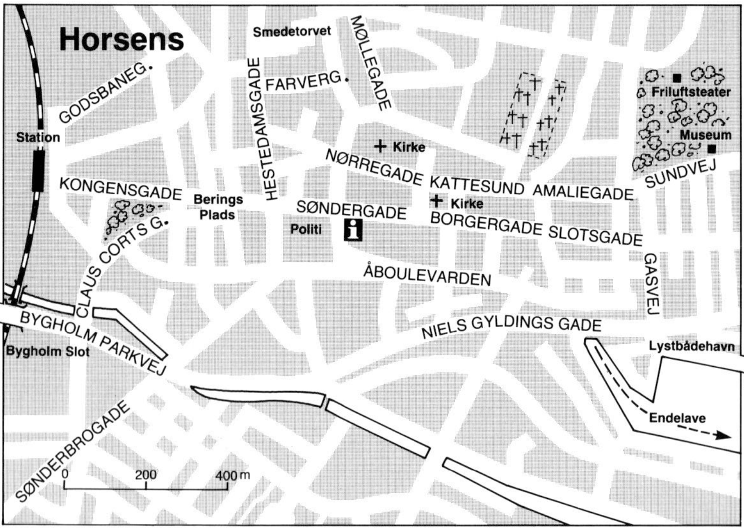

Der kleine Hafen von Hjarnø

ten und nicht zu nahe herankommen. Die Inseln sind im Besitz der Universität Kopenhagen, die seit 1936 die Inseln brachliegen läßt, um zu sehen, was geschieht, wenn die Natur ganz sich selbst überlassen wird. Am augenfälligsten ist, daß der Aale fressende Kormoran hier eine seiner seltenen Brutstätten in Dänemark gefunden hat.

Alrø Steinmole

Die größte Insel im Fjord ist Alrø. Wie man aus den Namen Esphoved, Egehoved und Abildhoved ersehen kann (Hoved = Wald), ist die Insel früher bewaldet gewesen, aber heute prägt offene Feldmark die Natur. Man kann sowohl an der Ost- und West- als auch an der Nordseite von Alrø vor Anker gehen und mit dem Beiboot zum Ufer rudern. Für ein Ankern über Nacht ist es hier allerdings zu offen, denn die Insel bietet nur Schutz vor Seegang, nicht aber vor dem Wind. Es gibt zwar bei Egehoved an der Südspitze der Insel eine alte Steinmole, früher befand sich dort die Anlegebrücke der Dampffähre nach Horsens, doch heute ist sie völlig versandet und kann nicht mehr angelaufen werden.

Hier bestehen Ankermöglichkeiten, jedoch mit Steinen auf beiden Seiten innerhalb der 2-Meter-Linie.

Alrø ist keine echte Insel, denn schon 1931 wurde eine Festlandsverbindung über einen 800 Meter langen Damm von Alhage bis hinüber nach Jensnæs hergestellt.

Bevor der Damm gebaut wurde, erfolgte der gesamte Verkehr zum Festland mit Hilfe von Fährbooten, und im Winter mußten die weiblichen Fahrgäste sogar auf dem Rücken des Fährmanns getragen werden, um trockenen Fußes an Land zu kommen. Im Sommer zogen sowohl Frauen als auch Männer Schuhe und Strümpfe aus und wateten unter großem Hallo an Land.

Die Reise nach Horsens im offenen Segelboot konnte im Herbst und Winter zu einem beschwerlichen Abenteuer werden, wenn man bei der Hin- und Rückreise manchmal mehr als drei Stunden auf See zubringen mußte.

Bedeutend bequemer wurde es, als Alrø an jedem Markttag eine Dampfschiffverbindung zur Stadt erhielt. Diese Verkehrsverbindung wurde eingestellt, als der Damm gebaut wurde. Alrøs schmucke kleine **Kirche** steht hübsch an einem Aussichtspunkt über dem Fjord.

Hjarnø-Anlegebrücke

Der Hafen ist ziemlich klein und bietet nur einzelnen Gästen auf beiden Seiten der Außenmole Platz. Nachdem die Fähre 1987 ein neues Fährbett an der Außenseite der Brücke erhielt, sind es ein paar Plätze mehr geworden. Der Hafen liegt ziemlich ungeschützt gegen Wind und See. Südlich oder nördlich des Brückenkopfes kann eine starke Strömung herrschen. Es ist nur unter Tage anzuraten, an der Außenseite der Brücke anzulegen, denn während der Nacht herrscht auf der in unmittelbarer Nähe verlaufenden Fahrrinne lebhafter Berufsverkehr, und die Boote auf der Außenseite liegen dann im Schwell. Aus Platzgründen muß häufig mit dem Bug an der Brücke und vor Heckanker festgemacht werden. Sollten die Plätze an der Mole besetzt sein, so besteht in der kleinen Bucht draußen vor der Kirche eine zusätzliche Ankermöglichkeit.

- Telefon
- Wasser
- Lebensmittel
- E-Anschluß
- Hafenmeister: Tel. 75 68 33 45 (Hjarnø Færgefart)
- Nächste Tourist-Information: Horsens, Tel. 75 62 31 32

Die Insel

Hjarnø hat die Form eines Elefantenkopfes ohne Ohren, dessen Stirn dem Kattegat zugewandt ist. Hier vereinen sich die Vorteile von Insel und Festland. Es herrschen Frieden und Ruhe einer Insel, und von Jütland ist sie nur durch den 800 Meter breiten Hjarnø Sund getrennt, den eine Fähre im Pendelverkehr zwischen Snaptun und Hjarnø überquert. Dies vermittelt den Einwohnern fast das Gefühl, auf dem Festland zu leben, wo viele auch Arbeit finden.
Ansonsten ist Hjarnø eine flache, offene Insel, Bauernland, und die sorgsam bestellten Felder, der stattliche Viehbestand und die adretten, gepflegten Bauernhöfe sprechen für die Tüchtigkeit und Erfahrung der Landwirte. Der größte Teil der Höfe und Häuser steht in Hjarnø By, dessen Bebauung dem Kirchweg entlang der Längsrichtung der Insel folgt.
Der Name Hjarnø geht gemäß dem Chronisten Saxo auf den sagenumwobenen König Hjarne zurück. Als König Frode Fredegod starb, entschied das Volk, daß derjenige, der den geliebten König mit dem schönsten Lied verewigen würde, den dänischen Thron zum Erbe erhalten sollte.
Sieger dieses Wettstreites blieb der Skalde Hjarne, doch war es ihm nicht vergönnt, lange auf dem Thron zu sitzen, da der Sohn Frode Fredegods, Fridlev, von seinen Heldentaten in Rußland zurückkehrte und ihn mit Gewalt verdrängte. Hjarne flüchtete dann auf die kleine Insel im Horsens Fjord, die seinen Namen erhielt. Anderswo heißt es etwas nüchterner, daß Hjarnø von dem dänischen Wort „Hjerne“ in seiner alten Bedeutung „Haupt“ stammt, was soviel wie „Bodenerhebung“ besagt.
Auf Hjarnø gibt es keine Geschäfte, jedoch verfügt der Campingplatz über einen Kiosk, der so etwas wie einen ländlichen Gemischtwarenladen darstellt. Richtung Odde, quasi am Rüssel des Elefantenkopfes, gibt es den besten Badestrand.

Von hier aus bietet sich nach Norden zu eine herrliche Aussicht entlang der schönen Küstenlinie der Insel. Der Meeresgrund fällt steil vom Ufer bis auf über 20 Meter Wassertiefe ab, besonders an der äußersten Spitze der Odde. Hier gibt es eine der seltenen Stellen, wo selbst tiefgehende Kielboote mit ihren Steven direkt den Strand anlaufen können.

Ein Anlegesteg führt über das Flachwasser der Bucht zwischen Odde und der Hauptinsel, damit man keinen Umweg zu machen braucht, um zurück an die Anlegebrücke von Hjarnø zu gelangen.

Es war ein großes Ereignis, als sich am 8. Dezember 1770 ein **Pottwal** in die flachen Gewässer des Alrø Sundes verirrte und dort auf Grund geriet. Die Bewohner von Hjarnø sahen ihn zuerst, und nach mühsamer Bergungsarbeit gelang es ihnen, das Tier zu töten.

Mit Seilen und Winden wurde es an Land geborgen. Seine Maße betrugen 26 Ellen Länge und 8 Ellen Durchmesser, und man gewann etwa 100 Tonnen Tran, der den Bewohnern einen guten Erlös einbrachte.

Aus praktischen Erwägungen wurde die **Kirche von Hjarnø** dicht am Ufer erbaut, damit der Pastor vom Festland aus bequem mit dem Boot dorthin übersetzen konnte. 1876 wurden die Bewohner von Hjarnø dazu verurteilt, „einer für alle und alle für einen den Pastoren-Anlegesteg in gutem Stand zu halten und für ein zuverlässiges Fahrzeug und solide Ruderer Sorge zu tragen“. Heute kommt der Pastor immer noch jeden Sonntag vom Festland herüber, jedoch mit der Fähre. Die weiß verputzte Kirche ist klein und niedrig, und der Turm überragt nur knapp das Kirchengebäude. Drinnen in der Kirche hängt, etwas ungewöhnlich, ein schönes Modell eines heidnisches Wikingerschiffes.

Museum. In Hjarnøs „Konditorei“ befindet sich die größte private Sammlung von Steinzeitwerkzeugen in Dänemark, die etwa 40 000 in Glaskästen ausgestellte Objekte umfaßt, darunter 17 000 Jahre alte Lyngby-Pfeile.

Steinsetzungen. Das Grab König Hjarnes lag, so wird behauptet, mitten zwischen den ehemals 25 Steinsetzungen, die sich unmittelbar am Beginn der Odde befanden und von denen heute nur noch etwa zehn übrig sind. Andere behaupten, daß es sich um Gedenkstätten norwegischer und schwedischer Krieger handele, die einst auf der Insel in einer Schlacht kämpften, die viele Tote kostete. Auf dem Wege auf die Odde hinaus erkennt man einige unscheinbare Steine in einem Gebüsch rechts vom Wege. Nähert man sich diesen, so sieht man deutlich die Reste von Steinsetzungen: Mit den Steinen sind die Umrisse eines Wikingerschiffes markiert, das auf das Land zusteuert. Möwen bewachen diesen stimmungsvollen Ort.

Von Hjarnø nach Endelave

Beim Ansteuern von Endelave aus Norden hält man sich, um die Gründe westlich und nördlich der Insel zu umgehen, an die rot-weiße Ansteuerungstonne, die etwa 2,5 Seemeilen nördlich des Hafens die Fahrwassermitte markiert, denn diese Untiefen verlaufen einige Seemeilen in Richtung auf die offene See zu. Hier liegen Klob Hage, Møllegrund, Møllevingen und Overgrund, und auf einigen dieser abseits liegenden Sandgründe halten sich Seehunde in Scharen auf. Segler, die auf der Binnenseite vom Møllegrund segeln, müssen das Wildschutzgebiet beachten.

Endelave

Der Hafen von Endelave ist wegen des Flachwasserbereichs, von dem die Insel umgeben ist, am Ende einer 300 Meter langen Steinmole angelegt worden. Wie auf so vielen anderen Inseln ist der Hafen der Mittelpunkt, wo man sich trifft, wenn die Fähre kommt und wieder ablegt. In der Saison ist der beliebte kleine Hafen oft voll besetzt mit Segelyachten von fern und nah, die ihm ihren Besuch abstatten. In diesem Fall kann man auch draußen nördlich der Kirche vor Anker gehen, wo die 2-Meter-Linie etwa 200 Meter vom Ufer entfernt verläuft. Hier findet man einen schönen Ankerplatz und Schutz vor Winden aus den südlichen Quadranten.

- Telefon
- Wasser
- Lebensmittel
- Benzin/Diesel
- E-Anschluß
- Hafenmeister: Tel. 75 68 91 50
- Fahrradverleih
- Nächste Tourist-Information: Horsens, Tel. 75 62 31 32

Vor der Errichtung des Hafens befand sich innerhalb der Steinmole eine Landungsstelle mit Lagerhäusern, und dieser Platz wurde feierlich als Börse bezeichnet. Hier trafen sich die Seeleute, gab es großen Klönschnack, hier wurden Frachten gelöscht und gingen Passagiere an Land. Bei Fertigstellung des Hafens im Jahre 1901 fuhren sogar Draisinen auf Schienen zur Hafenmole.

Die Insel

Am Fuß der Hafenmole findet man die einzige öffentliche Anlage mit einem Denkmal aus dem Jahr 1954 für die 14 Bewohner von Endelave, die am 15. Januar 1944 mit dem Fährschiff „Agda“ nach einem Minentreffer ertranken. Auf diese katastrophale Weise traf das Leid des Krieges die kleine Insel. Ansonsten hat die Bevölkerung im Laufe der Zeit nicht viel von Kriegen bemerkt. Dies geschah zuletzt während der Napoleonischen Kriege von 1801–1814, als die Flotte der Englän-

Blick auf den Hafen von Endelave

der die dänischen Gewässer unsicher machte. Damals war auf Endelave eine Miliz aufgestellt worden. Eines Tages ankerte eine englische Fregatte vor Lynger Hage und setzte ein Boot mit Soldaten aus. Die Miliz lag hinter der Sandbank auf der Lauer. Sie feuerte aus Vorderladern eine Salve auf die Engländer, woraufhin die Engländer sogleich mit ihrer Jolle zum Schiff zurückkehrten. Der Stolz und Jubel darüber, daß man den Feind vertrieben hatte, kannte hinter der Sandbank keine Grenzen, brach aber jäh ab, als die Fregatte drehte und eine Breitseite in Richtung Strand abfeuerte. Das war zuviel für die Endelaver, so daß sie in ihren Ort flüchteten. Ihr Pastor Assenius wurde alarmiert. Er legte volles Ornat an, trat den Engländern außerhalb des Dorfes entgegen und erklärte unter vielen Entschuldigungen, man habe gemeint, es handele sich um eine schwedische Fregatte. Die Engländer ließen Gnade vor Recht ergehen, versorgten sich aber reichlich in Höfen und Häusern mit allem, was sie an Verpflegung und anderen Dingen von Wert finden konnten.

Heute beträgt die Bevölkerung nur 220 Seelen, und der Ort wirkt mit seinem Dorfteich zwar idyllisch, ist aber nicht durch einen bestimmten Stil geprägt: Es gibt Fachwerkhäuser, aber auch gleichförmige Einfamilienhäuser aus rotem Backstein. Ein 30 Meter hoher Speicher, der 1942 errichtet wurde, erhebt sich über der Stadt, und von dort hat man die allerschönste Aussicht über die Insel.

Die **Kirche** ist aus dem 14. Jahrhundert, aber 1931 wurde ein großer, klobiger Turm angebaut. Achton Friis, der 1922 die Insel besuchte, schreibt in „De Danskes Øer" hierüber ganz entrüstet:

„Es wird Geld gesammelt für einen Turm für die kleine turmlose Kirche! Es wird ein Jammer sein, wenn dies wie geplant verläuft, doch die Geistlichkeit auf der Insel steht an der Spitze dieses Vorhabens, und die hält offenbar den Daumen auf die Mittel, die benötigt werden – ohne den erforderlichen Sachverstand."

Der nördliche Arm von Endelave heißt **Øvre**. Es ist ein ödes, unwegsames Gelände von dunklem, mitteljütländischem Charakter mitten in dem heiter lächelnden Kattegat. An einem Sommertag, wenn die Sonne hoch steht, empfiehlt es sich, die sechs Kilometer zwischen Fichtenwäldern, Seen und endlosen Weiten zu durchwandern, deren Heideteppich die Luft mit einem wunderbar würzigen Duft erfüllt. Von der Nordspitze aus setzt sich mehrere Seemeilen ins Meer hinaus ein Flachwasser-Bereich fort. Im Laufe der Jahre hat es hier nur wenige Strandungen gegeben. Mit Leuchttürmen hat sich die Insel nie wichtig tun können, vielleicht, weil sie mitten in einem der schwierigsten Gewässer des Landes liegt. Größere Schiffe halten daher Abstand und lassen sich von den Leuchtfeuern auf Tunø, Samsø und Æbelø leiten.

Der östliche Teil von Endelave hat, seit man in den 20er Jahren vier Paare Kaninchen aussetzte, unter den Nachkommen dieser Einwanderer leiden müssen. Auf den Inseln kann man den Kaninchen nicht entgehen. In den Jahren 1933/34 wurden über 10 000 von ihnen erlegt, aber es ist niemals gelungen, sie ganz zu dezimieren. Das Aussetzen eines Fuchspaares würde sicherlich ein wenig mehr Gleichgewicht in die Natur bringen.

Im Inneren der Insel befindet sich ein kleinerer Herrenhof, **Louiselund**. Er wurde 1796 als Wohnsitz für einen Major Schildknecht gebaut, der in diesem Jahr die Insel kaufte. Danach wurde Louiselund wiederholt umgebaut, und die Eigentümer wechselten häufig. Heute atmet alles den Frieden eines Landschulheims, und ein hübscher kleiner Wald gehört zum Gut.

Die **Steilküste** (Klint) an der südwestlichen Küste ist nirgends höher als sieben Meter. Von dieser Höhe aus hat man eine schöne Aussicht auf Æbelø, Fünen wie auch auf Jütland, und die große weite Welt gleitet an dem friedlichen Südstrand vorbei, da die Fahrrinne für den Schiffsverkehr unmittelbar südlich der Insel verläuft.

Weiter die Küste entlang wird das Land flacher und endet in der Landspitze **Kloben** mit Wiesenflächen und Gewässern. Hier flattern Vogelscharen aller Art herum: Schwäne, Graugänse, Möwen, Seeschwalben, Kiebitze, Enten und viele andere.

Aus der Luft erinnert die Umrißlinie Endelaves an einen geduckt sitzenden Herrn, dessen Körper und Kopf nach Norden gerichtet sind und der die Beine nach Westen streckt. Die Figur dieses „Herrn“ wird im wesentlichen aus einem ausgedehnten System flacher, wellenförmiger Strandwälle zwischen schmalen, feuchten Lagunenmulden gebildet, die am stärksten im nördlichen Abschnitt Øvret ausgebildet sind.

Endelave By ist eine idyllische Kleinstadt mit Dorfteich und Fachwerkhäusern, aber leider findet man dazwischen auch rote Backsteinvillen. Die kleine Ortschaft erstreckt sich mit dem Hafen und der Kirche an der Bucht entlang nach Norden zu. Ein Teil der Häuser des Städtchens wird von Auswärtigen und Feriengästen als Sommersitz genutzt.

Das **Museum von Endelave** wurde in der Pächterwohnung des alten Pfarrhofes eingerichtet, der aus dem Jahre 1741 stammt. Hier gibt es u.a. einen Gedenkraum, der dem Untergang der Fähre „Agda“ gewidmet ist, sowie Gebrauchsgegenstände, die auf der Insel hergestellt worden sind. Während der Schulsommerferien sind die Öffnungszeiten täglich von 14.00 bis 17.00 Uhr.

Von Endelave nach Samsø/Kolby Kås

Kloben, den westlichen Teil von Endelave, kann man südöstlich des Møllegrundes umrunden. Wenn man z.B. nach Osten hinüber in Richtung Seeland, Ostfünen oder Kolby Kås auf Samsø will, spart man eine ganze Anzahl von Seemeilen, indem man diese Route wählt. Nach Passieren der roten Tonne nordwestlich des Anlegers von Endelave hält man rw 303°, bis die Spitze von Kloben mit der Westhuk von Æbelø zur Deckung kommt. Mit rw 225° hält man sich nun frei zwischen Møllegrund und Møllehage. Zugleich hat man, wie bereits erwähnt, die Chance, auf dem Møllegrund ganze Seehundkolonien zu beobachten.

Der Touristikverein auf Samsø hat eine kombinierte Land- und Seekarte herausgegeben, die man für beide Bereiche verwenden kann. Sie ist farbig gedruckt im Maßstab 1:50000, und die Feuerkennung des Leuchtturms von Samsø ist ebenfalls angegeben.

Der südlichste Hafen an der Westküste von Samsø ist Kolby Kås. Hier findet man ausreichende Wassertiefen bis in die Hafeneinfahrt, so daß unter normalen Wetterverhältnissen ein Anlaufen des Hafens völlig problemlos ist.

Kolby Kås

Kolby Kås ist ein Fischerei- und Fährhafen. Hier legt die Fähre von Kalundborg an, und wenn er auch klein und der am wenigsten bezaubernde Hafen von Samsø ist, so ist dies trotzdem ein von Seglern gern besuchter Ort, vor allem aufgrund seiner günstigen Lage.

Der große Parkplatz und die Straßenauffahrten im Hintergrund des Hafen fallen Neuankömmlingen sofort ins Auge, und sie sind ganz bestimmt nicht schön. Doch wie zum Trost er-

Nordbys Glockenturm steht inmitten dieser sehenswerten Ortschaft

blickt man dann Kolbys dekorative Mühle, die sich hoch über dem Ort erhebt. Man kann sie besichtigen, und sie steht, denkmalgeschützt, genau in der Mitte zwischen dem Hafen und der Stadt.

- Telefon
- Wasser
- Lebensmittel
- Benzin/Diesel
- Hafenmeister: Tel. 86 59 10 11
- Fahrradverleih
- Nächste Tourist-Information: Tranebjerg, Tel. 86 59 14 00

Die Insel

Fast im Zentrum Dänemarks liegt Samsø, dessen 112 Quadratkilometer wie eine kantige Acht geformt sind. Von Samsø bis zur nächsten Küste von Jütland sind es neun Seemeilen, und etwas weniger nach Røsnæs und nach Fyns Hoved, aber nur sechs Seemeilen zur Halbinsel Helgenæs im Norden, die ja auch ein Teil von Jütland ist. Genau so ist Samsøs Natur beschaffen: etwas von Jütland, etwas von Seeland und das meiste von Fünen. Die Insel ist 26,5 Kilometer lang und an der breitesten Stelle sieben Kilometer, an der schmalsten aber nur etwa 800 Meter breit, was der Grund dafür ist, daß die Bewohner Samsøs von einer Nordinsel und einer Südinsel sprechen. Samsø hat sich in den 22 kleinen Ortschaften der Insel eine Atmosphäre bewahrt, wie sie selten geworden ist, dazu eine einmalig unberührte Natur mit großen Gebieten, die unter Naturschutz stehen. Insgesamt leben 4745 Bewohner auf Samsø.
Samsø lädt besonders zu Radtouren ein. Falls man nicht selbst ein Klapprad mitbringt, besteht an mehreren Orten die Möglichkeit, eines auf der Insel zu leihen, u. a. hier in Kolby. Die Verkehrsdichte ist so, wie sie in den Kinderjahren des Automobilismus gewesen sein muß.

(Fahrrad-)Touren in der Umgebung

Brattingsborg liegt vier Kilometer vom Hafen entfernt. In Kolby biegt man nach rechts in Richtung Vesborg ein, und man folgt der langen Dorfstraße mit ihren vielen Fachwerkhäusern. Die weite, offene Feldmark läßt erkennen, daß wir uns jetzt auf dem Grund und Boden des Gutes Brattingsborg befinden. Die Türme des Hauptgebäudes sieht man bald über den Bäumen auftauchen, und über die Ländereien von Brattingsborg verteilt findet sich eine Vielzahl von Grabhügeln und Hünengräbern. Das jetzige Brattingsborg wurde 1870 erbaut. Das Gut umfaßt etwa 1500 Hektar auf der Südinsel. Hinzu kommen Nordby Hede und die Mehrzahl der Inseln in Stavns Fjord.
Ausgehend von dem Parkplatz beim Schloß kann man einen Spaziergang

durch den Park machen, der jedoch nur vom 15. Juni bis zum 1. September, und zwar Dienstag und Freitag von 10.00 bis 16.00 Uhr, geöffnet ist. Besondere Öffnungszeiten zu anderen Zeitpunkten kann man bei Bedarf verabreden.

Um das Gut herum liegt Samsøs einziger Wald, **Brattingsborg Skov**. Leider haben die heftigen Stürme in letzter Zeit besonders den alten Buchenwald heimgesucht, so daß es einige Jahre dauern wird, bevor die Kahlschläge, die Mutter Natur sich auf diese Weise selbst zugefügt hat, wieder zugewachsen sind.

Es empfiehlt sich, entweder zum **Lushage**, der südöstlichen Ecke der Insel, zu wandern, oder 100 Meter auf dem Weg zurück zu einem kleinen Wasserlauf mit einigen großen Kastanien. Einen kleinen Waldweg auf dieser Seite des Bächleins kann man etwa 100 Meter nach rechts bis dahin gehen, wo ein anderer, noch engerer Pfad durch den „Urwald" an den Strand führt. Der Wald lädt ansonsten zu längeren Spaziergängen ein, ganz nach eigenem Ermessen.

Leuchtturm Vesborg. Vom Parkplatz aus empfiehlt es sich – jedoch nur, wenn man gut zu Fuß ist –, den Weg hinab zum Strand einzuschlagen und von hier aus rund um die Sandhügel weiterzulaufen, wo früher einmal eine Wikingerburg lag. Der größte Teil des Schloßhügels ist nach mehreren Erdrutschen im Meer verschwunden. Zwischen Weihnachten und Neujahr 1875 stürzte der letzte Rest des Burgturms ein, doch noch heute ahnt man Mauerreste und den innersten Wall der Burg in der Lehmböschung. Eine Treppe führt vom Strand zum Leuchtturm hinauf, der öffentlich zugänglich ist.

Ebenso wie auf Hjelm und Sprogø hat man den modernen Leuchtturm genau auf diesen alten Wallanlagen erbaut und auf diese Weise an deren Zerstörung mitgewirkt. Im Jahre 1858 wurde der Leuchtturm errichtet. Von seiner Spitze hat man eine Aussicht, die deutlich macht, daß wir uns in der Nähe des geographischen Mittelpunkts von Dänemark befinden.

Von Kolby Kås nach Ballen

Von Kolby Kås wird der Kurs zunächst nach Süden bis zur grünen Leuchttonne Vesborg abgesetzt, dann folgt mit Ostkurs die Umrundung der breiten Südküste von Samsø. Eine Art von Wiederholung der vorher beschriebenen Radtour auf dem Seewege. Zuerst schimmert der Leuchtturm Vesborg und dann die Turmspitze von Brattingsborg zwischen dem Leuchtturm und dem Wald von Brattingsborg hindurch. Nach Passieren der Tonnen vor Lushage, der Südosthuk Samsøs, segelt man mit Nordkurs unter der Ostküste nach

Ballen

Ballen ist einer der anziehendsten Fischerei- und Yachthäfen des Landes. Daher ist er in der Saison oft überfüllt. Bei westlichen Winden findet man hier gute Ankerplätze nördlich des Hafens. Ballen ist von See her leicht auszumachen, denn ein 40 Meter hoher Kornsilo steht direkt am Hafen. Er ist gesäumt von alten Häusern, die den Hafen nach Westen abschirmen und eine behagliche Atmosphäre schaffen. Ein großes gelbes ehemaliges Lagerhaus, das man zu Eigentumswohnungen umgebaut hat, steht an der Südseite des Innenhafens. Von außen wirken diese Wohnungen sehr gemütlich, und die Bewohner haben eine schöne Aussicht über das Leben und Treiben im Hafen.

Der Ballen Bootsclub hat gerade dafür Sorge getragen, daß der Hafen noch weitere Bequemlichkeiten, zusätzlich zu den bereits vorhandenen, zu bieten

Ballen: Das innere Hafenbecken ist den Fischern vorbehalten

hat. Das betrifft zunächst einmal die Einrichtung neuer Toiletten im Südteil des Hafens, die sowohl zur Entlastung des Toilettengebäudes im Innenhafen dienen als auch den Weg für die Segler verkürzen, die an der südlichen Mole des Hafens liegen. Darüber hinaus hat der Bootsclub einen überdachten Grillplatz mit Tischen und Stühlen aufgebaut. Der Grill besitzt zehn Feuerstellen, und eine Besatzung bis zu 30 Mann kann hier mühelos Platz finden.

- Telefon
- Wasser
- Benzin/Diesel
- E-Anschluß
- Hafenmeister: Tel. 86 59 12 03
- Fahrradverleih: 4 km, Tranebjerg
- Nächste Tourist-Information: Tranebjerg, Tel. 86 59 12 03

In Ballen wurde 1988 die erste weibliche Hafenmeisterin Dänemarks eingestellt.

Die Umgebung

Eine Rarität, einen **Kalkbrennofen**, kann man nur 100 Meter südlich des Strandweges besichtigen. Es handelt sich um einen jüngst restaurierten Kalkbrennofen, in dem zu früheren Zeiten Korallenkalk von Fakse gebrannt wurde. Das Löschen erfolgte innerhalb des Gebäudes.

Die **Brundby Bockmühle** aus dem Jahre 1650 steht auf einer Anhöhe hoch über der Stadt an der Landstraße nach Tranebjerg, in einer Entfernung von drei Kilometern. Sie ist überholt worden und sehr sehenswert.

Der **Museumshof Samsø**, zu finden unter der Anschrift Museumsvej 10, Tranebjerg, liegt fünf Kilometer von Ballen entfernt.

Der Museumshof ist der Nachbau eines alten Nordby-Hofes. Er wurde 1917 erbaut und beherbergt heute eine reichhaltige Sammlung von Gegenständen aus vorgeschichtlicher Zeit und bäuerlicher Herkunft. Außerdem ist hier ein Modell des Kanhave

Kanals ausgestellt (siehe unter Langør Hafen).
Wenn man sich schon einmal in Tranebjerg befindet, so kann man sich auch gleich die **Kirche** ansehen. Sie besitzt einen beeindruckenden Kirchturm, der etwa von 1500 stammt und Einschüsse und Schießscharten aufweist. Vor der Kirchscheune, die der Lagerung der Zehnten-Abgaben diente, steht ein Kirchengitter, das frei herumlaufendes Vieh vom Friedhof fernhalten sollte. Sowohl die Zehntscheune als auch der Kirchengitterzaun stehen unter Denkmalschutz. Der Kirchenstuhl stammt aus dem Jahre 1654 und ist mit den Initialen S. A. M. versehen, die für Sophie Amalie Moth, die erste Gräfin von Samsø, die Geliebte Christians V., stehen.

Fahrradtour nach Besser (5,5 Kilometer)

Man kann es nicht oft genug empfehlen, auf Samsø ein Fahrrad zu mieten, falls man nicht selbst eins dabei hat. Eine Radtour nach Besser ist in vielerlei Hinsicht ein unvergeßliches Erlebnis. Zunächst kommt man zur Kirche; der gotische Stil ist hier vorherrschend, und das Altarbild präsentiert sich als ein vortreffliches Schnitzwerk aus der Hochrenaissance (1589). Die Kanzel ist aus dem Jahre 1602 und wurde möglicherweise von dem Bildhauer Mikkel v. Groningen geschaffen. Danach gelangt man zu dem alten Aussichtsturm. Auf einer 17 Meter hohen Anhöhe steht dieser Turm, dessen Fundament von einer alten Mühle stammt, die 1913 bei Filmaufnahmen abbrannte. Als die Elektrizität die Insel eroberte, wurden die vielen Mühlen plötzlich überflüssig. Die Besser Mühle wurde für 5000 Kronen an einen Mann aus Århus verkauft; einen Filmregisseur, der die Mühle bei laufender Kamera abbrennen ließ – zur großen Entrüstung der Einheimischen.
Heute hat der Aussichtsturm eine Eingangspforte mit einer doppelten Holzluke, die gleiche Tür, die in alten Tagen in die Mühle hineinführte.

Von Ballen nach Langør

Der Törn führt nun entlang der Ostküste Samsøs nach Norden. Erst am Besser Rev muß man wieder eine gute Seemeile Abstand zur Küste halten, um dann nach Nordwesten in die gewundene Fahrrinne Lindholm Løb hineinzugelangen, durch die man an Lindholm wie auch an Kyholm vorbeisegelt, um dann anzulegen im

Langør Fischerei- und Yachthafen

Der Hafen von Langør mit seinen etwa 25 Einwohnern, Fischern, die davon leben, Aale, Plattfische, Krabben und Hummer zu fangen, liegt direkt innen an der Mündung von Stavns Fjord an der Westseite.
Schon im 13. Jahrhundert bezeichnete der Chronist Saxo diesen Naturhafen als einen guten Hafen. Die Segler werden angelockt durch die eigentümliche Natur des Ortes und seiner Umgebung und durch das unberührte Ödland auf der Nordinsel. Der Hafen ist während der Saison oft überfüllt, der Ort bietet jedoch diverse Ankerplatz-Alternativen, auch weiter innen im Fjord.

- Telefon
- Wasser
- Lebensmittel
- Benzin/Diesel
- E-Anschluß
- Hafenmeister: Tel. 86596315
- Nächste Tourist-Information: Tranebjerg, Tel. 86591400

Der **Stavns Fjord** ist eines der schönsten Reviere des Landes mit einem

ganz eigenen Gepräge. Nach Norden zu wird er durch die Halbinsel Langør und im Osten durch das fünf Kilometer lange und schmale Besser Rev eingerahmt. Innen im Fjord liegen nicht weniger als elf Inseln sowie viele kleine steinige Strände, „Köpfe" genannt.
Stavns Fjord ist als Wildschutzgebiet, insbesondere in seiner Funktion als Rastplatz für Stelzvögel und als archäologisches Schutzgebiet, eingerichtet, und all diese Schutzfunktionen haben die Zugangsmöglichkeiten ein wenig erschwert.
Die Inseln im Fjord, Holme genannt, sind das ganze Jahr über gesperrt, die kleine Insel Sværm im Westen jedoch nur in der Zeit vom 1. April bis zum 30. Juni; die gleiche zeitliche Beschränkung gilt für das Besser Rev sowie für die Insel Lindholm. In Dänemark treten die Gezeiten nur im Wattenmeer auf, in Stavns Fjord bewirken die Strömungsverhältnisse jedoch Wasserbewegungen, die Gezeiten ähneln. Die Strömung trägt hier die Wände der Fahrrinne Hjortholm Rende ab, das Hochwasser überspült die niedrigen Holme und höhlt in ihnen Rinnen aus. Im Marschland nennt man solche Rinnen Priele, ähnliche Erscheinungen findet man auf den Holmen in Stavns Fjord. Hier verlaufen diese meistens durch Wiesen, die dicht mit Wermutkraut bewachsen sind.
Mit Unterstützung des Umweltministeriums ist eine Pumpstation für Abwasser errichtet worden, so daß Stavns Fjord heute einer der saubersten Niedrigwasser-Fjorde in Nordeuropa mit glasklarem Wasser und einer reichen Fauna ist. Dieser Fjord gehört zu den 26 Wattenmeergebieten von internationaler Bedeutung, zu deren Schutz Dänemark sich insbesondere wegen der Wasservögel verpflichtet hat.
Das Naturschutzgebiet ist jedoch nicht nur dieser Vögel wegen eingerichtet worden, sondern auch, weil auf den Holmen sehr seltene Pflanzen wachsen. Alles bleibt in unberührtem natürlichem Gleichgewicht, weil ein Betreten nicht gestattet ist.
Die Einfahrt in den Hafen von Langør ist betonnt, aber nicht befeuert. Bleibt man in der gewundenen Fahrrinne des Fjordes, so kann man deutlich das ablaufende Niedrigwasser auf beiden Seiten der Fahrrinne verfolgen. Segelt man aufmerksam – manchmal mit Motorhilfe –, so sollte die Passage ohne größere Schwierigkeiten verlaufen. Westlich der Fahrrinne bis dicht unter die Insel **Sværm** kann man mit 5–6 Metern Wassertiefe rechnen. Hier liegt auch eine Sandbank mit 1,8 Metern Wasser darüber. Außerdem findet man einen guten Ankerplatz im Schutze dieses Holms, besonders bei Westwind.
Etwa eine Seemeile weiter in südlicher Richtung liegt die 13 Meter hohe Halbinsel **Gammelholm**. Hier gibt es auch einen idyllischen Ankerplatz, wenn das Wetter eine Weile stabil bleibt. Es empfiehlt sich nicht, dort zu übernachten, denn man kann nicht mit Sicherheit vorhersagen, ob der Wind auffrischt. Die Fahrrinne führt südlich herum bis zur Ostseite **Hjortholms**, wo sie als „Sackgasse" endet.

Die Umgebung

Der **Kanhave Kanal** (Länge 3 Kilometer). Samsø besaß einmal seinen eigenen „Panama-Kanal", denn dort, wo die Insel am schmalsten ist (800 Meter), hat man bei Ausgrabungen Reste eines elf Meter breiten und 1,5 Meter tiefen Kanals gefunden, der das „Westmeer" und das „Ostmeer", wie die Einwohner von Samsø in alter Zeit die See auf beiden Seiten des Landrückens nannten, miteinander verband.
Im Herbst 1960, als die Landstraße begradigt werden sollte, nutzte das Nationalmuseum diese Gelegenheit und untersuchte den Kanal genauer.

In dem sandigen Boden entdeckte man gut erhaltene Reste einer Holzkonstruktion, welche die Seitenwände des Kanals abstützte. Ein Kohlenstoff-Test ergab, daß das Holz etwa aus dem Jahre 800, mit anderen Worten, aus der Wikingerzeit Harald Blauzahns stammt. Damals lag der Wasserspiegel allgemein um einige Meter höher als heute. Daher sah die Landschaft damals auch ganz anders aus, die Tiefe des Kanals war für die Wikingerboote ausreichend.

Kyholm liegt wie eine Schutzwand gegen den Nordostwind in der Fjordmündung. Früher lag an deren Südseite ein guter Naturhafen, der heute jedoch leider versandet ist. Nördlich der roten Fahrwassertonne vor Kyholm findet man unter dem Ufer einen guten Ankerplatz.

Heute ist Kyholm unbewohnt und steht unter Naturschutz. Obwohl sie unscheinbar wirkt, nimmt die Insel einen wichtigen Platz in der Geschichte Dänemarks ein. Als 1709–1712 der Schwarze Tod wütete, wurde hier ein Pesthaus errichtet, das als Quarantäneanstalt für jütländische Seeleute dienen sollte. Und zur Zeit der Napoleonischen Kriege 1801–1814 wurde Kyholm mit Schanzen und Kasernen ausgebaut, um den Hafen von Langør gegen die Engländer zu schützen. Eine Zeitlang waren auf der Insel 27 Kanonen und eine Besatzung von fast 400 Mann stationiert, von denen ein Teil mit ihren Frauen und Kindern hier lebte.

Schon 1831 wurde die Insel wieder gebraucht. Als Ausgleich für den Øresundzoll hatte Dänemark sich verpflichtet, eine Quarantänestation zu errichten, und jetzt wurde eine solche erforderlich, als eine große Cholera-Epidemie ausbrach. Wieder wurde auf Kyholm gebaut und gesiedelt. Die Gesunden wohnten in „Practicaen“, die Genesenden waren in „Contumazen“ isoliert, und diejenigen, bei denen Krankheitsverdacht bestand, hielten sich in „Karantænen“ auf. Die Kur zur Heilung der Cholera bestand im „Ausräuchern“ sowohl der Mannschaft als auch der Ladung der Schiffe, die anlegten. Als 1857 der Øresundzoll aufgehoben wurde, benötigte man Kyholm nicht länger, und 1859 wurde alles in einer großen Auktion verkauft. Die Häuser wurden abgerissen und auf Samsø wieder errichtet.

Auf Kyholm sieht man immer noch die Schanzen, die Fundamente einiger Häuser und den Steinwall um den Garten des Kommandanten sowie einen unter Denkmalschutz stehenden Friedhof mit 64 Gräbern aus der Kriegszeit und 19 aus der Quarantänezeit. Die kleine Insel lohnt einen Besuch – zumindest jetzt, da man ihre Geschichte kennt.

Während des Krieges gegen die Engländer baute man noch zwei weitere Schanzen, eine auf Lilleøre und eine auf Havnehage (der Spitze des Besser Revs), die zusammen mit der Schanze auf Kyholm beim Ansteuern von Langør Schutz bieten sollten. Beide Schanzen sind von Langør aus deutlich zu erkennen.

Von Langør nach Vejrø

Drei Seemeilen östlich von Kyholm liegt das windzersauste Vejrø. Es bleibt einem überlassen, ob man südlich oder nördlich um Lindholm Flak herumsegeln will, auf der Kyholm und Lindholm gelegen sind. Mitten zwischen Kyholm und Vejrø auf der Nordseite zieht sich ein Arm der Untiefe mit nur 0,6 Meter Wassertiefe hinaus, so daß man keinen direkten Kurs zur Insel anlegen kann, sondern zunächst eine gute halbe Seemeile außerhalb Kyholm Løb kreuzen muß. Lyndholm Dyb, vor der Westküste von Vejrø, ist betonnt und befeuert, teilweise schmal, steinig und fällt stellenweise trocken.

Die Insel läßt sich nur bei ruhiger Wetterlage ansteuern. Es gibt hier weder Hafen, Anleger noch sonst irgendwelche Einrichtungen. Man kann südlich der Westspitze oder vor dem Ostufer ankern, je nach Windrichtung. Bläst der Wind jedoch zu stark, so können sowohl Wind als auch See rund um die Insel laufen. Auf der Südseite liegen einige große Steine innerhalb der 2-Meter-Linie, vor denen man sich hüten sollte. Die großen DSB-Fähren zwischen Kalundborg und Århus fahren bei gutem Wetter nahe westlich um Vejrø herum durch Lindholm Dyb, so daß man sich vor dem kräftigen Schwell dieser Fähren hüten sollte.

Vejrø

Vejrø gehört zu dem Gut Brattingsborg auf Samsø und umfaßt 54,4 ha Land. Die Insel ist leicht an ihren gelben Steilküsten zu erkennen, die an der Süd- und Nordseite jäh zum Strand abfallen. Das Nord-Steilufer ist 24 Meter hoch. Früher verwendete man die Insel nur als Sommerweide für Jungvieh.
Auf der Insel gibt es viele runde „Teiche“, die durch das Schmelzwasser der Eiszeit entstanden sind. Der Wasserstand wird nur durch Niederschläge aufrechterhalten. Das Klima ist hier rauh. Davon zeugen windzerzauste Dornbüsche und Gestrüpp, die alle nach Osten zeigen. Die Ruine eines Feldsteinhauses liegt immer noch weit draußen auf der westlichen Landspitze. Hier hat der einzige Bewohner der Insel um die Jahrhundertwende gelebt. Es war ein einsamer Hirte, den das Gut sich hier hielt.

Von Vejrø nach Mårup

Bei Westwind findet man einen guten Ankerplatz dicht unter den Anhöhen vor der Nordspitze von Samsø. Das langgestreckte Issehoved Flak hindert starken Seegang daran, von Westen her um Issehoved herumzulaufen, dagegen liegt nach Osten zu offene See. Für die Übernachtung kann man den Platz daher nicht empfehlen. Die Umrundung der Nordspitze von Samsø läßt sich für Ortskundige durch ein Fahrwasser mit einer roten Tonne über Issehoved Flak abkürzen. Aber Vorsicht! Normalerweise beachtet man die Kardinalzeichen Ost und Nord beim Runden des Flaks, erst danach segelt man die Küste hinab entlang der „Nordkalotte“ von Samsø, und in der großen Mårup Bucht liegt

Mårup

Mårup ist der Hafen der Nordinsel. Hier finden etwa 40 Sportboote Liegeplätze im Innenhafen oder im modernisierten Außenbecken. An der Mittelmole muß der Platz für das Postschiff freigehalten werden.
Duschen und sanitäre Anlagen stehen auf der Mittelmole, Wasseranschlüsse sind vereinzelt vorhanden. Leider findet man hier weder Diesel noch Benzin, aber einen guten Lebensmittelladen am Ortseingang, ca. 15 Min. entfernt.

- Telefon
- Wasser
- Lebensmittel
- E-Anschluß
- Hafenmeister: Tel. 86 15 66 49
- Nächste Tourist-Information: Tranebjerg, Tel. 86 59 14 00

Die Umgebung

Nordby, 4 Kilometer entfernt, ist einer der sehenswertesten kleinen Orte des Landes. Das alte Ortsbild rund um den Dorfteich herum hat sich ungewöhnlich gut erhalten mit seinen engen, winkligen Gäßchen und wunderschönen niedrigen Häusern. Drei Dinge

machen den Ort noch interessanter:
Der **Glockenturm**, ein freundliches Wahrzeichen mitten im Ortsbild, steht auf Nordbys altem Marktplatz, von wo aus man auf den Dorfteich blickt. Der runde Turm, der 1857 errichtet wurde, ruht auf einem soliden vierkantigen Sockel aus Quadersteinen und weist oben vier Öffnungen in Höhe der Glocke auf. Der Glockenturm stellt eine Art Filiale der Kirche von Nordby dar, die 1,5 Kilometer südlich der Stadt gelegen ist, und es wird immer noch von hier aus zum Gottesdienst geläutet.
Nördlich des Glockenturmes steht der alte **Maibaum** mit einer dreimastigen Fregatte an seiner Spitze. Am Sonntag nach Pfingsten führt ein Ausritt zum Sommerbeginn bis zum Maibaum.
Die vier unter Denkmalschutz stehenden, aus Steinen gemauerten **Dorfbrunnen** zeichnen sich durch ihre große, tiefe und kesselartige Gestaltung aus.
Außerdem wird auf Samsø eine stolze Tradition gehütet. Dieses gilt insbesondere für Nordby und Besser sowie für die etwas älteren Höfe. Es handelt sich um die vielen verschiedenartig geformten **Windfahnen** oder **Wetterhähne**. Auf Samsø haben diese jedoch nicht allzuviel mit Hähnen zu tun: Schwäne, Pferde, Flaggen, Schiffe, Figuren, Handwerkszeug usw., all dies ragt auf seinen Stangen hoch über die Hausdächer hinaus.
Issehoved. In Nordby kann man auch Fahrräder ausleihen, die man für einen Ausflug hinauf zum Isse„kopf“ benutzen kann, der Samsøs nördlichste Spitze bildet. Vom höchsten Punkt auf der Anhöhe erkennt man bei klarer Sicht u. a. Århus, Mols, Helgenæs mit dem Leuchtturm von Sletterhage, die Vig und den Fährhafen von Ebeltoft sowie die Insel Hjelm.
Auf dem Hügel 400 Meter südlich des nördlichsten Parkplatzes stand Anfang des 19. Jahrhunderts während der Englandkriege eine optische Telegrafenstation, daher der Name **Telegrafbakke**.
Ballebjerg. Ein sehr hübscher Weg führt hinauf zu Samsøs höchstem Punkt, dem 64 Meter hohen Ballebjerg mit einem Aussichtsturm aus dem Jahr 1920.
Auf dem Wege von Nordby und zurück nach Mårup kann man einen Abstecher um die **Kirche von Nordby** herum machen, die heute ein wenig einsam liegt. Doch als sie erbaut wurde, lagen zwei Dörfer mit Namen Søby und Glistrup um sie herum. Diese Orte wurden von Seeräubern zerstört, und die Überlebenden siedelten sich gemeinsam in Nordby und Mårup an.
Die Kirche wurde um 1350 aus großen Backsteinen, sog. Mönchssteinen, erbaut und weist einen Quersattel auf, d. h., daß der Dachfirst des Turmes quer zum Kirchenschiff in Nord-Süd-Richtung verläuft. Die bemerkenswerteste Kostbarkeit der Kirche ist jedoch der über zwei Meter hohe Kirchenschrank, in dem Wein und Hostien aufbewahrt wurden. Der Schrank, der aus dem Jahre 1519 stammt, ist aus Eiche geschnitzt und reich mit Beschlägen, Inschriften und Malereien verziert.

Von Mårup nach Tunø

Mårup gegenüber liegt an der südlichen Seite der weiten Bucht der Fährhafen Sælvig, von dem aus eine Fährverbindung nach Hov besteht. Yachten können und dürfen hier nicht anlegen.
Wir verlassen Samsø und segeln nun 3,5 Seemeilen nach Westen zur Insel Tunø. Vor Tunø streckt sich im Westen die Untiefe Tunø Knob aus (verbotenes Gebiet), die wie eine lange Sandbank vor der Insel liegt, sowie Tunø Røn, das wie ein Riff 0,6 Seemeilen nordöstlich vor Tunø liegt.

Tunø Fischerei- und Yachthafen

Der Hafen ist klein und gemütlich und erfreut sich bei den Seglern großer Beliebtheit.
Bis zu einer dringend notwendig gewordenen Erweiterung des Hafens im Jahre 1986 war es nichts Ungewöhnliches, daß der Hafenkapitän eine Leine quer über die Hafeneinfahrt spannen mußte, um deutlich zu machen, daß der Hafen keine weiteren Boote unterbringen könne. Heute ist wesentlich mehr Platz, und an schönen Sommertagen liegen hier manchmal bis zu 250 Gastyachten.
Nur einige Kabellängen nördlich des Hafens im Innern einer Bucht ist ein guter Ankerplatz zu finden. Hier gibt es festen Grund und sicheren Schutz vor Winden aus West bis Nord.

- Telefon
- Wasser
- Lebensmittel
- E-Anschluß
- Hafenmeister: Tel. 86 55 30 92
- Fahrradverleih
- Nächste Tourist-Information: Odder, Tel. 86 54 26 00

Die Insel

Tunø wird beherrscht durch zwei lange, parallel verlaufende Hügelrücken, die durch eine waldbedeckte Senke mit dem Namen Mosen (Moor) voneinander getrennt sind. In der Steinzeit war dies ein Sund, der Tunø in zwei Inseln teilte. Später hob sich das Land, die Inseln wurden größer und verschmolzen schließlich miteinander.

Die obere Hälfte des Kirchturms von Tunø ist mit einem Leuchtfeuer versehen

Durch diese Zweiteilung erhielt die Insel ihren Namen (to = zwei), Tunø hat also nichts mit Thunfisch zu schaffen.
Früher einmal wurde von dem Pastor auf Tunø behauptet, er verkehre mit der Frau des Leuchtturmwärters. Dies ist ein alter Scherz, der mit der eigenartigen Kirche der Insel zusammenhängt, bei der die obere Hälfte des Turmes als Leuchtturm mit einer Feuerhöhe von 31 Metern über dem Meeresspiegel ausgebaut ist. Diese Einrichtung besteht seit 1801, und seitdem zählt das Leuchtfeuer zu den ältesten im Lande. Zugleich ist es eines der wenigen auf der Welt, das von einer Kirche aus sein Licht zeigt. So war also früher der Pastor des Ortes gleichzeitig Leuchtturmwärter und Seelenhirte.
Diese besondere Leuchtfeuer-Kirche ist dem Baumeister gut gelungen. Er hat es verstanden, Gott und den Seefahrern gerecht zu werden.
Der Turm gehört dem Verteidigungsministerium, und von seiner Spitze, zu der mittwochs und donnerstags zwischen 13.30 und 14.30 Uhr öffentlicher Zutritt besteht, hat man eine prachtvolle Aussicht.
Dicht vor der Eingangstür der Kirche stehen zwei alte Grabsteine, die vor vielen Jahren ihren Platz innerhalb der Kirche hatten. Der eine wurde zum Gedenken an einen Pastor errichtet, der vor etwa 250 Jahren auf der Insel lebte und zu Tode kam, weil er von einem wütenden Stier aufgespießt wurde.
Der Ort Tunø liegt nahe am Hafen an der Südostküste. Das Dorf brannte 1852 vollständig nieder, weshalb alle Häuser und Höfe später erbaut worden sind. Die Insel wurde 1965 völlig unter Naturschutz gestellt und ist heute autofrei. Nur Traktoren und zweirädrige Gepäckräder können beim Supermarkt „Brugsen" ein Verkehrschaos verursachen. Ein schmaler Fußweg – an einigen Stellen teilweise nicht mehr erkennbar – führt um die Insel herum. Man braucht zu Fuß etwa drei Stunden, um die ganze Rundtour zu schaffen, doch es ist der Mühe wert. Möchte man etwas schneller herumkommen, so kann man in Hovedgaden 14 im Dorf Tunø Fahrräder ausleihen.
Im Süden und Nordwesten besitzt die Insel jäh abfallende Steilufer, die während der Herbst- und Winterstürme Stück für Stück ins Meer abrutschen.
Die besten Badestrände findet man am Nordufer, nördlich des Dorfes zwischen Hafen und Rev. Hier findet man unbegrenzt Tummelplätze für Kinder und Erwachsene.

Von Tunø nach Hov

Von Tunø aus hält man Südkurs, bis man außerhalb der 4-Meter-Linie den Kurs nach Südwesten absetzen kann. Dabei bleibt man nördlich vom Kirkegrund, gekennzeichnet mit einem Kardinalzeichen E.
Die vor Hov wie ein Wellenbrecher liegende flache Insel Hov Røn ist sowohl nördlich wie südlich in gut markierten Fahrwassern zu umfahren.

Hov

Der Hafen ist Fährhafen nach Tunø und Sælvig auf Samsø. In den letzten Jahren ist in Hov wirklich etwas für die Sportbootfahrer investiert worden. So wurde z. B. der Yachthafen um ein Becken südwestlich des Fährhafens und des alten Yachthafens auf über 110 Plätze erweitert.

- Telefon
- Wasser
- Lebensmittel
- Benzin/Diesel
- E-Anschluß
- Hafenmeister: Tel. 86 55 61 19

Hov liegt in einer schönen Umgebung zwischen Wald und Strand, und viele, vor allem Bewohner von Århus, suchen in den Sommermonaten hier Erholung rund um Hov.

Die Umgebung

Bjørnkær Voldsted, 2 Kilometer entfernt, sind Überreste einer mittelalterlichen Burg mit doppeltem Wallgraben, die vermutlich Zufluchtstätte für Marsk Stig und seine Mannen gewesen ist, bevor diese sich als Geächtete nach Hjelm zurückziehen mußten. Funde von hier, u.a. von Europas ältester Branntweinbrennerei, werden jetzt im **Odder Museum** aufbewahrt.
Sæby Rev (2 Kilometer). Auf dem Rev liegen einige Kleinstinseln, zur Brutzeit besiedelt von Möwen, Seeschwalben, Stelzvögeln, Enten und Sägern. Zur Vogelzugzeit gibt es viele rastende Stelzvögel und Ringelgänse.

Von Hov nach Norsminde

7,5 Seemeilen beträgt die Entfernung bis zum nächsten Hafen, Norsminde, an der jütländischen Ostküste nach Norden hinauf. Mit einer halben Seemeile Abstand steuert man parallel zur Küste bis zum Kardinalzeichen N vor Kysing Hage. Erst dann kann man hier sicher den Kurs nach Südwesten auf die Hafeneinfahrt von Norsminde absetzen.

Norsminde Yachthafen

Der Hafen ist in der Fahrrinne zum Kysing Nor vor der Entwässerungsschleuse angelegt worden. Er war ursprünglich ein kleines Fischerdorf mit einem Fährbootanleger nach Tunø. Später wurde er zum Verladehafen für ein nahegelegenes Schottersteinwerk.
Heute ist der Hafen für die modernen Bedürfnisse der Segler in einem behaglichen Umfeld ausgebaut, das über drei Anleger verteilt ist. Nordwestlich der Brücken öffnet sich eine kleine „Lagune“ für Jollen. Im Hafengebiet, das ursprünglich ein reiner Handelsplatz war, steht ein alter, königlich privilegierter Kro.

- Telefon
- Wasser
- Lebensmittel
- Diesel
- E-Anschluß
- Hafenmeister: Tel. 86 93 16 54
- Nächste Tourist-Information: Odder, Tel. 86 54 26 00

Von Norsminde nach Århus

Nördlich von Norsminde, von Hesbjerg Grund bis Abelshoved und weiter nördlich Richtung Århus, kann man auf Sand- oder Steingrund ankern. Auf diesem Küstenabschnitt segelt man unter waldbedeckten Steilküsten, die dicht unter Land hervorragenden Schutz vor westlichen Winden gewähren, und zugleich liegt man sehr schön darunter. Zwei Ankerbojen des Dänischen Segelverbandes liegen vor Abelshoved, die südlichste direkt an der Mündung des Flusses Giber. Hier ist es ein wenig zu exponiert für eine Übernachtung, aber ganz hervorragend geeignet für einen Spaziergang zum Herrenhof **Moesgård**, der gut einen Kilometer im Landesinneren liegt.
Moesgård ist heute ein prähistorisches Museum. Es enthält völkerkundliche und archäologische Sammlungen aus der Stein-, Bronze-, Eisen- und Wikingerzeit. Außerdem werden regelmäßig Sonderausstellungen veranstaltet.
Zu den bedeutendsten Ausstellungsstücken des Museums gehört der **Grauballemann**, die einzige vollkommen erhaltene Moorleiche aus der Eisenzeit, die es in Dänemark gibt. Trotz seines hohen Alters – er ist minde-

stens 2000 Jahre alt – hat er auf wundersame Weise die Launen der Natur überlebt und kann nun in seinem Glaskasten mit Haut, Haaren, Nägeln, Zähnen und einem Schnitt am Hals betrachtet werden, mit dem er seinerzeit, vermutlich als Opfer für einen Fruchtbarkeitsgott, enthauptet wurde. Das Museum bietet indessen viel mehr als nur Ausstellungsvitrinen. Durch die etwa 100 Hektar Wald und Park, die zu Moesgård gehören, ist ein mehrere Kilometer langer „prähistorischer Lehrpfad“ angelegt worden, der an einer Reihe von Anlagen aus der Stein- und Bronzezeit vorbeiführt.

Die Århus Bucht

Århus – Egå – Kaløvig – Nappedam – Knebel Bro – Skødshoved Bro – Kongsgårde Bro

Die Großstadt kommt näher. Die Gewässer um Århus gehören zu den seltenen Revieren in Dänemark, in denen die 10-Meter-Linie ziemlich dicht unter Land verläuft. Die Århus Bugt ist zwar offen, doch die Wellen des Kattegats werden von Samsø und Tunø gebrochen, und gegen Nordwinde wird sie beschützt von Djursland mit den Halbinseln Mols und Helgenæs.

Der vor mehr als tausend Jahren an der Mündung des Århus-Flusses gegründete Ort ist heute unbestritten Jütlands wirtschaftlicher und kultureller Mittelpunkt und außerdem Dänemarks zweitgrößte Stadt mit einer Viertelmillion Einwohnern.

Århus wurde Anfang des 10. Jahrhunderts als Handelsplatz angelegt, was durch die archäologischen Untersuchungen der letzten Jahre bestätigt wurde. Der Ort hieß im Mittelalter Aros, was Flußmündung bedeutet. Spätere Generationen haben das Wort als „årehus“ mißverstanden, und daraus entstand der jetzige Stadtname Århus.

Wann der Ort erstmals Stadtrechte erhielt, ist nicht bekannt, die ältesten überlieferten stammen aus dem Jahre 1441. Schon 948 wurde die Stadt Bischofssitz, und unter mehreren bedeutenden Bischöfen erlebte sie im Spätmittelalter eine Periode des Wachstums. Die Reformation und die Kriege des 17. Jahrhunderts führten jedoch auch hier zu Stagnation und Rückschritt, was bis ins 19. Jahrhundert andauerte, als die Industrialisierung, die Anlage von Eisenbahnen und die großen Hafenerweiterungen einen kräftigen Aufschwung mit sich führten. Aus einem Teil des großen Hafens, des größten der Provinz, legen Auto- und Eisenbahnfähren zu allen Tageszeiten nach Kalundborg ab.

Århus hat, über die prachtvolle Natur hinaus, von der es bis zur breiten Århus-Bugt hin umgeben ist, einfach alles, was man von einer Großstadt unserer Zeit erwarten kann: Universität, höhere Lehranstalten, Theater, Tivoli, Museen internationalen Standards, Dänemarks längsten Dom und eine Vielzahl von Sport- und Freizeitmöglichkeiten.

Århus ist heute eine bezaubernde Mischung aus Provinz- und Großstadt. Gemütliche Gäßchen und alte Häuser schaffen eine friedliche und freundliche Atmosphäre.

Der erste Yachthafen der Großstadt für von Süden her kommende Boote ist der neue

Marselisborg Yachthafen

Ausgehend von dem Wunsch nach einem attraktiven Yachthafen nahe dem Zentrum von Århus wurde 1982 die Marselisborg Hafenvereinigung mit der Absicht gegründet, einen Yachthafen etwas außerhalb vor dem Schloßpark Marselisborg, aber unmittelbar südlich des Handelshafens zu bauen, weil es keine andere Möglichkeit gab, den bereits bestehenden Yachthafen nördlich des Handelshafens zu vergrößern. 1989 war das Becken fertiggestellt, und 1991 wurde die Marina mit 450 Liegeplätzen eingeweiht.

Die Marina liegt unmittelbar südlich des Osthafens von Århus, was bedeutet, daß man, wenn man nur dem Koh-

- Telefon
- Wasser
- E-Anschluß
- Hafenmeister: Tel. 86 19 86 44
- Nächste Tourist-Information: Rathaus, 8000 Århus C, Tel. 86 12 16 00

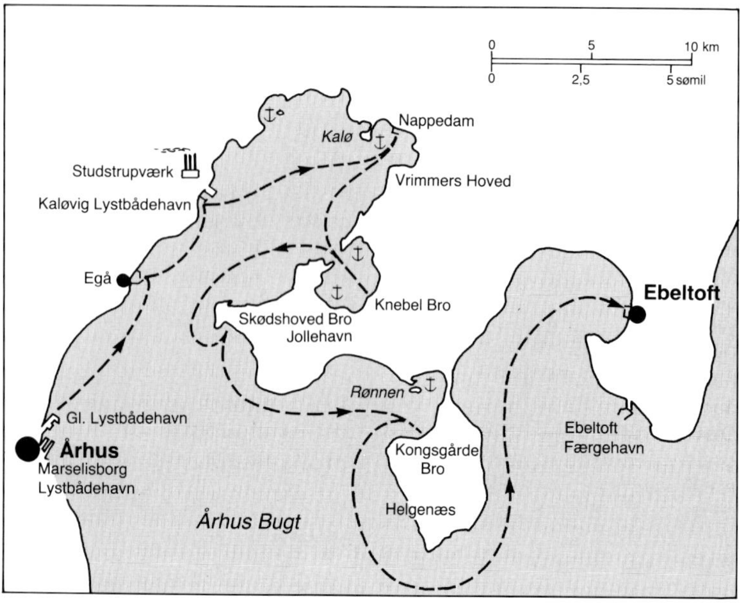

lenkai mit seinen Kränen in nordwestlicher Richtung folgt, automatisch in den neuen Hafen hineinsegelt.
Dem Hafen fehlt natürlich noch die Patina. Große Steine, anscheinend etwas rasch zu einigen eintönigen, hohen Steinwällen aufgetürmt, bilden Molen. Ein großer Anker, 1986 von der Hafenverwaltung Århus gestiftet, schmückt den Hafenplatz.

In der Stadt

Århus ist eine Großstadt, die einfach alles bietet; man muß nur auswählen, wofür man sich interessiert. Daher werden im folgenden die wichtigsten Sehenswürdigkeiten der Stadt komplett aufgeführt.
Nicht weit vom Hafen findet man das dänische **Feuerwehrmuseum**, das in einem alten Straßenbahndepot in der Dalgas Avenue 56 eingerichtet worden ist. Es ist in seiner Art das größte der Welt, und man findet hier mehr als 80 Feuerwehrfahrzeuge, außerdem von Pferden oder von Hand gezogene Feuerspritzen, eine Dampfspritze und eine ganze Menge Zubehör, wie Helme, Uniformen, Hydranten usw.
Das Museum kann Feuerspritzen von 1823 bis zum heutigen Tage vorweisen. Kinder aller Altersgruppen haben ihr Vergnügen daran, die Entwicklung durch die Zeitläufte mit den echten roten Feuerwehrwagen aus Spritzenhäusern von Gemeinden in ganz Dänemark zu verfolgen.
Im Havreballewald finden sich einige **Naturlehrpfade**. Man erreicht den Wald vom Filtenborg Plads aus. A. E. Sjøt-Pedersen hat 1929 den ersten dänischen Lehrpfad nach dem gleichen Prinzip wie bei New Yorks berühmtem Nature Trail aus dem Jahre 1925 angelegt. Über einer Strecke von etwa 2,5 Kilometern schlängelt sich der Weg in einem unregelmäßigen Kreis durch den Wald und mündet ungefähr gegenüber dem Ausgangspunkt. Man geht etwa eine halbe Stunde. Im Wald- und Strandgebiet rund

um den Campingplatz „Bommehaven" wurde später ebenfalls ein 1600 Meter langer Naturlehrpfad angelegt.
Will man eine der kostenlosen Vergnügungen genießen, kann man dem Garten **Rømerhaven** einen Besuch abstatten. Man betritt ihn vom Carl Nielsens Vej. Der Garten wurde 1930 angelegt und ist ein einmaliges Blumenparadies. Im Anschluß hieran liegt **Mindeparken** mit einem Denkmal für gefallene Dänen aus dem Ersten Weltkrieg von dem Bildhauer Axel Poulsen. Eine weitere bekannte Sehenswürdigkeit in unmittelbarer Nähe des Hafens ist **Schloß Marselisborg**. Dies ist die Sommerresidenz des Regentenpaares und wurde 1899–1902 als Geschenk des Volkes an Prinz Christian und Kronprinzessin Alexandrine errichtet, die 1898 heirateten. Sie wohnten hier oft, nicht zuletzt wegen des starken Interesses des Kronprinzen am Segelsport, den er in der Århus Bucht unterhalb des Schlosses betrieb. Man kann das Schloß selbst nicht besuchen, aber der **Schloßpark** ist öffentlich zugänglich, wenn das Schloß nicht bewohnt ist.
Der **Botanische Garten** liegt hinter Schloß Marselisborg, und sein Besuch ist ebenfalls kostenlos. Der Garten wurde 1923 angelegt und schmückt sich mit interessanten und exotischen Pflanzen.
Auch das **Wissenschaftsgeschichtliche Museum** im Observatorievej 3 liegt in der Nähe. Das Museum gehört zur Universität Århus. Es widmet sich wesentlichen Entwicklungen der Mathematik, Astronomie, Physik und Chemie von der Frühzeit bis zur Gegenwart.

Von Marselisborg zum Århus Yachthafen

Einige Seemeilen entfernt in nordöstlicher Richtung liegt der alte Yachthafen von Århus. Man segelt vorbei an den Kohlekränen im Industriehafen, wo auch die großen DSB-Fähren nach Kalundborg anlegen, sowie am Containerterminal.

Der alte Yachthafen

Die Becken dieses Yachthafens liegen eingeschnitten hinter der nordwestlichen Ecke des Industriehafens, geschützt gegen Norden durch den Riis Wald. Hier ist Platz für ungefähr 500 Boote und darüber hinaus für die Fischereiflotte, die aber eher eine bescheidene Größe darstellt.
Am Kai liegen aneinandergereiht vier Segel- und Motorbootvereine mit vorzüglichen Restaurants.

- Telefon
- Wasser
- Lebensmittel
- Diesel
- E-Anschluß
- Hafenmeister: Tel. 86 19 15 90
- Nächste Tourist-Information: Rathaus, Tel. 86 12 16 00

In der Stadt

Man ist dem Zentrum der Stadt genauso nahe wie im Hafen von Marselisborg, doch muß man fünf bis zehn Minuten durch den Bereich des Industriehafens mit Containern und Eisenbahngleisen gehen, bevor man zu den Sehenswürdigkeiten in diesem Teil der Stadt gelangt:
Århus Kunstmuseum im Vennelystpark. Hier findet man die älteste und schönste Sammlung dänischer bildender Kunst außerhalb Kopenhagens mit einer Dauerausstellung dänischer Malerei und Skulpturen aus dem 18., 19. und 20. Jahrhundert.
Das **Jütländische Museum der Geschichte der Medizin** steht ebenfalls in Århus. Seine Anschrift lautet Nørrebrogade 41, und das Museum betreut

die Gebiete allgemeine Heilkunde, Pharmazie und Zahnheilkunde.

Das **Naturhistorische Museum** im Universitätspark zeigt insbesondere zoologische Objekte aus dem In- und Ausland, besitzt aber auch eine geologische Sammlung. Im ersten Abschnitt der Dänemarkhalle wird die Entwicklung der Natur von der Eiszeit an dargestellt.

Wie sich aus dem Namen entnehmen läßt, liegt die **Universität Århus** im Universitätspark. Sie nahm 1928 ihren Betrieb unter äußerst bescheidenen Bedingungen in der Innenstadt auf, doch im Laufe der Jahre wurde der Universitätspark angelegt und ausgebaut, und heute halten sich täglich ungefähr 13000 Studenten in den ansehnlichen Gebäuden auf, die von dem Architekten C. F. Møller entworfen wurden.

Etwas weiter außerhalb der Stadt in nördlicher Richtung ist im Nordflügel der dänischen Journalistenhochschule, Halmstadgade 11, das **Dänische Pressemuseum und -archiv** untergebracht. Sein Hauptgewicht liegt auf der gedruckten Presse, deren Geschichte in einer Dauerausstellung verfolgt werden kann.

Der **Botanische Garten** liegt mitten in der Stadt in einem 21 Hektar großen Bereich, in dem man u. a. eine Freiluftbühne findet. Den ganzen Sommer lang veranstaltet die Stadt Århus hier kostenlos jede Woche Unterhaltungsprogramme für Kinder und Erwachsene.

Am anderen Ende des Botanischen Gartens liegen die **Gewächshäuser**, die der Universität gehören. In den Häusern findet man eine eindrucksvolle Sammlung tropischer und subtropischer Pflanzen aus der ganzen Welt.

Im Botanischen Garten befindet sich auch das Freilichtmuseum **„Den gamle By“** (Die alte Stadt), eine der bekanntesten Sehenswürdigkeiten Dänemarks mit mehr als 65 Fachwerkhäusern aus allen Gegenden des Landes. Balken für Balken, Stein um Stein wurden hier Bürgerhäuser, Kaufmannshöfe, Kaufmannsläden, Werkstätten, Manufakturen, Mühlen, Zollhäuser, Postämter, Theater, Gartenwirtschaften, Spezialsammlungen aller Art u. a. wiederaufgebaut. Die Perle des Museums ist der fast 400 Jahre alte Bürgermeisterhof auf dem Marktplatz, und geht man hinein, so kann man eine hervorragende Sammlung von Möbeln und anderen Einrichtungsgegenständen aus wohlhabenden dänischen Bürgerhäusern betrachten.

In „Den gamle By“ fühlt man sich wirk-

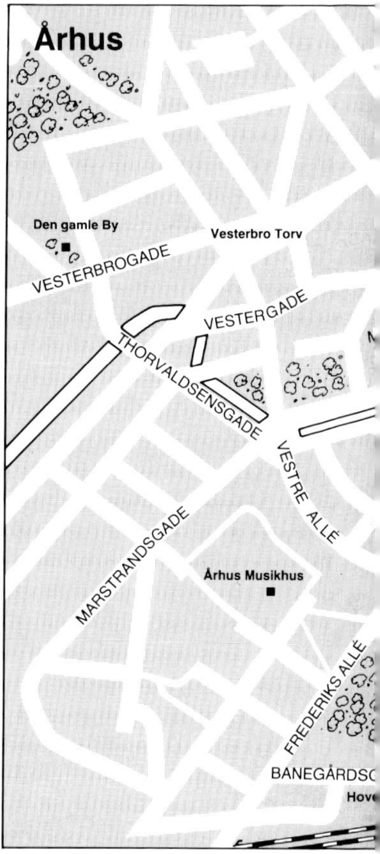

lich in eine kleine dänische Provinzstadt aus der Zeit von Hans Christian Andersen zurückversetzt, und die Häuser enthalten Werkzeug, Porzellan, Kleidung, Hausgerät usw. aus längst vergangenen Zeiten.

Das **Musikhaus Århus**, das 1982 eröffnet wurde, ist die Heimstatt für das Århus Symphonieorchester, die Jütländische Oper und die Århus Festwoche. Die technische Ausstattung des Musikhauses ermöglicht es, daß Århus heute Gastgeber der bedeutendsten internationalen Gastspiele sein kann – vom Ballett bis zum Musical, vom Symphoniekonzert bis zur Show.

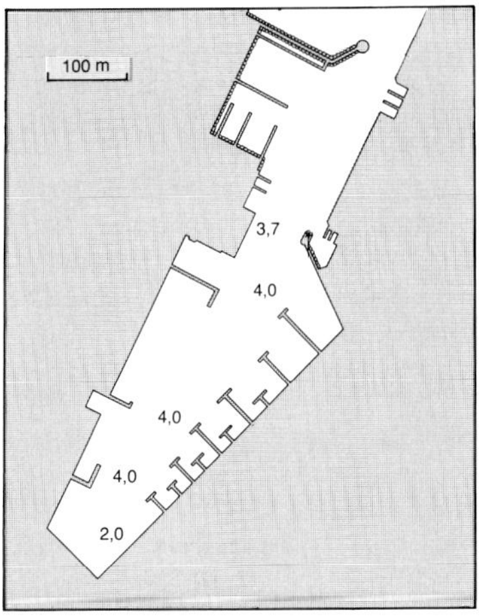

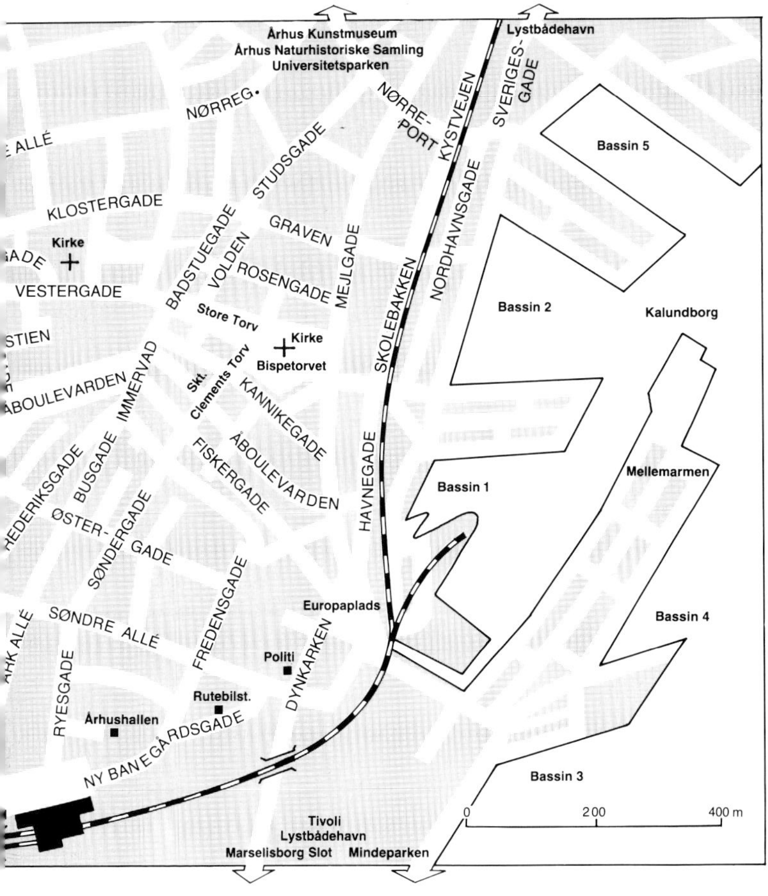

Versteckt hinter den hohen Linden des Rathausparks steht das marmorverkleidete **Rathaus** von 1941. Im Sommer werden Führungen veranstaltet, bei denen man die Rathaushalle, den Ratssaal und den Hochzeitssaal besichtigen kann. Man kann auch den charakteristischen Turm besteigen und die Aussicht über Århus und die Århus Bucht aus 60 Metern Höhe genießen.

Auf dem Platz vor dem Rathaus sieht man Mogens Bøggilds berühmten **Schweinebrunnen** (Grisebrønd) und am Fuße des Rathausturms den Springbrunnen **Agnete und der Wassermann** (Agnete og Havmanden).

Wenn man sich für Kirchenarchitektur interessiert, bietet gerade Århus einige bedeutende Kirchen. Zunächst die **Liebfrauenkirche** (Vor Frue Kirke). Es erwies sich als eine wissenschaftliche Sensation, als man 1955, fast rein zufällig, unter dem Chor einen kleinen verborgenen Kirchenraum fand. Es handelt sich um eine kleine Tuffsteinkirche aus der Zeit um 1060, die erste Steinkirche in Århus. Nach einer behutsamen Instandsetzung liegt dieser älteste gewölbte Raum des Nordens jetzt als eine Kirche in der Kirche.

Der alte Yachthafen von Århus, im Hintergrund das Molenfeuer

Die Liebfrauenkirche selbst wurde von Dominikanermönchen erbaut, und wie der Dom stellt sie sich heute als eine gotische Kirche mit diversen Fresken dar. Sie ist mit einer Altartafel, einem Meisterstück aus der Holzschnitzerwerkstatt von Claus Berg (1520), geschmückt.

Die zweite interessante Kirche ist der **Dom**. Mit seinem 93 Meter langen Kirchenschiff ist er Dänemarks längste Kirche. Die heutige spätgotische Kirche – es ist die dritte Kirche an dieser Stelle – wurde Mitte des 15. Jahrhunderts erbaut und enthält eine Reihe von Kostbarkeiten: Außer dem Taufstein, der Kanzel, Fresken, zwei Orgeln und einem Fenster mit Glasmalereien soll die Altartafel Erwähnung finden, die dreiflügelig ist und 1479 in der Kirche aufgestellt wurde.

Das **Frauenmuseum** in der Alten Polizeiwache beim Dom legt Zeugnis ab vom Leben und Wirken der Frauen im Laufe der Zeiten und bietet wechselnde Sonderausstellungen. Als kulturhistorisches Frauenmuseum ist es eines der wenigen dieser Art in der Welt.

Århus besitzt auch ein **Wikingermuseum**. Während der Ausgrabungen unter dem heutigen Gebäude der Andelsbanken am Clemenstorv in den 60er Jahren unseres Jahrhunderts hatte man das Glück, auf Überreste eines Halbkreiswalles zu stoßen, mit dem die Wikinger vor tausend Jahren ihr kleines Gemeinwesen von Handwerkern, Seeleuten und Kaufleuten umgaben. Im Keller der Bank ist ein kleines Museum eingerichtet worden, wo man eine Rekonstruktion des Walles, ein typisches Wikingerhaus sowie einige Geräte und Besitztümer be-

Der Hafen von Egå mit dem typischen Dreibein auf der Mole

trachten kann, die den ersten Einwohnern von Århus gehörten.

Von Århus nach Egå

Segelt man von Århus ca. 3,5 Seemeilen nach Nordosten, so erreicht man den großen Yachthafen von Egå. Das Dreibein auf der Außenmole dient bei Regatten als Schiedsrichterturm. Bei diesigem Wetter ist diese Landmarke eine gute Ansteuerungshilfe.

Egå Yachthafen

Wie es in der Hafenbroschüre heißt, ist der Egå Hafen „ein sehr moderner und gut ausgestatteter Yachthafen mit 700 Liegeplätzen". Das stimmt, hier gibt es alles, was sich ein Segler an Serviceeinrichtungen wünschen kann, angefangen bei Toiletten und Duschen bis zu Werkstätten für Reparaturen an Segeln, Booten und Motoren u. a. Diese Servicebetriebe haben ihren Sitz in einer Reihe „Skagenhäuser" am Hafenbecken.

Ob man gerne in einer modernen Marina liegt, ist eine Frage des Temperaments, doch als Ausgangspunkt für Tagesausflüge z. B. nach Århus ist der Hafen ausgezeichnet geeignet. Es sind nur ein paar hundert Meter zur Bushaltestelle; die Fahrt in die Stadt dauert etwa eine Viertelstunde.

- Telefon
- Wasser
- Lebensmittel
- Benzin/Diesel
- E-Anschluß
- Hafenmeister: Tel. 86 22 55 51
- Nächste Tourist-Information: Århus, Tel. 86 12 16 00

Die Umgebung

Hinter dem Hafen liegt eine große Sommerhaussiedlung. Abgesehen

vom Strand bietet die Umgebung keine besonderen Attraktionen.
Die einzige Sehenswürdigkeit liegt immerhin in zwei Kilometern Entfernung: die **Kirche von Egå**, deren Chor und Kirchenschiff romanisch sind. Der Turm, der im gotischen Stil angebaut worden ist, ist genauso breit wie das Schiff.

Von Egå zum Kaløvig Yachthafen

Steuert man die Kalø Vig aus Süden an, so muß man unbedingt das verbotene Gebiet zwischen Skødshoved im Osten und Egå im Westen beachten. Das Koraldyb ist Munitionsversenkungsgebiet und eindeutig durch sechs gelbe Tonnen mit liegendem Kreuz als Toppzeichen markiert. Nach dem Zweiten Weltkrieg wurden hier nicht weniger als 20 000 Tonnen Munition im Meer versenkt, von denen im Laufe der Jahre etwa die Hälfte beseitigt oder gesprengt worden ist.
Für den Bau des Studstrupkraftwerkes sowie für den Betrieb wurde Mitte der 60er Jahre eine Fahrrinne durch die Vig gebaggert. Die Rinne ist durchgehend mit roten und grünen Tonnen gekennzeichnet, die in der Seekarte aber nicht markiert sind. Das Fahrwasser darf nur von Handelsschiffen mit Lotsen befahren werden, Sportbooten ist daher das Befahren der Rinne und des markierten Gebietes vor dem Kraftwerk nicht gestattet.
Backbord voraus ragt der 120 Meter hohe häßliche Schornstein des Studstrupwerkes auf, ein Monument unseres Jahrhunderts. Bei normaler Sicht erkennt man das Werk mit seinem Schornstein überall von der Århus Bucht und den dazu gehörenden kleineren Buchten aus. Wenn man also sonst schon nichts Gutes darüber sagen kann, so kann das Werk wenigstens dazu beitragen, daß man sich zurechtfindet. Man peilt den alles überragenden Schlot an und weiß sofort, wo man sich befindet.
Der kürzeste Weg zum Kaløvig Yachthafen verläuft unter der Küste westlich vom verbotenen Gebiet. Der Hafen liegt hinter einer Landzunge, an die man nicht zu dicht heransegeln sollte.

Kaløvig Yachthafen

Etwa eine halbe Seemeile südlich des leicht auszumachenden Studstrupwerkes und im Schutze einer flachen Landzunge liegt der neue, supermoderne Hafen vom Kaløvig Bootsclub mit Platz für über 500 Yachten.

- Telefon
- Wasser
- Lebensmittel
- Benzin/Diesel
- E-Anschluß
- Hafenmeister: Tel. 86 99 19 67
- Fahrradverleih
- Nächste Tourist-Information: Århus, Tel. 86 12 16 00

Die Besitzer des Hafens haben bisher nicht eine Krone an öffentlichen Zuschüssen erhalten. Vor diesem Hintergrund kann man seine eigene Hafengeldpolitik machen: Gäste müssen pro Nacht soviel zahlen, wie Besuchern in ihrem Heimathafen für Yachten gleicher Größe abverlangt wird.
Die Gestaltung des Hafens erinnert nicht wenig an die neuen Häfen südlich von Kopenhagen in der Køge Bugt. Dies ist kein Zufall, denn der gleiche Planer, Dan Borgen Haslev, hat die Häfen entworfen. Ein großer Teil der Brücken und Stege führt von einer mitten im Hafenbecken künstlich angelegten Insel ab. Es gibt keine schnurgerade verlaufenden Straßen, und keine zwei Anleger sind einander gleich. Der Hafen verfügt auch über Übernachtungsmöglichkeiten für 32 Segler.

Auch vom Kaløvig Yachthafen sind die Busverbindungen nach Århus gut. Die Fahrt dauert etwa eine halbe Stunde und erstreckt sich über 15 Kilometer.

Vom Kaløvig Yachthafen nach Nappedam

Auf dem Wege nach Nappedam durchquert man die Løgten Bugt im Inneren der Kalø Vig, wo der Dänische Seglerverband eine Ankerboje ausgelegt hat. Der Verband hat selbstverständlich den besten Platz in der Bucht gewählt, nämlich an der Südseite, wo man am dichtesten unter Land liegt. Dies ist ein guter Ankerplatz – außer bei Südostwind.
In Kalø Vigs nordöstlicher Ecke liegt der Nappedam Yachthafen ein wenig zurückgezogen in der Egens Vig. Das Rønsten Rev wirkt wie ein Unterwasser-Wellenbrecher, der den Hafen und die gesamte Bucht abschirmt. Bei gutem Wetter kann man durch eine elf Meter tiefe, aber schmale und nicht gekennzeichnete Rinne zwischen der Schloßruine Kalø und dem Rev einsteuern. Diese Route sollte man nur bei klarer und ruhiger See segeln, um dabei den Grund beobachten zu können, denn die Wassertiefen nehmen hier abrupt ab. Vorsichtigere Gemüter segeln lieber die südliche, gekennzeichnete Einfahrt in die Bucht. Unter dem Steilufer von Vrinders Hoved steht südöstlich von Rønsten Rev ein Dalben (1. 4. bis 15. 11. befeuert mit Blz. (3) r. 10s 2,5sm), eben dahinter liegt eine rote Spierentonne. Von dort aus hält man gerade auf das Molenfeuer an der sich nach Südosten öffnenden Hafeneinfahrt zu.

Nappedam

Früher war der Anleger von Nappedam ein Ziel, das von der Dampfschiffsgesellschaft der Århus Bugt auf deren Rundfahrt in diesen Gewässern angesteuert wurde. Nach dem Zweiten Weltkrieg verlor die Brücke ihre Bedeutung als gewerblich genutzter Hafen. Sie wurde vom Nappedam Bootsclub übernommen und 1974 als Yachthafen mit 250 Plätzen eingeweiht.
Der Nappedam Bootsclub hat in dem alten Lagerschuppen ein Clubhaus eingerichtet. Das einzige Problem in Nappedam ist, daß der Kaufmann seinen Laden nach Rønde, zwei Kilometer vom Hafen entfernt, verlegt hat. Aber Waren – auch Brot und Brötchen zum Frühstück – werden gebracht, wenn man sie am Abend vorher beim Hafenkapitän bestellt hat.

- Telefon
- Wasser
- Diesel
- E-Anschluß
- Hafenmeister: Tel. 86 37 20 89
- Fahrradverleih
- Nächste Tourist-Information: Rønde, Tel. 86 37 15 00

Die Umgebung

Der **Ringelmose Wald** liegt dicht am Hafen, und einen halben Kilometer weiter nach Westen hin erstreckt sich der Hestehave Wald. Die Natur ist hier einmalig schön, und ein Spaziergang kann beispielsweise mit einem Besuch der **Bregnet Kirche** verbunden werden, die 1480 in gotischem Stil über den Überresten einer alten romanischen Kirche errichtet wurde.
Der Nappedam Yachthafen ist nicht nur von einer schönen Natur umgeben, sondern auch in der Nachbarschaft einer der bekanntesten Sehenswürdigkeiten des Landes gelegen. Es handelt sich um die Ruine von **Schloß Kalø**, das auf einer uneinnehmbaren Halbinsel liegt, die zugleich den Hafen beschützt, wenn der Wind von Südwesten kommt. Die Burg

Die Ruine des Schlosses Kalø

wurde 1313 von Erik Menved erbaut. Ein etwa 500 Meter langer, mit Feldsteinen gepflasterter Weg führt hinaus zum Burghügel, der 21 Meter hoch ist. Er stellt eine von Dänemarks beeindruckendsten Weganlagen aus dem frühen Mittelalter dar. Um unliebsame Besucher fernhalten zu können, überspannte auf halber Länge eine Zugbrücke einen tiefen Graben. Es wurden Reste dieser Brücke gefunden, und das Pflaster des Weges ist noch das alte aus Erik Menveds Zeit.
Schloß Kalø spielte während unruhiger Zeiten eine große Rolle, und viele bedeutende Gefangene saßen hier ein. Durch eine Öffnung kann man in das tiefe Verlies hinabsehen, in dem u. a. der schwedische Adlige und spätere König Gustav Wasa eingesperrt war, bevor er 1519 flüchtete.
Die Burg wurde Ende des 17. Jahrhunderts durch den Sohn Frederik III., Ulrik Frederik Gyldenløve, abgebrochen, der das Baumaterial für seinen Palast in Kopenhagen, das jetzige Charlottenborg auf Kongens Nytorv, verwenden wollte. Heute sind, mit etwa zehn Metern Höhe, die Ruinen des großen Turms mit ihren fast drei Meter dicken Mauern auf der Halbinsel in Kalø Vig übriggeblieben.

Von Nappedam nach Knebel Bro

Falls man es nicht geschafft hat, während des Aufenthaltes in Nappedam die vier Kilometer (hin und zurück) zur Ruine zu wandern, so findet man einen stillen Ankerplatz relativ dicht unterhalb der südöstlichen Spitze der Halbinsel mit der Schloßruine Kalø; dort liegen auch Ankerbojen aus. Doch das Ansteuern erfordert Aufmerksamkeit, da das Steilufer jäh ansteigt, so daß das Echolot zu spät warnt. Auf der Südseite dieses Ankerplatzes liegen große Steine. Nach dem Aufenthalt kann man dann die sichere Route durch die gekennzeichnete Rinne südlich von Rønsten wählen.
Egens Vig ist im Ganzen gesehen zum Ankern geeignet. Der Grund ist meist steinig, und die Ankerplätze sind gut

geschützt. Einheimische Segler benutzen auch den Platz südwestlich vor Egens Kirche.
Vier Seemeilen südlich von Nappedam liegt die verlockende Ankerbucht Knebel Vig. Die Einfahrt ist ziemlich schmal, fast wie die Durchfahrt zwischen zwei Hafenmolen, und dadurch ist die Bucht gut gegen Seegang geschützt. So kann man ungeachtet der Windrichtung immer einen geschützten Ankerplatz in der runden Bucht finden.
In der Einfahrt liegt eine grüne Tonne, die man an Steuerbord läßt. Auch bei der Einsteuerung aus Norden sollte man sich an diese Tonne halten und die Nordhuk weit umfahren, denn dort liegen unter Wasser viele große Steine. Bringt man dabei Tonne und Kirche von Knebel zur Deckung, ist man auf der sicheren Seite. Dann kann man direkt auf die Mole zusteuern.

Knebel Bro

Die Knebel Bro liegt tief in der Bucht gleichen Namens an der Westseite von Mols. Ursprünglich wurden von hier landwirtschaftliche Produkte der Bauern dieser Gegend verschifft, wenn hier die alten Dampfschiffe auf der Fahrt zwischen den vielen Anlegebrücken rund um die Århus Bugt und Samsø anlegten. Dieser Verkehr war nach Erlaß der neuen Gewerbeordnung von 1862, durch die viele Handelsstädte ihre Vorrechte verloren, besonders lebhaft. Eine neue Handelsstand-Vereinigung in Århus gründete eine Dampfschiffsgesellschaft, die u. a. Knebel Bro anfuhr. Heute wird die

- Telefon
- Wasser
- Lebensmittel
- Hafenmeister: Tel. 86 12 48 11
- Nächste Tourist-Information: Ebeltoft, Tel. 86 34 14 00

Mole nur von Sportbooten angelaufen. Am Molenkopf sind 2,5 Meter Wassertiefe vorhanden, zum Ufer hin wird es rasch flacher.
Ein altes Lagerhaus am Fuß der Mole zeugt von dessen früherem Verwendungszweck und ist im Baustil einer Zeit ausgeführt, wo man noch Muße hatte, das Mauerwerk ein wenig auszuschmücken, z. B. mit „flachen" Hausecken. Die Fassade ist mit einem hübschen Fischerboot mit stolzer Gaffeltakelage verziert, und über der Tür sind die Namen der drei zur Landungsbrücke gehörigen Ortschaften – „Tved Knebel Vistoft" – ins Mauerwerk eingearbeitet. Heute hat sich der Knebelvig Bootsclub in dem alten Gebäude eingerichtet.

Die Umgebung

Die Bucht ist fast kreisrund, und in ihrem Hinterland erheben sich die Mols Berge, deren höchsten Punkt mit 137 Metern man knapp vier Kilometer von der Bucht entfernt sehen kann. Als Naturhafen eignet sich Knebel Vig am besten für größere Yachten, weil die Bucht zu breit ist, um wirklich Schutz zu bieten, wenn der Wind im Laufe der Nacht dreht. Und dann kann man auf „Pyjama-Segeltörn" gehen, wie es die Einheimischen nennen, und muß während der Nacht zur entgegengesetzten Seite der Bucht umziehen.
Der Seglerverband hat vor Rolsøgård im nördlichen und Tved im südlichen Teil der Bucht Ankerbojen ausgelegt.

Von Knebel Bro nach Skødshoved Bro

Das Auslaufen aus der Knebel Vig sollte ebenfalls mit Vorsicht erfolgen – man muß besonders aufpassen, dabei nicht zu früh nach Süden zu drehen. Tiefergehende Yachten sind gut beraten, die 1,5 Seemeilen in westnordwestlicher Richtung bis zur Kardi-

naltonne Nord des Pladen Sandes zu segeln, um erst von dort aus Kurs nach Südwesten abzusetzen. Es ist jedoch auch möglich, östlich um Pladen herumzusegeln. Nördlich von Skødshoved dehnt sich flach wie ein Planschbecken das Skødshoved Flak aus und zwingt den Schiffsverkehr, sich in der Mitte der Bucht zu halten.
Südlich der Halbinsel Skødshoved liegt Skødshoved Bro, das sich allmählich zu einem kleinen Hafen entwickelt hat, der jedoch in aller Bescheidenheit nur Jollenhafen genannt wird, mit 1,5 Metern Wassertiefe.

Skødshoved Bro

Die Landungsbrücke stammt aus der Zeit, als die Dampfschiffe die Gewässer rund um die Århus Bugt befuhren. Diese Linie wurde eingestellt, als Lastwagen die Frachten übernahmen. Danach waren Sportboote die einzigen, die den hübschen kleinen Anleger benutzten. 1983 wurde die Anlage auf Initiative der Institution Skødshoved Bro Jollehavn in einen Jollenhafen mit 90 Plätzen umgewandelt.
Bis zum Kaufmann sind es zwei Kilometer, doch Milch, Brötchen usw. kann man normalerweise in der Cafeteria unmittelbar am Hafen bekommen.

- Telefon
- Wasser
- E-Anschluß
- Hafenmeister: Tel. 86 35 15 82
- Nächste Tourist-Information: Ebeltoft, Tel. 86 34 14 00

Von Skødshoved nach Kongsgårde Bro

Nachdem man in östlicher Richtung Mols Hoved umrundet hat, öffnet sich die Begtrup Vig zwischen Helgenæs im Südosten und den Mols Bergen im Norden. Diese Vig wirkt größtenteils wie eine offene Bucht, aber ganz oben in der nordöstlichsten Ecke liegt ein hervorragender Ankerplatz mit Bojen, den man bei so gut wie allen Wetterlagen aufsuchen kann. Der Seglerverband hat die vier Bojen so dicht vor der Küste ausgelegt, daß die kleine Insel Rønnen Schutz vor Winden aus fast allen Richtungen bietet.
Rønnen ist eine Sandinsel mit vielen Möwen, und auf dieser Insel steht ein kleiner Fischerschuppen. Ansonsten gibt es hier nichts, und man hat das Gefühl, ganz allein auf der Welt zu sein, was für eine Zeitlang wunderschön sein kann. Ist man auf der Suche nach Proviant und Wasser, so kann man 1,5 Seemeilen südlich in der gleichen Bucht vor Kongsgårde anlegen.

Kongsgårde Bro

Der Anleger ist 135 Meter lang, und am Kopf beträgt die Wassertiefe 3 Meter. Die Brücke ist Privateigentum, doch gibt es normalerweise keine Probleme, von den einheimischen Fischern die Erlaubnis zu bekommen, dort zu liegen. Die Brücke diente früher als Anleger für die Dampfschiffe, die rund um die Århus Bugt und um Samsø verkehrten. Heute ist sie unter Fahrtenseglern ein beliebtes Ziel.

Die Umgebung

Hier ist ein guter Ausgangspunkt für Spaziergänge auf der hübschen Halbinsel Helgenæs, deren hohe Hügel freie Aussicht nach allen Richtungen bieten. Es sind 2,5 Kilometer bis zur schmalen Landenge **Draget**, die Helgenæs mit Mols verbindet. Dies ist ein geschichtlicher Ort, denn Marsk Stig besaß bereits einen Blick für die Möglichkeiten der Nehrung und baute 1287 eine 200 Meter lange Mauer quer über deren schmalste Stelle. Helgenæs war jedoch zu groß für ihn, so

Der private Anleger von Kongsgårde

daß er sich später auf Hjelm niederließ. Unweit der einstigen Mauer wurde während des 1. Schleswig-Holsteinischen Krieges eine Schanze angelegt – Überreste davon sind erhalten–, als General Rye seine Truppen auf Helgenæs hinaus verlegte. Von Kongsgårde Bro aus wurden sie später nach Fünen verlegt, und von dort aus gelangten sie dann nach Fredericia, wo die dänischen Truppen die Deutschen am 16. Juli 1849 schlugen. Der **Ellemandsbjerg** liegt in der entgegengesetzten Richtung, nach Süden hin, vier Kilometer entfernt. Er ist 99 Meter hoch, und wenn man hinaufgekraxelt ist, wird man mit einer einzigartigen Aussicht über Mols und das Kattegat mit Samsø und Tunø belohnt.

Von Kongsgårde Bro nach Ebeltoft Vig

Die Halbinsel Helgenæs endet in Sletterhage, wo auch der 16 Meter hohe Leuchtturm Sletterhage steht und sein beruhigendes Feuer zeigt, wenn die Dunkelheit sich herabsenkt. Es ist hier bis dicht unter den Strand tief, und es ist nichts Ungewöhnliches, große Segelyachten dicht unter der Küste die Südspitze runden zu sehen.

Nordöstlich der Huk öffnet sich ein neues interessantes Gewässer. Bei der Ansteuerung aus Südwesten in die Ebeltoft Vig kann man zwischen Lushage im Westen und dem Skadegrund im Osten bleiben, der mit einer Kardinaltonne West markiert ist.

Rund um Djursland

Ebeltoft – Øer – Hjelm – Grenå – Anholt – Bønnerup

Bleibt man in der westlichen Hälfte der Ebeltoft Vig, hat man keine Probleme mit der Navigation. Sie ergeben sich erst kurz vor dem Hafen Ebeltoft, wo das Flach Sandhagen mit sehr geringen Wassertiefen eine ganze Seemeile vor der Küste verläuft. Um sich freihalten zu können, läßt man bei der Ansteuerung des Yachthafens die beiden grünen Tonnen und die grüne Spierentonne in der Richtfeuerlinie an Steuerbord liegen.
In der Ebeltoft Vig kann man an vielen Stellen ankern – je nach Tiefgang und Windverhältnissen. Es gibt hier faktisch keine Windrichtungen, vor denen es nicht möglich ist, Schutz zu finden. Manche Boote liegen unmittelbar südwestlich des Yachthafens und warten darauf, in der Marina einen Platz zu bekommen.

Ebeltoft Marina

Der Hafen Ebeltoft gehört aufgrund seiner gemütlichen Stadt zu den begehrtesten und am häufigsten besuchten Häfen in der kurzen, aber hektischen Saison. Es gibt drei Hafenbecken. Von Norden her gesehen sind

- Telefon
- Wasser
- Lebensmittel
- Diesel
- E-Anschluß
- Hafenmeister: Tel. 86 34 30 08
- Fahrradverleih
- Nächste Tourist-Information: Torvet 9–11, Tel. 86 34 14 00

dies: der Handelshafen, der Fischereihafen und der neue Yachthafen. Der Fischereihafen darf nicht von Segelyachten angelaufen werden. Doch am wichtigsten für den Fahrtensegler ist die Marina. Sie bietet 327 feste Liegeplätze und ist schon von weitem durch 46 zweigeschossige Holzhäuser im schwedischen Schärenstil zu erkennen, die an Touristen vermietet werden. Dieses faszinierende Hafengebiet ist der moderne Beitrag zu Ebeltofts ganz besonderem Gepräge.
Sollte hier alles besetzt sein, so kann man im Handelshafen liegen, wo Schwimmstege ausgelegt worden sind. Es ist etwas teurer, und leider sind hier nicht so gute Einrichtungen vorhanden wie in der Marina.
Selbst am Vormittag, wenn es sonst in den meisten Häfen etwas leerer wird, ist Ebeltoft überfüllt.

In der Stadt

„Æbeltoft“, wie die Stadt in alten Zeiten geschrieben wurde, ist wirklich eine gemütliche alte Kleinstadt mit Kopfsteinpflaster und buntbemalten Fachwerkhäusern. Den Mittelpunkt all dieser Herrlichkeiten bildet das alte **Fachwerk-Rathaus** mit seinem hübschen Glockentürmchen. Das Gebäude wurde 1576 erbaut und 1710 und 1789 wieder instand gesetzt. In alten Tagen wurde das Rathaus nicht nur für Ratssitzungen, sondern auch für Feste benutzt, z. B. für die Hochzeitstafel. Der Keller diente als Weinlager, aber auch als Gefangenenverlies. Das Ebeltofter Miniatur-Rathaus ist heute **Museum**, aber eine Rathausfunktion wird immer noch in Ehren gehalten, nämlich Trauungen. Viele Brautpaare aus dem In- und Ausland kommen nach Ebeltoft, um hier im romantischen Städtchen getraut zu werden. Diese Trauungen erfolgen meist am Samstagvormittag in dem Raum rechts von der Eingangstür, und es liegen stets Reiskörner auf der Haupttreppe.

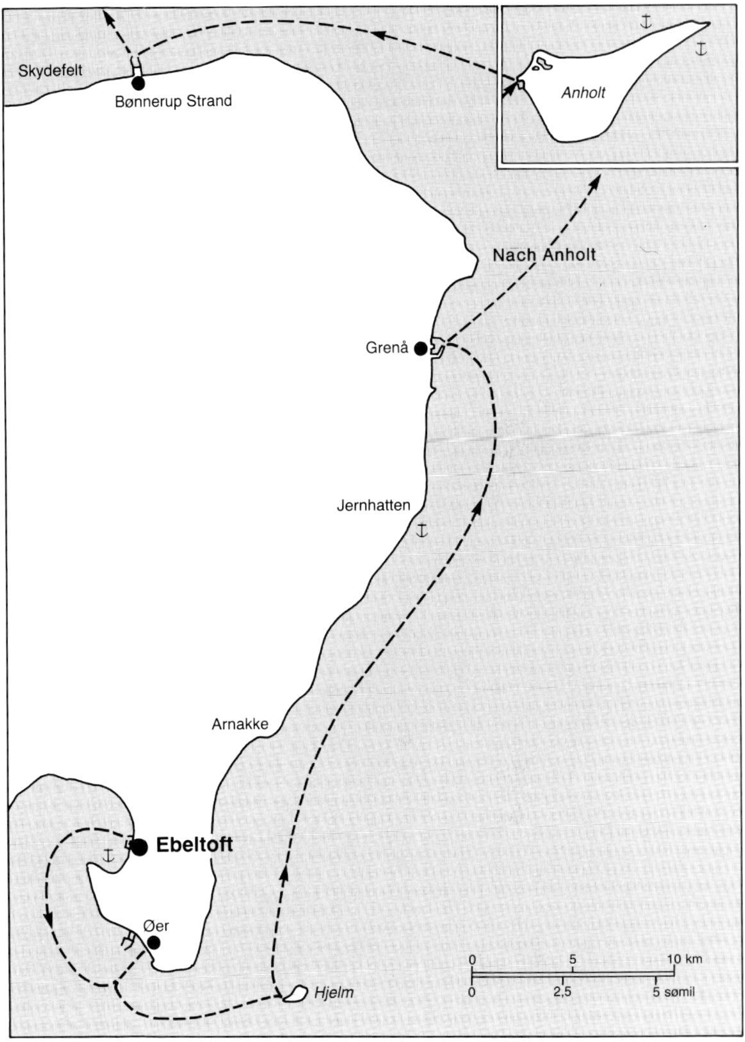

Die Sammlung von Mobiliar und von sonstigen Gebrauchsgegenständen reicht bis weit in die Steinzeit zurück, doch das Hauptgewicht liegt auf dem Leben im Ort und seiner historischen Entwicklung seit 1301, als er zur Stadt wurde. Es werden auch Eindrücke vom Leben der Mols-Bauern aus der Zeit um 1700 vermittelt. Darüber hinaus gibt es Vitrinen mit Zeugnissen von Marsk Stigs Falschmünzerei in der Festung auf der Insel Hjelm.

Die gleiche Eintrittskarte gewährt auch Zugang zur **Siamesischen Sammlung** im Posthof direkt neben dem Rathaus. Für viele dürfte es eine Überraschung bedeuten, daß man in Ebeltoft eine Sammlung ethnographi-

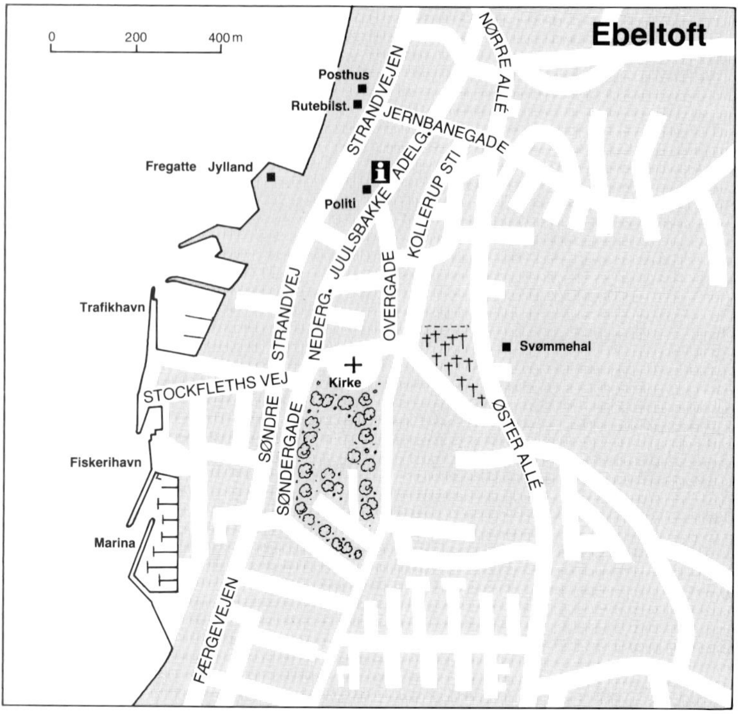

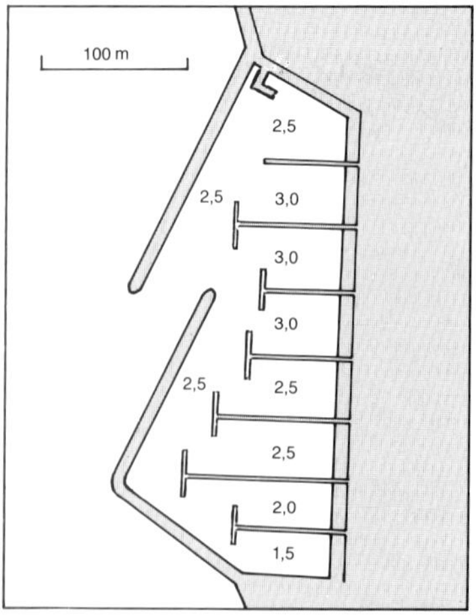

scher Stücke aus Thailand, dem ehemaligen Siam, findet. Und nicht ohne Grund.

Der in Ebeltoft geborene Ingenieur Rasmus Havmøller kam in jungen Jahren nach Siam, und sein großes Interesse an Siams Vorgeschichte machte ihn zu einem bekannten Sammler für das Nationalmuseum in Bangkok. Um auch seinen Landsleuten in Dänemark einen Eindruck des Lebens im Fernen Osten zu vermitteln, brachte er seine private Sammlung mit nach Hause, die heute in Ebeltoft ausgestellt ist.

Die Stadt besitzt auch viele interessante alte Fachwerkhäuser, deren Besuch sich lohnt. Ein Beispiel hierfür: **Jørgen Fåborgs Gård** in der Adelgade 25–27. Das Gebäude selbst ist mehr als 225 Jahre alt und wurde nach dem Ersten Weltkrieg mit dem Nachbarhaus zusammengelegt, wo die Bürger von Ebeltoft über Generationen Branntwein herstellten.

Auf der anderen Straßenseite, in der

Adelgade 28–32, steht der etwa ein halbes Jahrhundert ältere **Sigvald Rasmussens Gård**, ein alter Kaufmannshof, an dem man u.a. einen Torpfosten von einem älteren Gebäude bewundern kann, in den die Jahreszahl 1611 eingeschnitzt ist. Darüber hinaus besitzt der alte Hof einen wunderschönen Laubengang, den man näher in Augenschein nehmen kann, wenn man durch das alte Tor eintritt. Früher lag das Kornlager im ersten Stock, und daher sind die Träger zwischen dem Erdgeschoß und dem ersten Stock aus sehr starken Eichenbalken. Im Torflügel ist der „Rådhuskroen“ untergebracht, der in seinem Innern die Einrichtung eines Stadtkruges aus der Mitte des 19. Jahrhunderts unverfälscht bewahrt hat.

Die **Ebeltoft Kirche**, am Ende der Kirkegade, ist ebenfalls einen Besuch wert. Bei der kürzlich erfolgten Restaurierung wurde eine Anzahl von Fresken freigelegt, die aus der Nähe in Augenschein genommen werden können.

Was die **Nachtwächter von Ebeltoft** angeht, so ist es tatsächlich gerade 75 Jahre her, daß der letzte aus dieser Zunft in den Ruhestand ging und von der Polizei abgelöst wurde. Die Sommergäste und die Bürger der Stadt können aber auch heutzutage noch an jedem Sommerabend ihre Freude an den Nachtwächtern haben, wenn sie auf der Rathaustreppe singen und in ihren dunklen Uniformen mit dem Morgenstern und der brennenden Laterne durch die engen Gäßchen gehen; sie tun dies mittlerweile allerdings für den Fremdenverkehrsverein von Ebeltoft/Mols. In der Zeit vom 21. Juni bis zum 10. August singen die Wächter jeden Abend um 20.00, 21.00 und 22.00 Uhr.

Das Museum im alten Rathaus von Ebeltoft

Die **Fregatte Jylland** lag früher im nördlichen Teil des Handelshafens. Heute ist sie auf einer künstlich angelegten Halbinsel am Strandvejen ins Trockendock gelegt worden. Sie wird zur Zeit restauriert, und man kann sie sich soweit anschauen, wie dies die Arbeiten an Bord nicht behindert. Die Fregatte, das letzte Eichenschiff der dänischen Flotte mit voller Takelage, lief 1860 vom Stapel. Sie nahm an der Schlacht bei Helgoland teil und zog sich hier siegreich zurück. Für alle, die sich für Maritimes interessieren, ist es ein Erlebnis, in den Laderaum der Fregatte hinabzusteigen und die großen Feldsteine, die als Ballast dienten, und die enorm starken Balken, aus denen sie erbaut wurde, zu bestaunen.

Die Umgebung

In der kleinen Ortschaft Dråby, 3,5 Kilometer von Ebeltoft, steht eine interessante Kirche, der „**Dom zu Mols**", wie sie wegen ihrer Größe und ihres Aussehens genannt wird. Sie stammt aus dem 13. Jahrhundert, als Dråby vermutlich eine Hafenstadt war.

Von Ebeltoft nach Øer

Beim Verlassen des Hafens muß man wie bei der Austeuerung Sandhagen Flak weit umsegeln. Nach Passieren von Alhage kann man im Osten den Fährhafen von Ebeltoft ausmachen, der nicht von Sportbooten angelaufen werden darf. Auf seiner 800 Meter langen Außenmole ist ein Windmotorenpark angelegt worden, der jährlich genug Energie erzeugt, um etwa 600 Einfamilienhäuser zu versorgen. Jeder der 16 Windmotoren ist 22 Meter hoch und besitzt drei Flügel. Außerdem steht weiter landeinwärts noch ein etwas größerer Windmotor.
Wenn man nun einmal an diesem Küstenabschnitt ist, so kann man sich ein ganz besonderes und einzigartiges Erlebnis gönnen, indem man Kurs auf Øer Maritime Ferieby nimmt.
Bei der Ansteuerung beachte man die aus Südwesten einlaufenden Fähren Richtung Ebeltoft sowie die Stellnetzpfähle neben dem Fahrwasser. Etwa 0,3 Seemeilen südöstlich der Fährmole von Ebeltoft liegt auf 56°08,84′N 10°39,90′O eine rotweiße Ansteuerungstonne vor der etwa 600 Meter langen Einfahrtsrinne zur Marina. Diese Rinne ist nur vom 1. April bis zum 15. November betonnt. Im Zufahrtskanal zur ehemaligen Kiesgrube darf höchstens mit 3 Knoten gefahren werden. Vor der Schleuse sind genug Liegemöglichkeiten für Wartende vorhanden.
Werden am Signalmast am Tage drei schwarze Bälle untereinander bzw. drei rote Lichter nachts gezeigt, darf man nicht in die Zufahrtsrinne einlaufen. Yachten, die bereits in der Rinne segeln, müssen wenden und ablaufen. Die Kammerschleuse ist 30 Meter lang, 7,5 Meter breit und 4,0 Meter tief, der Hub bei mittlerem Wasserstand beträgt 1,6 Meter auf das Niveau der Marinaanlage. Die Kammergröße ist für vier bis sechs Yachten gleichzeitig ausreichend. Auf der Schleuse wird ein kombiniertes Schleusen- und Hafengeld für die Marina kassiert. Innerhalb von etwa zehn Minuten werden die Boote vom Kattegat bis zum Wasserspiegel des Feriendorf-Sees angehoben. Die Schleuse, die außerhalb des Feriendorfes liegt, erfreut sich bei vielen Gästen großer Beliebtheit, die nur mal zuschauen wollen, wenn die Boote gehoben und gesenkt werden.

Øer Maritime Ferieby

Am 1. Januar 1987 war Øerne noch eine kleine unbekannte Ortschaft, nur westlich des Dorfes lag eine alte Kiesgrube von etwa 100 Hektar mit bemerkenswerten Feuchtgebieten, Heideflächen, Strandwiesen, wo u.a. Orchi-

Die Marina der neuen Ferienanlage Øer Maritime Ferieby

deen gediehen. In nur 16 Monaten verwandelte man dieses Naturgebiet in Dänemarks erste maritime Ferienstadt.

Bulldozer schachteten einen großen künstlichen See aus, und der ausgehobene Sand und die Steine wurden auf sieben Hügel verteilt, aus denen später die sieben Inseln wurden, die sowohl das Fundament der künftigen Stadt bilden wie auch den Namen „Sieben Inseln“ begründen.

Øer Maritime Ferieby, wie der offizielle Name lautet, ist in jeder Beziehung ein Experiment. Die Anregung hierfür holte man sich in Südfrankreich. In Port Grimaud in der Nähe des mondänen Saint-Tropez gibt es ein ähnliches Feriendorf, das man ins Wasser hinausgebaut hat. Auf fünf Inseln in Øer errichtete man 60 nach skandinavischem Muster gebaute Holzhäuser, kombiniert in acht verschiedenen Farben, welche der Stadt in der buchstäblichen Bedeutung des Wortes Farbe geben. Die Bepflanzung unterscheidet sich von Insel zu Insel. Das kann auf einer Bocksdorn sein und auf einer anderen Rosen usw. Die sieben Inseln sind untereinander mit Brücken verbunden, so daß man bei einem Besuch in der ganzen Stadt herumgehen kann und von Wasser umgeben ist. Die Größe der Seestadt ist beeindruckend. Der Umkreis beträgt vier Kilometer, die Anleger und Kais sind zusammen nicht weniger als 2,6 Kilometer lang. Man kann trockenen Fußes von jedem beliebigen Punkt der Stadt zum anderen gehen, doch meistens dürfte es praktischer sein, das Wassertaxi zurück zum Boot zu nehmen. Man hißt nur einen grünen Signalball am nächsten (Taxi-)Signalmast.

Der wirtschaftliche Aufbau des Ferienzentrums ist nicht nach traditionellem Muster vorgenommen worden. Øer Maritime Ferieby ist eine selbständige Institution. Der Arbejdsmarkedets Feriefond hat 80 Mio. Kronen Kredite gegeben, und der Rest der 346 Mio. Kronen, die das ganze Projekt gekostet hat, soll durch den Verkauf des Nutzungsrechtes an 200 der 300 Häuser finanziert werden, auf welche die Stadt ausgelegt ist. Wohlgemerkt nicht

zum Verkauf an Privatpersonen, sondern nur an Firmen, die mit mindestens acht Beschäftigten einen Anteil von 649000 Kronen kaufen können. Sie erhalten damit das Anrecht, eine Wohnung 99 Jahre lang zu benutzen, außerdem Einfluß in der Vertreterversammlung und eine Verzinsung ihrer eingezahlten Summe. Darüber hinaus ist eine jährliche Zahlung in Höhe von 60000 Kronen für Unterhaltungskosten u.a. zu leisten, die der Preisindex-Regulierung unterworfen ist. Die letzten 100 Häuser sollen an Privatpersonen vermietet werden, und jedes Haus besitzt acht Betten. Das Feriendorf ist von einem Wallgraben umgeben, der den Zugang zum Dorf einschränkt.
Kommt man als Gast oder als ganz normaler Neugieriger des Weges, möchte hinein und sich ansehen, was diese Neuerscheinung auf der Landkarte eigentlich ist, so muß man sich erst eine Eintrittskarte kaufen.
Das erste, worauf das Auge fällt, ist ein eindrucksvolles Stadttor, das man durchschreiten muß, um in die Stadt zu gelangen. Der Staatliche Kunstfonds hat einen Zuschuß zu diesem Kunstwerk gegeben, das übrigens der Künstler Emil Gregersen geschaffen hat.
Dann betritt man den Marktplatz. Er ist von Geschäften umgeben, z.B. Kaufmann, Eisbude, Souvenirladen sowie einigen Fachgeschäften. Hier wird an mehreren Tagen in der Woche Markt abgehalten. Hinter dem Marktplatz liegt das Schwimmbad mit drei Bekken, die durch zwei Wasserfälle miteinander verbunden sind; außerdem gibt es hier eine Sauna und Solarien. Gegenüber dem Schwimmbad haben ein Café und das exklusive Restaurant „Blå Lanterne", wo gute Bedienung und gute Kochkunst zu Hause sind, geöffnet. Oben vom Aussichtsturm, der daneben steht, kann man die ganze Seestadt überblicken.

Außer der Hauptinsel und den fünf Wohninseln gibt es auch eine Kinderspielinsel, zu der Erwachsene keinen Zugang haben.
Eine Klappbrücke im holländischen Stil verbindet diese Insel mit der übrigen Welt.
Die Wasserlandschaft ist das Besondere bei dieser Ferienanlage. Hier können mühelos 1000 Yachten liegen.

- Telefon
- Wasser
- Lebensmittel
- Benzin/Diesel
- E-Anschluß
- Hafenmeister: Tel. 86340222
- Fahrradverleih
- Nächste Tourist-Information: Ebeltoft, Tel. 86341400

In der Stadt

Vielfältig sind die Aktivitäten, welche sich die Segler während ihres Aufenthaltes zunutze machen können. Im Hafengeld sind eingeschlossen: Schwimmbad und Sauna, Toiletten, Bäder und Waschräume, Badestrand, Kinderspielinsel, Naturpark mit Spazier- und Reitwegen, Ruder- und Tretboote, Jollen- und Optimistensegeln, Surfschule, Yachtverleih, geräuschlose Elektro-Motorboote, Tauchschule und Angeln. Im Sommer vor der Eröffnung, als das Wasser vom Kattegat herauf in den Feriendorf-See gepumpt wurde, setzte man gleichzeitig mehrere tausend Forellen aus, so daß in den Kanälen sehr viele Fische zu finden sind.
Hat man Lust auf eine Schwimmpartie, so kann man von Bord direkt ins Wasser gehen. Es ist wirklich etwas dafür getan worden, das Gewässer rein zu halten. Das Wasser wird täglich gereinigt und gefiltert. Vier Millionen Muscheln, die im Becken ausgesetzt worden sind, sorgen dafür. Der

Fischlaich, der überall im klaren Wasser herumschwimmt, belegt, daß es den Fischen gutgeht. In den Verhaltensregeln wird betont, daß es strengstens verboten ist, den See in irgendeiner Weise zu verunreinigen. Den Seglern ist es nicht gestattet, die Bordtoiletten der Yachten zu benutzen oder Abwässer vom Waschen und Abwaschen in den See zu leiten.
Es gibt jedoch auch Einrichtungen für „bodenständige" Aktivitäten wie Pferdeställe für eigene Pferde, Sandbahnen und Naturreitwege. Man findet einen Fahrradverleih, und in der großen Halle gleich am Haupteingang außerhalb der Seestadt kann man Fußball, Handball, Tennis, Badminton und Basketball spielen. Øer Maritime Ferieby darf nur vom 1. April bis zum 15. November bei Tageslicht angesteuert werden. Die Schleuse ist acht Stunden täglich geöffnet, und zwar zu den folgenden Zeiten:
1. April bis 31. Juli von
09.00 bis 11.00,
12.00 bis 15.00,
19.00 bis 20.00 Uhr
1. August bis 15. September von
09.00 bis 12.00,
14.00 bis 19.00 Uhr
16. September bis 31. Oktober von
08.00 bis 16.00 Uhr.
Nach vorhergehender Absprache mit dem Hafenmeister, der unter Tel. 86340222 zu erreichen ist, kann eventuell ein Schleusen außerhalb dieser Zeiten erfolgen.

Von Øer nach Hjelm

Nach Passieren der rot-weißen Ansteuerungstonne vor Øer Maritime Ferieby hält man sich südlich gut frei von Gåsehage. Hat man die Huk gerundet, kann man mit Ostkurs direkt auf die Insel Hjelm drei Seemeilen vor der Ostküste Jütlands zuhalten. Dabei läßt man den grün betonnten Klokkegrund nördlich liegen.
Die Insel ist im Privatbesitz, bittet man aber zuerst freundlich um Erlaubnis, auf der Insel an Land gehen zu dürfen (Tel. 86341407), wird es einem in der Regel gestattet. Wenn man anbietet, eventuell Fehlendes vom Supermarkt „Brugsen" mit herüberzubringen, dann ist Hjelms einziger Bewohner, Erik Carl Nielsen, besonders froh. Er wohnt dort nur im Sommer, den Rest des Jahres ist die Insel also unbewohnt.
Der beste Ankerplatz auf der hafenlosen Insel liegt unter der Westküste, und hier, wo eine kleine Bucht Schutz vor Winden von Süden und Osten bietet, ist auch der beste Ort für einen Landgang. Leider behindern die am häufigsten auftretenden West- und Nordwestwinde ein wenig die Nutzung der Bucht. Man muß dann unter der Ostküste seinen Ankerplatz suchen, doch hier reicht ein etwas steiniger und unerfreulicher Sand nach Nordwesten hinaus. Außerdem läuft Seegang rund um die Insel, besonders bei Wind aus Südwesten.

Hjelm

Beim Ansteuern erlebt man, wie die Insel rasch an Größe zunimmt, „einer Sturmhaube mit breitem Schatten ähnelnd", wie es bei Achton Fris heißt – oder vielleicht einem Landsknechthut, der auf den Wellen schwimmt. Und Landsknechte haben auch die Geschichte der Insel geschrieben, denn Hjelm ist eine der wenigen kleinen dänischen Inseln, die einen größeren Platz in den Geschichtsbüchern einnimmt.
Hier war es, wo Marsk Stig in den Jahren seiner Ächtung nach dem Mord an Erik Klipping in Finderup Lade 1286 eine Burg baute. Ob er nun der Mörder war oder nicht – auf jeden Fall wurde er, der Marschall des Reiches, der so mächtige Stig Andersen, verdächtigt und im Jahr darauf auf einem däni-

schen Herrentag in Nyborg für schuldig erkannt.

- Keine Versorgungseinrichtungen (abgesehen von Wasser)

Leider fand man bisher keine Spuren, weder von der Burg noch von den Wallanlagen. Marsk Stig starb 1293 sicherlich eines natürlichen Todes. Doch es gelang dem dänischen König Erik Menved und seinen Leuten nicht, die Insel einzunehmen, bis 1306 die meisten aus Marsk Stigs alter Mannschaft einzeln in Jütland gefangengenommen und am Galgen in Ribe aufgehängt wurden. Es versteht sich von selbst, daß Erik Menveds Mannen die Burg dem Erdboden gleichmachten, und all das, was sie nicht niederzureißen vermochten, wurde 1855 beseitigt, als der große Leuchtturm mitten auf dem Burghügel errichtet wurde.

Die Überlieferung will wissen, daß Marsk Stig während eines seiner Feldzüge königliche Münzmeister und Stempelschneider gefangengenommen und mit sich nach Hjelm gebracht hat, wo er sie daransetzte, Formulare mit königlichen Unterschriften zu prägen. Es ist auf jeden Fall ziemlich sicher, daß auf Hjelm Münzen geschlagen wurden, denn im Laufe der Zeit fand man viele kleine runde und viereckige Geldstücke auf der Insel. Die Geächteten beschäftigten sich also mit Falschmünzerei.

Früher betrieb man auf der Insel etwas Landwirtschaft, doch das ist schon längst unrentabel geworden, und der Leuchtturm wird von Fornæs nördlich von Grenå aus funkgesteuert. Die alten Häuser werden daher nur als Sommerwohnungen benutzt, so daß es vernünftig ist, einen höflichen Bogen um sie herum zu machen.

„Der Anstieg ist für Asthmatiker und Leute, die es gerne bequem haben, ziemlich schwierig", so heißt es in einer älteren Beschreibung von Hjelm, doch wenn man die Strapazen überlebt, gelangt man auf eine Hochebene, die sich 40 Meter über die See erhebt. Hier hat auch der Leuchtturm seinen Standort, und an dessen Fuß über einem Fenster steht der Namenszug Frederik VII., die Krone und die Jahreszahl 1856. Dies war das Jahr, in dem hinter der Linse in 18 Metern Höhe das Feuer zum ersten Male gezündet wurde. Hier von der

Hjelm mit dem 1855 auf dem Burghügel erbauten Leuchtfeuer

Spitze des „Helms“ kann man eine wunderschöne Landschaft zu Lande und zu Wasser überblicken, Djursland und Helgenæs im Osten, Samsø im Südwesten, Sjællands Rev im Südosten.

Die Form der Insel mag absonderlich erscheinen, doch Hjelm ist durch das Meer um einen 45 Meter hohen Moränenkern aufgespült worden. Da Djursland vor dem Westwind Schutz bietet, konnte sich Hjelms langer Arm nach Westen entwickeln.

Von Hjelm nach Grenå

Gut 6 Seemeilen nördlich von Hjelm erhebt sich Jernhatten (der Eisenhut) mit seinen 49 Metern höchster Punkt an der Djursland-Küste. In einer kleinen Bucht südlich unter diesem Hügel findet man Schutz vor Winden zwischen West und Nord. Diese Stelle lädt nicht zur Übernachtung ein, aber wenn man einen Törn unterbrechen möchte, kann dies der richtige Platz dafür sein. Hier kann man einen Ausflug an Land mit einem Besuch oben auf Jernhatten verbinden, von dem man eine großartige Aussicht über das Kattegat bis nach Seeland hat.

Wer den Anker wieder lichtet, muß, sofern er nordwärts segelt, einen respektvollen Bogen außen um Blak, ein steiniges Flach dicht südlich vor Jernhatten, machen. Weiter nördlich kann

man ziemlich dicht unter der Küste Djurslands segeln, abgesehen von einigen Stellnetzpfählen. Eine Seemeile südlich vor Grenå liegt die Untiefe Naveren mit nur 1,30 Meter Wassertiefe. Man kann zwischen Küste und der Kardinaltonne West aber gut hindurchsegeln.

Grenå Yachthafen

„Von verschiedenen Seiten ist unserem neuen Clubhaus vorgeworfen worden, daß es einer Kirche ähnlich sieht. Dazu kann ich nur sagen, daß wir in diesem Fall eine Gemeinde haben, die treuer ist als die meisten.“ Dies sagte der Präsident des Clubhausausschusses beim Richtfest im Frühjahr 1988. Und es hat seitdem wirklich Veränderungen im Hafengebiet gegeben. Eine supermoderne Hafenanlage für 30 Mio. Kronen mit Platz für 550 Yachten, davon 400 Plätzen für Gäste, ist fertig geworden. Wie den Strandpark der Køge Bugt, den Marselisborg Hafen in Århus, Kaløvig bei Århus, den Nivå Hafen und den Skelskør Hafen hat der Architekt Dan Hasløv auch diesen Hafen entworfen.
Er ist um zwei künstliche Sandinseln etwa 900 Meter südlich der alten Hafeneinfahrt gebaut, wo der Gren Å zwischen dem Handelshafen und dem neuen Yachthafen mündet. Mit dem neuen Clubhaus hat der Hafen auch ein neues Wahrzeichen erhalten. Es ist in drei Stockwerken mit einem Balkon zur Seeseite gebaut; dieser Balkon wird auch als Schiedsrichtertribüne beim Regattasegelen benutzt.
Grenå war strategisch stets gut gelegen, weit besser als andere Häfen. Früher benutzte man den Hafen nur aus diesem Grunde, doch mit der neuen Marina hat sich das Blatt gewendet; Grenå ist attraktiv geworden. Am südwestlichen Rand des Marinabekkens liegt ein Sandstrand, der sich bereits großer Beliebtheit erfreut, nicht zuletzt bei den Kindern, die baden, spielen und mit Optimistenjollen oder Ruderbooten fahren können, ohne zur See hinauszutreiben.

- Telefon
- Wasser
- Lebensmittel
- Diesel
- E-Anschluß
- Hafenmeister: Tel. 86 32 72 55
- Fahrradverleih
- Nächste Tourist-Information: Torvet 1, Tel. 86 32 12 00

In der Stadt

Grenå hat sich mit der Zeit in eine Ansiedlung verwandelt, die sich am Fluß entlang vom Hafen bis zur drei Kilometer landeinwärts gelegenen eigentlichen Stadt erstreckt. Aber die Kirche am Marktplatz bildet doch immer noch den Stadtkern, um den sich die alte Bebauung erhalten hat. Und direkt neben der Kirche, in der Søndergade 1, ist das **Djursland Museum** in einem Fachwerkhaus aus dem 18. Jahrhundert eingerichtet worden. Das Museum, das 1916 eröffnet wurde, enthält viele schöne Objekte aus den Bereichen Handwerk, Textilien, Waffen und Altertümer. Aus einem 1910 gefundenen Schatz von 12 000 Münzen aus Valdemar Sejrs Tagen werden Exemplare von 35 Münzsorten gezeigt.
Im gleichen Gebäude hat sich **Djurslands Fischereimuseum** eingerichtet. Hier findet man eine Ausstellung über die Geschichte der Fischerei von vorgeschichtlicher Zeit bis in die Gegenwart. Eine kleine Sammlung von Modellschiffen ist am gleichen Ort zu besichtigen.
Auf dem Marktplatz steht eine **Skulptur von Søren Kanne** in Erinnerung an den heldenmütigen Zinsbauern, der sich an einem Sturmtag im Jahre

1835 zu Pferde durch die Brandung hinauswagte und einen in Seenot geratenen Schiffer rettete, dessen Schiff dicht unter Land gesunken war. Dort, wo diese dramatische Begebenheit sich damals abspielte, erstreckt sich heute ein mehrere Kilometer langer, vielbesuchter Badestrand mit Aussicht auf Jütlands östlichste Huk, auf der der **Leuchtturm Fornæs** steht. Es besteht die Möglichkeit, hinaufzusteigen, über das Kattegat zu blicken und sich die starke Linse des Leuchtturmes anzusehen.

Von Grenå nach Anholt

Anholt liegt mitten im Kattegat. Da Djursland in östlicher Richtung einige Seemeilen ins Meer hinausragt, ist Grenå der nächst erreichbare Hafen für die weit von dieser Küste entfernt liegende Insel Anholt. Hinzu kommt, daß Anholts Hafen an der Westküste der Insel liegt. Es wäre am natürlichsten gewesen, den Hafen in der Pakhusbugt an der Südostküste anzulegen, aber aus militärischen Erwägungen wurde er an seinem heutigen Ort errichtet. Es ist so schwierig, ihn anzulaufen, daß nicht einmal die einheimischen Fischer davon begeistert sind, durch die enge Hafeneinfahrt bei frischen westlichen oder nordwestlichen Winden einlaufen zu müssen, wobei dann eine gewaltige See mit ihren Brechern sowie starke Strömung quersetzen.

Ehe 1902 der staatlich angelegte Hafen fertiggestellt war, war die südöstliche Küste Reede und Landestelle für die Bewohner. Der Name Pakhusbugt geht darauf zurück, daß hier ein Speicherhaus zur Einlagerung von Waren stand.

Segler, die es vorziehen, den Kurs über die offene See so kurz wie möglich zu halten, sollten in Grenå starten, von wo die Entfernung 28 Seemeilen beträgt. Nach einem Törn von einigen Stunden taucht Anholts hügelige Gestalt voraus an der Kimm auf, bei gutem Wetter ist die Insel aus etwa 15 Seemeilen Entfernung auszumachen. Es kann auch gut sein, daß das erste, worauf das Auge fällt, ein Gegenstand am nordöstlichen Horizont ist, der einem Stellnetzpfahl ähnlich sieht. Dies entpuppt sich später als der 50 Meter hohe Radarturm auf dem 39 Meter hohen Nordbjerg dicht am Hafen. Die Radarstation hat seit 1956 als zentraler Beobachtungspunkt für das Kattegat gedient. Mehrere Jahre lang war es verboten, Fotos vom Radarturm zu veröffentlichen, so daß Postkarten des Hafens retuschiert werden mußten, aber man vergaß, den Schatten des Turmes zu entfernen...

Anholt Hafen

Der Hafen liegt gut vor Ostwinden geschützt am Fuße einiger verhältnismäßig hoher Hügel, es kann hier aber bei starkem westlichen Wind recht stürmisch sein. Im großen Innenhafen liegt man gut vor Seegang geschützt, wohingegen im Vorhafen die See etwas unruhig sein kann.

- Telefon
- Wasser
- Lebensmittel
- Benzin/Diesel
- E-Anschluß
- Hafenmeister: Tel. 86 31 90 08
- Fahrradverleih
- Nächste Tourist-Information: Anholt By, Tel. 86 31 91 33

Beim Anlaufen des Hafens kann es schwierig sein, die einheimischen Fischerboote überhaupt auszumachen, für die der Hafen ja ursprünglich gebaut wurde. Das Hafenbild wird stark von Segelyachten geprägt: deutschen, schwedischen und dänischen. Drei Schwimmstege wurden für die

Segler ausgelegt. Dadurch wurde die Liegeplatzkapazität auf 298 Sportboote erhöht. Der Nordost-Kai ist den Fischern und der Fähre zwischen Grenå und Anholt vorbehalten.
1965, als der Autor zum ersten Male Anholt ansteuerte, betrug das Hafengeld noch 7,25 Kronen – und das galt außerdem für acht Wochen. Heute muß man einen sehr viel höheren Betrag pro Tag ansetzen und diesen auch unaufgefordert im Hafenkontor begleichen.

Die Insel

Die Gebäude auf der Insel konzentrieren sich am Hafen und im Dorf selbst, wo die meisten der ganzjährigen Bewohner der Insel leben. Anholt ist ein idyllisches Dorf mit winkligen Gäßchen, aber keines der etwa 75 Häuser ragt durch einen besonderen Stil oder Architektur hervor. 1904 wurde das Hotel „Peder Paars" gebaut, ein stattliches Gebäude mit Eckturm und Erkern auf dem Dach. Das Hotel wurde schon um 1916 geschlossen, aber das Gebäude steht immer noch. Heute residiert dort die Supermarktkette „Brugsen".
Die Anholter haben in einer genügsamen, armen und abgeschlossenen kleinen Welt gelebt, zwischendurch konnten sie ihre Einnahmen nach Strandungen aufbessern, weil gefährliche Riffs sich, wie bekannt, draußen ins Meer hinaus erstrecken. Wenn damalige Seeleute – die glaubten, Anholt bereits hinter sich gelassen zu haben – auf Grund liefen, z. B. auf dem etwa 5 Seemeilen langen Østerrev, das Anholts Verlängerung nach Osten unter Wasser bildet, oder auf dem Nordvest Rev nordwestlich des Hafens, das sich ebenfalls fünf Seemeilen, nur durch die Rinnen Slusen und Rønne Løb unterbrochen, ins Meer erstreckt, dann bekamen die Anholter zu tun.
Schon 1550 wurde das erste Leuchtfeuer weit draußen an der Osthuk errichtet, um die Segelroute zwischen Skagen und Falsterbo zu sichern. Eine Blüse, die Brennholz aus dem damals noch vorhandenen Wald benötigte, sollte die ganze Nacht über brennen, doch die Bewohner, die das Feuer unterhalten sollten, mogelten dabei und ließen sie um Mitternacht verlöschen. Das versprach ja Beute. Dies veranlaßte später Holberg dazu, in „Peder Paars" den berühmten Satz über die Anholter zu formulieren: „Jeder lebt christlich und ernährt sich von Wracks." Es wird auch berichtet, daß der Pastor auf seiner Kanzel dafür beten sollte, der Herrgott möge doch, falls er jemandem eine Strandung zugedacht habe, Anholt berücksichtigen. Ein Wippfeuer löste die alte Blüse ab, und erst 1785 wurde ein steinerner Turm errichtet, der ein Kohlenfeuer trug. Er wurde 1836 und ein weiteres Mal 1881 umgebaut, als man ihn auf 42 Meter erhöhte. Gleichzeitig erhielt das Leuchtfeuer eine richtige Laterne mit einer Optik, so daß der stolze Turm von nun an sein warnendes Feuer meilenweit über die See aussenden konnte.
Trotz seiner einsamen Lage war Anholt mehrere Male direkten Kriegshandlungen ausgesetzt, so etwa während des Großen Nordischen Krieges 1700–1720, als die Insel 1711 von den Schweden geplündert wurde. Während des Krieges gegen die Engländer 1807–1814 wurde der Leuchtturm zum großen Ärger der feindlichen Flotte gelöscht, die nun die ausrangierte Fregatte „Proselyte" auf Knoben als Feuerschiff verankern mußte. Als dieses 1809 durch Eis zerstört wurde, beschlossen die Engländer, die Insel zu besetzen, um das Leuchtfeuer im Turm in Gang zu setzen, anstatt ein anderes Schiff an der vorherigen Stelle wieder auszusetzen. Später errichteten sie ein kleineres Befestigungswerk mit Kasematten rund um den

Sommeridyll auf Anholt

Sockel des Leuchtturms. Es wurde „Fort York“ genannt und ist immer noch vorhanden. Der Leuchtturm steht heute zusammen mit dem Leuchtturmwärterhaus – das von 1820 stammt – unter Denkmalschutz. In offiziellen Berichten und Rapporten wurde die Insel „Seiner Majestät Schiff Anholt“ genannt, weil sie der englischen Flotte unterstellt war, und die Insel hatte eine Besatzung von 500 Mann. König Frederik VI. war sehr darauf bedacht, den Leuchtturm zu zerstören, und er befahl außerdem, daß alles auf der Insel dem Erdboden gleichgemacht und die Einwohner evakuiert werden sollten. Anholt sollte für den Feind unbrauchbar gemacht werden.

Im Frühjahr 1811 beschloß man von dänischer Seite, die besetzte Insel zurückzuerobern, ein Befehl, der aufgrund vieler unvorhergesehener Ereignisse als Massaker unter den dänischen Landungstruppen endete. Der Zwischenfall kostete 100 Dänen das Leben, während 500 von den siegreichen Engländern gefangengenommen wurden. Zur Erinnerung an die Opfer wurde 1905 ein **Denkmal** am Rande der Ortschaft errichtet, das damals 900 Kronen kostete und teilweise aus Kanonen und Kugeln erbaut wurde, die an der Stelle aus dem Meer geborgen wurden, wo die Seeschlacht 1811 stattfand. Die Säulen stammen von einem Wrack mit Sandstein aus Norwegen. Insgesamt mögen rund um Anholt Überreste von über 500 Wracks liegen. An einer Weggabelung am Nordstrandweg an der Abzweigung zum Flakket ist ein großer Anker zur Erinnerung an die vielen Schiffbrüche rund um die Insel aufgestellt worden.

Seit 1674 war die Insel im Besitz des Geschlechtes Rostgaard. Etwa drei Viertel des Inselgebietes gehören immer noch dem Ingenieur Fr. Chr. Rostgaard von der Maase, Kopenhagen. Es muß jedoch hierzu bemerkt werden, daß die Besitzverhältnisse stark eingeschränkt sind, weil große Teile der Insel aus landschaftlichem Interesse unter Naturschutz stehen. Darum herum gibt es Steine mit Fr. Rostgaards Initialen (eines Vorfahren des jetztigen Fr. Rostgaard).

Anholt besitzt einen der schönsten Sandstrände des Landes – 25 Kilometer schneeweißer Strand rund um die Insel herum. Kommt der Wind aus den westlichen oder nördlichen Quadranten, ist es bei weitem vorzuziehen, oben in der Pakhusbugt vor Anker zu gehen, statt im überfüllten Hafen. In der Bucht kann man in kristallklarem Wasser baden oder in der ausgedehnten „Wüste" auf Entdeckungsreise gehen. Besonders zu dem am weitesten vorgelagerten Teil des Strandes, außen Richtung Osten zum Leuchtturm, kommen nur wenige Menschen, weil es nur zwischen der Stadt und dem Hafen feste Wege gibt und nur die einheimischen Bewohner Auto fahren dürfen.

Rødsand ist eine große Steilküstenformation am äußersten Ende der Pakhusbugt, leicht erkennbar von der Seeseite an der rötlichen Farbe des Sandes. Es ist schon vorgekommen, daß Besucher sich bei diesiger Sicht und Seenebel verirrt haben – auf jeden Fall fühlt man sich hier draußen sehr einsam. Die Stille wird nur unterbrochen durch die Abendglocke vom weißen Turm der Kirche und dem Brechen der Wogen am Strand – dem ewigen Herzschlag des Meeres.

Anholts Tierleben ist von seiner Abgelegenheit geprägt. Besonders seine Vogelwelt, die Insektenfauna und der Seehundsbestand waren Gegenstand des Forschungsinteresses. Mäuse und Hasen haben hier eine Freistatt erhalten, nachdem die Füchse ausgerottet und die Kreuzottern für eine Zeitlang von der Insel verschwunden waren. Im Meer um Anholt lauert das giftige Petermännchen, und Grauseehund und gefleckter Seehund halten sich in großer Zahl bei Totten auf, der Ostspitze der Insel. Die Seehunde haben immer Bereiche vorgezogen, die weit von menschlichen Behausungen entfernt liegen. In der Regel halten sie sich weit draußen auf See auf, nur wenn sie gezwungen sind, Land aufzusuchen, z. B. um Junge zu gebären oder ihren Pelz zu wechseln, ziehen sie einsame Stellen wie etwa unbewohnte Holme und Sandbänke, weit von Menschen entfernt, vor.

Auf Anholt gibt es noch einen Bestand der stark bedrohten Seehunde, die ihren Nachwuchs im Juni bis Juli bekommen. Da die Jungen an Land geboren werden, ist es für Seehunde lebensnotwendig, daß sie an ihren Aufzuchtplätzen Ruhe haben. Sollte man also Seehunde am Strand liegen sehen, so darf man nicht versuchen, sich ihnen zu nähern, weil sie selbst bei größerer Entfernung erschreckt ins Wasser fliehen. Eine Schar Seehunde, die von Menschen ins Meer verjagt wurde, geht in den nächsten fünf bis sechs Stunden nicht wieder an Land. Geschieht dies häufiger, so kann der Nachwuchs eines ganzen Jahrgangs verlorengehen.

Von Anholt nach Bønnerup

Der 29 Seemeilen lange Törn von Anholt zurück nach Jütland mit dem Ziel Bønnerup an der Nordküste von Djursland führt wieder über die offene See. Hat man das auffällige Steilufer Gjerrild Klint mit dem weißen Leuchtturm an Backbord querab, steuert man weitere fünf Seemeilen bis die Hafeneinfahrt vom

Bønnerup Fischereihafen

genau Süd peilt. Dieser Hafen wurde ursprünglich wie eine Insel etwa 300 Meter vor der Küstenlinie errichtet, ein Damm verbindet diese Anlage mit dem Festland.

Die 2-Meter-Linie ist inzwischen bis zum eigentlichen Hafen hinausgerückt, so daß man auf den ersten Blick nicht wahrnimmt, daß es sich um einen Inselhafen handelt. Landwärts hinter der 2-Meter-Linie hat die See einen sehr beliebten Badestrand aufgespült. Am Hafen gibt es gemütliche Lädchen sowie eine Grillbar, und hinter dem Damm liegt der Supermarkt.

- Telefon
- Wasser
- Lebensmittel
- Benzin/Diesel
- E-Anschluß
- Hafenmeister: Tel. 86 38 60 83
- Fahrradverleih
- Nächste Tourist-Information: Grenå, Tel. 86 32 12 00

Die Umgebung

Das Dorf besteht aus einer lockeren Ansiedelung von alten und neuen Häusern. Außer diesen ist die Umgebung vor allem durch Sommerhauskolonien geprägt, und einige Kilometer vom Hafen entfernt findet man einen Wald.

Von Bønnerup zum Randers Fjord

In der Ausbuchtung unmittelbar westlich des Hafens Bønnerup liegt das Schießgebiet Hevring über dem Hevring Flak. Das Gebiet erstreckt sich etwa sechs Seemeilen vor die Küste hinaus. Die Schießübungen werden durch Aushänge in den Häfen bekanntgegeben, oder man fragt den Hafenmeister. Zusätzlich wird an den Signalmasten vor Hevring je ein Ball eine Stunde vor dem Schießen gesetzt. Sicherheitshalber umsteuert man das betonnte Gebiet und setzt den Kurs auf die rot-weiße Ansteuerungstonne vor dem Randers Fjord ab.

Der Törn bis zur Fjordmündung erfordert ein wenig Aufmerksamkeit, denn man sollte nicht zu weit östlich geraten, weil die große Untiefe Tangen mit nur 2,3 Metern Wassertiefe selbst für kleinere Yachten bei Seegang unangenehm werden kann. Doch bei gutem Wetter mit normaler Sicht gibt es keine Probleme, weil Tangen an seiner südlichen Seite mit roten Tonnen gekennzeichnet ist.

Der Randers Fjord

Udbyhøj Nord – Udbyhøj Syd – Mellerup – Kanaløen – Uggelhuse – Dronningborg – Randers

Für denjenigen, der den Randers Fjord zum ersten Mal ansteuert, kann es selbst bei Tageslicht schwierig sein, die Fjordmündung auszumachen, weil es nur wenige charakteristische Landmarken gibt. Noch einige Seemeilen vorher erscheint die Küste fast wie eine ununterbrochene Linie, doch bei guter Sicht ist die Fjordmündung als Vertiefung zwischen Elkær Bakke und dem Wald von Sødringholm zu erkennen. Kommt man näher heran, dann erkennt man die weiße Kirche von Sødring nördlich der Fjordmündung sowie das weiße Leuchthaus Udbyhøj auf dem Elkær Bakke.

Die Einfahrt in den Randers Fjord kann manchmal auch durch eine ungünstige Wetterlage schwierig werden. Dies gilt, wenn Wind und Strömung gegeneinanderstehen, besonders für Yachten ohne Motor, weil die Fahrrinne über das Flach vor der Fjordmündung und in die Häfen in Udbyhøj Nord und Udbyhøj Syd nur 30 bis 50 Meter breit ist. Dann sind etliche Kreuzschläge erforderlich, die Geduld und Beharrlichkeit verlangen, bis man die Hafenmole erreicht hat.

Die Gewässer nach Randers hinein einen Fjord zu nennen, ist eine elegante Umschreibung, denn sie gleichen mehr einem Strom oder einem großen Fluß. Das sind sie in Wirklichkeit auch, denn Dänemarks längster Wasserlauf, der 158 Kilometer lange Gudenå, mündet hier ins Kattegat. Über 10 der 15 Seemeilen, die der Fjord lang ist, hat sich der Strom eine Rinne mitten im alten Flußlauf gegraben.

Die auslaufende Strömung des Gudenå kann bei Niedrigwasser im Kattegat bis zu vier Knoten betragen, bei auflaufendem Wasser immer noch zwei Knoten gegenansetzen. Der Gezeitenstrom kentert hier alle sechs Stunden und 12 Minuten bei normaler Wetterlage. Eine Gezeitentafel ist im Udbyhøj Nord Fischereihafen ausgehängt, in der Zeitung „Randers Amts Avis“ findet man diese Angaben ebenfalls.

Das ausströmende Süßwasser des Gudenå und das einlaufende salzigere Ostseewasser bedingen hier ein Nebeneinander von Süß- und Salzwasserfischen: Im inneren Teil des Fjords kann man Forellen und sogar Hechte angeln, südlich Mellerup im äußeren Bereich trifft man Flundern an, bis vor dem Stenrev, wenige Seemeilen vor Udbyhøj, sogar Dorsch. In der Fjordmündung am Nordufer liegt der

Udbyhøj Nord Fischereihafen

Von hier aus besteht eine Fährverbindung nach Udbyhøj Syd gegenüber am Südufer des Fjords. Es ist normalerweise ziemlich viel Betrieb im Fischereihafen, so daß man bei ruhigem Wetter an der Außenseite der Ostmole mit einem Tiefgang bis zu 1,5 Meter festmachen kann.

- Telefon
- Wasser
- Lebensmittel
- Diesel
- E-Anschluß
- Hafenmeister: Tel. 86 47 21 05
- Nächste Tourist-Information: Randers, Tel. 86 42 44 77

Der Hafen ist ein gern besuchtes Ziel sowohl für die Fjord-Segler als auch für die Seesegler. Im Hafengebiet gibt es einen Kro mit guter Küche, der im Laufe der Zeit mit diversen „Kochmützen“ für sein leckeres Essen ausge-

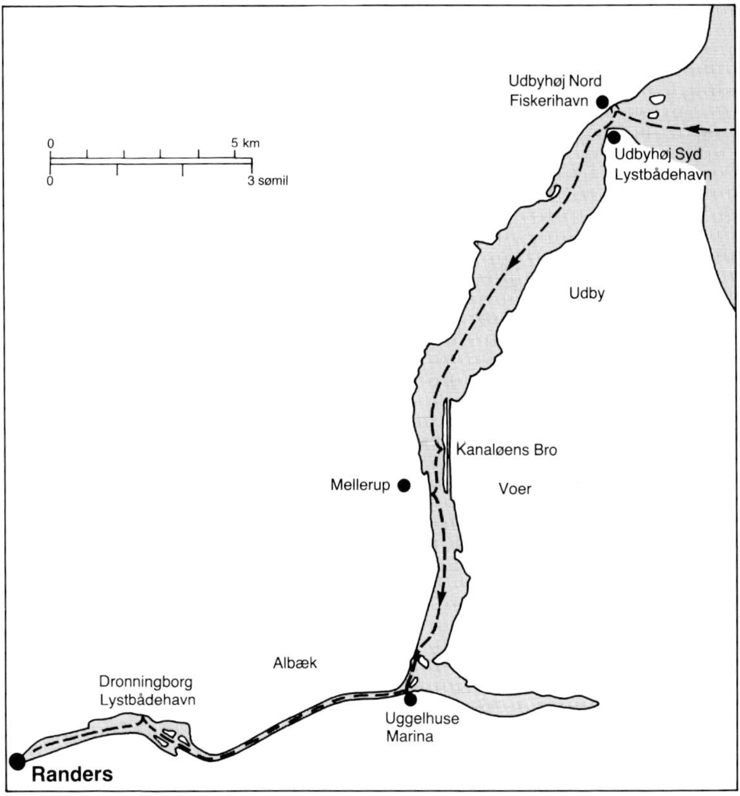

zeichnet worden ist. Der Hafen kann auch Ausgangspunkt für eine Wanderung durch die schöne Natur am Fjord sein.

Von Udbyhøj Nord nach Udbyhøj Syd

Kaum eine halbe Seemeile entfernt, am gegenüberliegenden Ufer des Fjords, liegt der neue Yachthafen Udbyhøj Syd. Bei der Überfahrt muß man eine starke quersetzende Strömung berücksichtigen.

Udbyhøj Syd Yachthafen

1987 wurde der Yachthafen unmittelbar westlich des Fährbettes und der Udbyhøj Lotsenbrücke auf Initiative des Segelclubs Udbyhøj Syd fertiggestellt, der 1979 mit dieser Zielsetzung gegründet worden war. Der Club hat kein Clubhaus und nur ein einfaches tonnenförmiges Plumpsklo, doch man hofft, daß die Gemeinde dies verbessern wird.
Das Becken besitzt etwa 60 Liegeplätze. Der Hafen ist nicht befeuert, doch die Beleuchtung des nahegelegenen Parkplatzes hilft beim Ansteuern. Die

- Wasser
- E-Anschluß
- Hafenmeister: Tel. 86 48 52 41
- Nächste Tourist-Information: Allingåbro, Tel. 86 48 14 17

Lotsenbrücke darf nicht angelaufen werden.
Es sind fünf Kilometer bis zum Kaufmann, doch für acht Kronen hin und zurück kann man die Fähre über den Fjord nehmen, um statt dessen beim Kaufmann in Udbyhøj Nord einzukaufen. Wenn er geschlossen hat, ist immer noch der Laden auf dem Campingplatz bis 22.00 Uhr geöffnet.

Die Umgebung

Neben dem Parkplatz am Fähranleger gibt es einige Erdwälle und heute fast aufgefüllte Gräben. Dies sind Überreste einer Schanzanlage, die 1801 eilig erstellt wurde, als die Napoleonischen Kriege rund um Dänemark tobten. Die Schanzen wurden mit vier zehnpfündigen Kanonen ausgestattet, die die Mündung des Randers Fjord schützen sollten.

Von Udbyhøj zur Kanaløen (Kanalinsel)

Das Fahrwasser folgt nun nicht mehr dem natürlichen Lauf des Gudenå. Die Mindesttiefe in der nun folgenden Baggerrinne beträgt 7 Meter. Die Wassertiefen dicht außerhalb der Rinne nehmen rasch ab, die Betonung liegt dicht an den Fahrwasserseiten. Wer also nicht gleich festkommen will, bleibt hier innerhalb des Tonnenstrichs. Außerdem sind diese Gewässer nicht klar, und die Fischer haben ihre Stellnetze und Reusen teilweise direkt neben dem Fahrwasser ausgelegt. Schiffe bzw. Yachten, die hier mit dem Strom fahren, haben Vorfahrt.
Durch den Kare Holm, am Ostufer des Fjords, ist ein kleiner Kanal gegraben worden. Das westliche Ufer des Kanals ist die längliche und schmale Kanaløen (Kanalinsel). Sowohl der Kanal als auch die Insel sind etwa eine Seemeile lang. Der Kanal ist den Handelsschiffen mit Lotsen an Bord vorbehalten, während Sportboote das alte Fahrwasser Raden westlich der Kanalinsel benutzen, die mit gelben Bojen vom 1. 4. bis 15. 11. bezeichnet ist. Hier findet man auch die besten Ankerplätze im Fjord. Auf halber Länge der Kanalinsel kann man an einer Pontonbrücke anlegen.

Dänemarks kleinste und älteste „königlich priviligierte“ Autofähre „Ragnar“

Kanaløen

Der Anleger liegt ungefähr auf halber Länge der Insel. Die Wassertiefe am Kopf beträgt 2 Meter und nimmt zum Ufer auf 1,5 Meter ab. Man macht mit dem Bug fest und bringt den Heckanker aus.
Der Segelclub Fjorden besitzt ein kleines Haus an der Brücke, das normalerweise geschlossen ist und keine Einrichtungen bietet. Es ist ein beliebtes Ziel vieler Segler aus Randers für einen Feierabendtörn.

Von Kanaløen nach Mellerup

Ein kurzer Törn durch Raden nach Mellerup. Hier segelt man zwischen Stellnetzpfählen und Ankerliegern hindurch zum

Mellerup Bootsclub-Hafen

Der Mellerup Bootsclub ist im neuen Yachthafen beheimatet, der 1986 unmittelbar nördlich der Fährbrücke angelegt wurde.
Die 8 Meter breite und 2 Meter tief gebaggerte Rinne von der Fahrrinne des Fjords bis zum Hafen ist mit roten und grünen Pfählen gekennzeichnet.

- Telefon
- Wasser
- Lebensmittel
- Benzin/Diesel
- E-Anschluß
- Hafenmeister: Tel. 86 44 15 17
- Nächste Tourist-Information: Randers, Tel. 86 42 44 77

Die Umgebung

Weniger als einen Kilometer südlich des Bootsclub-Hafens liegt der Fähranleger nach Voer, von dem Dänemarks kleinste und älteste königlich privilegierte Autofähre, „Ragna“, verkehrt.

Von Mellerup nach Uggelhuse

Auf diesem Abschnitt bestehen keine größeren navigatorischen Probleme, man muß hier nur im bezeichneten Fahrwasser steuern. Für eine Kaffeepause bietet sich am Ostufer der Anleger vor Voer an. 45 Meter lang und am Kopf 19 Meter breit, ragt er fast ins Fahrwasser hinein. Die Südseite ist den Fähren vorbehalten, an der Nordseite kann man tagsüber anlegen, das Übernachten ist hier untersagt. Die Wassertiefe am Kopf beträgt 4,5 Meter. Man zahlt hier kein Liegegeld, findet aber auch keine Versorgungseinrichtung vor. Als Ziel für eine Wanderung bietet sich nur das 2,5 Kilometer entfernte Dorf Voer an.
Unmittelbar nördlich vor Uggelhuse teilt sich der Fjord in zwei Arme – hier zweigt Grund Fjord scharf nach Osten ab. Nomen est Omen – die Wassertiefe beträgt hier nur 1 Meter und ist daher nur für flachgehende Boote geeignet. Außerdem steht der Fjord unter Naturschutz, denn das friedliche Gewässer hat viele Vögel angezogen, die Ruhe brauchen.
Etwa 500 Meter östlich vor dem Hafen in Uggelhuse findet man einen kleinen Anleger mit nur 1 Meter Wassertiefe. Dies ist der Jollenhafen des Uggelhuse Bootsclubs.

Uggelhuse Marina

Dieser idyllisch gelegene Hafen versteckt sich zwischen Schilf und Rohr, geschützt vor allen Winden. Er ist die Heimat für 32 Bootseigner des Sønderhald Segelvereins, dessen gemütliches Clubhaus sich ganz natürlich in das Hafenbild einordnet. Östlich des Hafenbeckens befindet sich ein Anleger mit Platz für sechs Jollen.

- Wasser
- Lebensmittel
- Benzin
- E-Anschluß
- Hafenmeister: Tel. 86495581
- Nächste Tourist-Information: Auning, Tel. 86484200

Die Umgebung

Es ist nicht weit bis zum Dorf Uggelhuse, eine gemütliche Ortschaft mit einer Mischung aus alten Höfen und Häusern sowie einzelnen Neubauten. Hier ist auch der örtliche „Brugsen“ zu finden, wo man sich mit Proviant versorgen kann.

Von Uggelhuse nach Dronningborg

Die letzten vier bis fünf Seemeilen nach Dronningborg und Randers hinein segelt man im schmalsten Teil des Fjords vorbei an Holmen und flachen Wiesen am Ufer. Eigentlich ist dieser Abschnitt schon eine Verlängerung des Gudenå. Vor Dronningborg – knapp zwei Seemeilen vor dem Industriehafen von Randers – weitet sich das Fahrwasser zu einem flachen Haff. Am Nordufer liegt

Dronningborg Yachthafen

Viele Jahre lang stand hier nur ein Steg, der mit einem Tiefgang bis zu 1,5 Metern angelaufen werden konnte. 1975 wurde ein weiterer Steg errichtet, so daß der Hafen heute 140 Plätze und eine Wassertiefe von mindestens 2,5 Metern aufweist.
Dronningborg ist eine Vorstadt von Randers. Viele Segler verholen hierher, nachdem sie sich versorgt und die Stadt ein wenig angesehen haben, um in eine ruhigere Umgebung mit schönerer Natur zu kommen.

Der idyllisch gelegene Hafen Uggelhuse Marina

Vom Fjordfahrwasser zweigt eine mit Pricken gut markierte Rinne zum Yachthafen ab. Die Hafeneinfahrt ist zwar nicht befeuert, doch an zwei gelben Straßenlaternen kann man sich orientieren.
Der Hafen liegt zwar ein wenig einsam und besitzt kein Clubhaus, aber es besteht mehrmals täglich eine Busverbindung zum Zentrum von Randers.

- Wasser
- Lebensmittel
- E-Anschluß
- Hafenmeister: Tel. 86437255
- Nächste Tourist-Information: Randers, Tel. 86424477

Von Dronningborg nach Randers

Selbst im inneren, engen Abschnitt des Fjords kann man mit einer Segelyacht bis 9 Meter Länge aufkreuzen. Es ist ein eindrucksvolleres Erlebnis, sich Randers von See her zu nähern, als die tausendjährige Stadt über Land zu erreichen. Nachdem man 15 Seemeilen durch ein Fjordidyll gesegelt ist, befindet man sich plötzlich vor der großen Stadt Randers.

Randers

Der große Handels- und Industriehafen im südlichen Becken darf nicht benutzt werden. Man steuert in das nördliche Becken, hier unterhalten der Segel- und Motorbootclub Fjorden sowie der Randers Segelclub Anleger und Clubhäuser. Es gibt 115 Plätze, und Gäste sind sehr willkommen. Außerdem herrscht hier noch die gute Sitte, daß man kein Hafengeld verlangt. Der Randers Segelclub besitzt ein Restaurant, das fast immer geöffnet ist.

- Telefon
- Wasser
- Lebensmittel
- Benzin/Diesel
- E-Anschluß
- Hafenmeister: Tel. 86 42 10 57
- Fahrradverleih
- Nächste Tourist-Information: Erik Menveds Plads 1, Tel. 86 42 44 77

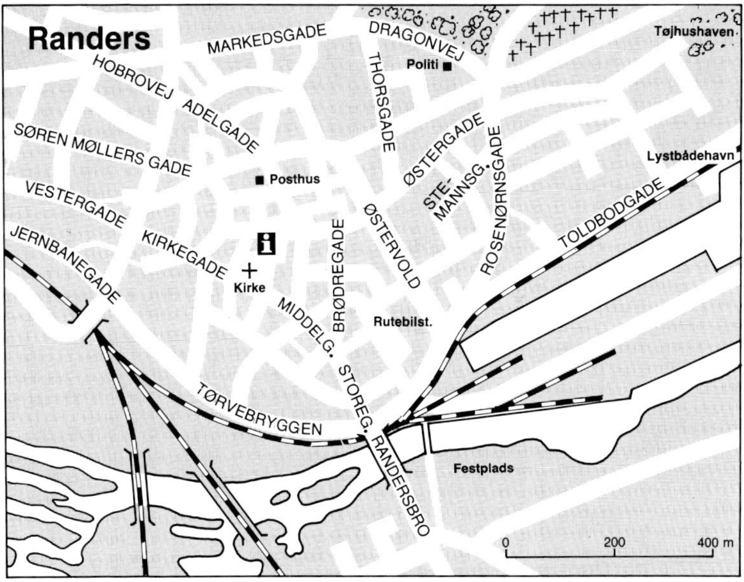

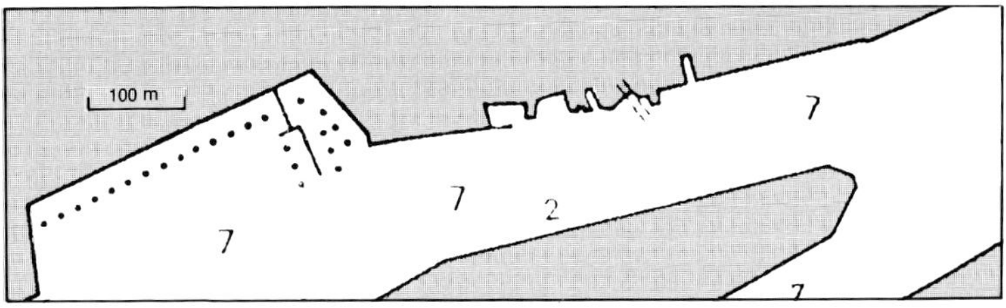

In der Stadt

Der Besucher kann sich in Randers, außer mehreren Museen und einem interessanten Stadtbild mit Gebäuden aus der Mitte des 15. Jahrhunderts, eines der **Storchenpaare** Dänemarks in seinem Nest auf dem Dach des Heiliggeisthauses (Helligåndshus) ansehen. Im Sommer sind die Störche die große Sehenswürdigkeit der Stadt. Um die Jahrhundertwende nisteten mehr als 130 Paare auf den Dächern der Stadt, doch – wie gesagt – heute ist nur noch ein Paar verblieben. Julius überwintert dafür aber auch.

Das **Heiliggeisthaus** am Erik Menveds Plads ist um etwa 1436 erbaut worden und stellt eines der größten spätgotischen Stadthäuser des Landes dar. Das Haus ist als Kranken- und Altersheim, Privatwohnung, Lateinschule und Museum verwendet worden und dient heute als Repräsentationsgebäude und Tourist-Information der Gemeinde. Der Platz westlich des Heiliggeisthauses ist nach Erik Menved benannt, dem König, der 1302 Randers Stadtprivilegien verlieh.

Niels Ebbesen wird in Randers als Dänemarks erster Freiheitsheld bezeichnet. Er wurde berühmt, als er 1340 in der Nacht zum 1. April den holsteinischen Grafen Gert in Randers ermordete und damit einen Aufruhr gegen die deutsche Oberherrschaft in Dänemark auslöste. Daher wurde 1882 eine **Statue von Niels Ebbesen** auf dem Rathausplatz errichtet.

Gleich hinter diesem Denkmal, an der Ostseite des Marktplatzes, steht das **alte Rathaus** der Stadt, das 1778 errichtet, 1795 umgebaut und 1930 drei Meter nach Norden versetzt wurde. Das Haus wurde als Rathaus, Stadtgericht, Verwaltungsgebäude, Wachlokal der Garnison und Polizeiwache verwendet. Seit 1931 beherbergt es jedoch nur noch den Stadtgerichtssaal und Sitzungssäle für den Stadtrat.

Mit der Statue **„Der jütländische Hengst“** haben wir eine andere markante Skulptur in Randers erreicht. Im lebhaften Einkaufsviertel Østervold ragt sie als Symbol für Randers enge Anknüpfung an Pferde und Pferdemärkte über die modernen Pferdestärken empor.

Heute schmückt sich die Stadt mit alten erinnerungsreichen Bauwerken, darunter einige mehrstöckige Fachwerkhäuser. Um den **Rathausplatz**, die **Store Kirkestræde** und die **Brødregade** klingen mit **Påskesønnernes Gård, Niels Ebbesens Gård** und **Søstrehusene** Namen an, die weiter zurückreichen als bis zum seligen Holberg.

Aber auch die Neuzeit hat ihre Denkmäler und Bauwerke. 1970 weihte Randers sein neues **Kulturhaus** ein, hinter dessen abgeschlossener Fassade sich Stadtbibliothek und Museen vereinen. Innerhalb des vorgegebenen Betonbaus haben es diese Einrichtungen verstanden, originell und informativ ihre eigene Welt aufzubauen. Das Kulturhaus gehört zu den Sehenswürdigkeiten der Stadt, und der Eintritt ist frei.

Das **Kulturhistorische Museum** im Kulturhaus, Stemansgade 2, ist ein Heimatmuseum mit Sammlungen, welche die kulturelle Entwicklung vom Altertum bis zur Gegenwart im Bezirk des nördlichen Amts Århus zum Thema haben. Besonders sind die **Buhlschen Gedächtnisstuben** hervorzuheben, die einen typischen Haushalt im Randers des Jahres 1912 zeigen. Unter den Kunstwerken befinden sich Dürer-Holzschnitte, Rembrandt-Radierungen, Gemälde verschiedener dänischer Künstler sowie altes Silber und orientalische Bronzegegenstände.

Das ebenfalls im Kulturhaus untergebrachte **Kunstmuseum** zeigt einen breiten Ausschnitt der dänischen Kunst vom Anfang des 19. Jahrhunderts bis in die Gegenwart sowie eine kleinere Auswahl neuerer europäischer Kunst, die auf die Zusammenhänge zwischen dänischen und internationalen Strömungen hinweist. U. a. hängen hier Werke von Egon Fischer, Bengt Lindstrøm, John Christoforou, Jens Søndergaard, Ejler Bille und Asger Jorn.

In der Brødregade, in einem der restaurierten alten Häuser von ungefähr 1600, befindet sich das **Puppen- und Spielzeugmuseum**, dessen Puppensammlung als eine der bedeutendsten Privatsammlungen des Landes noch größer ist als die des Nationalmuseums.

Im **Randers Pfadfindermuseum und CVJM-Pfadfindermuseum**, Farvergården, Vestergade 8A, kann man u. a. alte Uniformen, Embleme, Medaillen, Flaggen, Wimpel, Fotos, Tagebücher, Baden-Powell-Briefe, eine umfangreiche Bibliothek mit mehreren tausend Pfadfinderbüchern und -zeitschriften bis zurück ins Jahr 1909 besichtigen.

Seit jeher haben die Kirchen die dänische Landschaft geprägt. Dies gilt auch für die 1490 erbaute **Sct. Mortens Kirche** in der Kirkegade, ein Gebäude von großem architektonischen und historischen Interesse. Das Kircheninnere ist sehr schön ausgestaltet; zu beachten sind u. a. die Kanzel, die Orgel und die Altartafel. Hier hängen drei Votivschiffe, von denen besonders das am östlichen Ende des nördlichen Seitenschiffes bemerkenswert ist. Es handelt sich um ein Modell des Kriegsschiffes „Randers" von 1632, das älteste Schiffsmodell, das sich in einer dänischen Kirche findet. Die beiden anderen Modelle sind 1804 und 1806 gebaut worden.

Fahrt auf dem Gudenå

Bis zu einer lichten Höhe von 2,2 Metern und einem Tiefgang von weniger als 0,7 Metern kann der Segeltörn den Gudenå hinauf bis zum Kraftwerk am Tange See fortgesetzt werden. Die Fahrt auf dem Fluß setzt eine Erlaubnis durch die Naturschutzbehörde voraus, welche man in der Praxis erhält, indem man für 30 Kronen ein Nummernschild beim Bootsverleiher 100 Meter westlich der Brücke in Randers ausleiht.

Rat und Hilfe kann man von Seglern des Randers Motorbootclubs (Tel. 86427670) holen, dessen Clubhaus unmittelbar westlich der Brücke steht.

Die Fahrrinne im Fluß ist nicht bezeichnet, man muß sich nur in der Mitte des Flusses halten. Der Grund besteht meistens aus Schlamm und Sand. Es liegen jedoch Steine in der Krümmung gegenüber dem Anleger von Stevnstrup sowie unmittelbar vor dem Steg von Langå an Backbord (flußaufwärts). Die Steine kann man an den Stromwirbeln erkennen. Es bestehen Liegemöglichkeiten in Langå, Ulstrup und Bjerringbro.

Der Mariager Fjord

Als Odde– Hadsund – Kongsdal – Stinesminde – Høllet – Mariager – Hobro

Die Mündung des Mariager Fjords liegt über Land nur wenige Kilometer nördlich des Randers Fjords. Die Distanz über See ist aufgrund der geringen Wassertiefen weit vor diesem Küstenabschnitt aber länger. Auch wegen der vielen Stellnetze ist es sicherer, aus der Randers-Fjord-Mündung erst einmal einen größeren Abstand zur Küstenlinie zu gewinnen. Hat man Boels Plade passiert, kann man mit nördlichem Kurs auf die grüne Leuchttonne vor der Einfahrtsrinne zum Mariager Fjord zuhalten.

Durch das breite Flach und die Barre vor der Mündung führt eine gut bezeichnete Rinne in die Windungen des Fjords. Bei Niedrigwasser fällt der Grund neben dem Fahrwasser rasch trocken, im äußeren Abschnitt ist die Baggerrinne teilweise nur 30 Meter breit. Man bleibt also tunlichst innerhalb des Tonnenstrichs, wenn man ohne unvorhergesehenen Aufenthalt die Schönheiten der Landschaft dieses Fjords genießen will.

Gleich hinter der Mündung am nördlichen Ufer steht der erste Anleger des Mariager Fjords:

Als Odde Bro

Hier wurde eine 20 Meter lange Betonbrücke mit einem sieben Meter breiten und zehn Meter langen Kopf gebaut. Die Brücke wird als Station für das Lotsenboot benutzt, ferner auch von wartenden Fischerbooten. Sie ist jedoch auch Sportbooten dienlich, die auf besseres Wetter warten möchten, um ins Kattegat hinauszufahren, oder Seglern, die erst am nächsten Morgen bei Tageslicht weiter in den Fjord hineinfahren wollen. An Einrichtungen findet man hier nur eine Toilette an der Brücke und einen Kiosk.

Es gibt einen guten Ankerplatz am südlichen Ufer, westlich von Als Odde Bro, wo der Dänische Segelverband einige Bojen südlich der Fahrrinne ausgelegt hat.

Von Als Odde Bro nach Hadsund

Für den Rest der Strecke hinein zur Brücke in Hadsund ist „Slalomkurs“ angesagt, denn das Fahrwasser ist ziemlich schmal und schlängelt sich in starken Windungen durch Bereiche mit sehr geringen Tiefen, die bei Niedrigwasser rasch trockenfallen.

Schwäne und Reiher u. a. stehen neben dem Fahrwasser, und an Backbord lugt das Türmchen des Herrenhofes Overgård über den Wald mit der Strandwiese davor. Hier herrscht, wie bei der ganzen Segeltour weiter in den Fjord hinein, ein reiches Vogelleben. Selbst wenn man die kleinen Holme nicht zur Brutzeit (1. April bis 15. Juli)

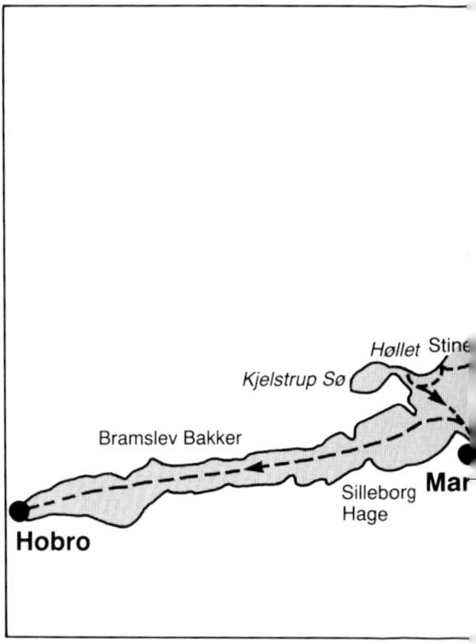

aufsuchen darf, so bieten sich trotzdem gute Möglichkeiten, die Vögel mit dem Fernglas vom Nordufer des Fjords oder von der Yacht in der Rinne aus zu beobachten. Dort findet man brütende Mittelsäger, Austernfischer, Rotschenkel, Silber-, Sturm- und Lachmöwen sowie die seltenen Brandseeschwalben, manchmal sogar Lachseeschwalben. Zur Vogelzugzeit sieht man Höcker- und Singschwäne, zeitweise Schwärme von Ringelgänsen und Brandgänsen sowie Stock-, Reiher-, Schell- und Pfeifenten, Säger und viele Bleßhühner. Etwa 650 Meter östlich vor der Brücke über den Mariager Fjord bei Hadsund liegt am Nordufer der

Hadsund Fischereihafen

Dieser Hafen östlich der Brücke wurde früher stark von Fischerbooten frequentiert, doch im Laufe der Jahre sind diese aus dem Fjord hinaus nach Øster Hurup verlegt worden. Heute gibt es hier 30 feste Liegeplätze, die hauptsächlich von Sportbooten benutzt werden. Nachdem die Fischer ausgezogen sind, ist der Hafen etwas versandet, so daß er bei Niedrigwasser nur 1,5 Meter tief ist. Außer an den freien Plätzen im Hafen kann man auch an der Außenmole zwischen den beiden Hafeneinfahrten liegen, wo es allerdings etwas unruhig sein kann. Meistens benutzen Gäste diesen Hafen nur dann, wenn sie zu spät zur letzten Brückenöffnung kommen, weil der Yachthafen vorzuziehen ist.

- Telefon
- Wasser
- Lebensmittel
- Benzin/Diesel
- E-Anschluß
- Hafenmeister: Tel. 98 57 23 43
- Fahrradverleih
- Nächste Tourist-Information: Rutebilkiosk Jernbanegade, Tel. 98 57 12 33

Vom Hadsund Fischereihafen zum Yachthafen

Der Abstand beträgt knapp eine Seemeile, doch dazwischen liegt die

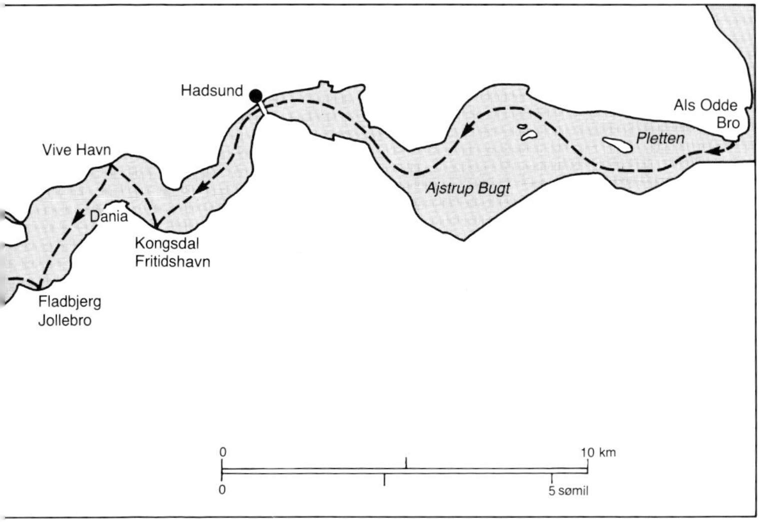

Brücke. Die 26 Meter breite Hadsundbrücke ist eine Klappbrücke mit einer lichten Höhe von 2,9 Metern in geschlossenem Zustand. Schiffe, die nicht unter der geschlossenen Brücke hindurchfahren können, können sie von Sonnenaufgang bis eine halbe Stunde nach Sonnenuntergang öffnen lassen. Segelyachten mit Motor sollten diesen benutzen.
Unmittelbar westlich der Brücke liegt der Hafen Hadsund, welcher eine offene, etwa 300 Meter lange Pier bietet und weniger für Sportboote geeignet ist, weil der Schwell der vorbeifahrenden Handelsschiffe Schwierigkeiten bereiten kann. Statt dessen wird der Yachthafen empfohlen, der im Schutze des Tygeslund Waldes etwa eine halbe Seemeile südwestlich der Brükke liegt.

Hadsund Yachthafen

Die Hadsund-Segler haben eine intime und gemütliche Atmosphäre in ihrem kleinen Hafen geschaffen. Außerdem sind sie sehr gastfreundlich; gleich bei der Ankunft wird man willkommen geheißen, es wird einem der

- Telefon
- Wasser
- Lebensmittel
- Benzin/Diesel
- E-Anschluß
- Hafenmeister: Tel. 98 57 24 39
- Fahrradverleih
- Nächste Tourist-Information: Rutebilkiosk Jernbanegade, Tel. 98 57 12 33

Schlüssel für das Clubhaus mit Bade- und Toilettenanlage, Küche mit Kochplatten, Kühlschrank mit Bier und Wasser sowie Aufenthaltsraum ausgehändigt. Und dann zahlt man das Hafengeld nach Ermessen.
Es sind ungefähr fünf Minuten Fußweg bis zu den Einkaufsmöglichkeiten in der Stadt.

In der Stadt

Hadsund ist eine relativ neue Stadt, die entstand, als 1904 eine Brücke über den Fjord gebaut wurde. Dies hatte die gleiche Wirkung wie in Nykøbing auf Falster, wo die neue Brücke plötzlich die Größe des Hinterlandes verdoppelte und es zum Aufblühen brachte. Eine Vorstadt, Hadsund Syd oder Søndre Hadsund, liegt auf der Südseite des Fjords, und es ist zu vermuten, daß sich die Stadt in dieser Richtung ausbreiten wird.
An der Nordseite des Fjords liegt sehr schön am Hang hinaufgebaut die alte Stadt, und in der Nähe sind viele große Obstplantagen. Der Dichter Hans Kirk ist wohl das bekannteste Kind von Hadsund, selbst wenn seine Fischer aus Harboøre stammen – wie Kirks Familie – und niemals in den trüben Gewässern des Fjords fischten.
Das **Regionalmuseum Hadsund** steht am Rosendalsvej. Es wurde um 1950 in einem hundert Jahre älteren Gebäude eingerichtet. Heute gehört auch ein ebenso alter Hof, Rosendal, zum Museum. Der Schwerpunkt liegt auf Landwirtschaft, Gewerbe und Regionalentwicklung. Man findet hier u. a. eine Reihe schöner Bauernmöbel und, als Spezialabteilung, eine orientalische Sammlung, die dem Museum geschenkt wurde.

Von Hadsund zum Kongsdal Yachthafen

Westlich der Brücke ist man dann im eigentlichen Mariager Fjord – im Innerfjord. An Backbord läßt man die **Åmølle Bro** liegen. Es ist eine kleine Landungsbrücke mit geringer Wassertiefe. Åmølle war bis Mitte der 50er Jahre Standort einer Kreideschlämmerei – heute sind hier Getreide- und

Futtermittel-Betriebe. Es ist nicht gestattet, die Brücke anzulaufen.
Auf der Halbinsel recht voraus liegt der neue

Kongsdal Yachthafen

Der Kongsdal Bootsclub gab den Anstoß für das Entstehen dieses Hafens. Inzwischen ist hier ein gut ausgestatteter Yachthafen mit Wassertiefen zwischen 2,7 Metern in der Einfahrt und 1,9 Metern im inneren Teil entstanden. Neben dem Clubhaus mit allen sanitären Anlagen findet man einen Slip und einen Kinderspielplatz. Da die 60 Liegeplätze schon nicht mehr ausreichen, wird ein weiteres Becken östlich ausgebaut. Der Platz liegt gut geschützt vor allen Winden, und es sind nur 15 Minuten Weg bis zur Stadt Assens, wo man u.a. Lebensmittel einkaufen kann.

- Telefon
- Wasser
- E-Anschluß
- Münzwaschmaschine
- Diesel
- Campingplatz
- Hafenmeister: Tel. 98584047
- Nächste Tourist-Information: Mariager, Torvet 1, Tel. 98541377

Die Umgebung

Hat man Lust auf eine Wanderung von etwa sechs Kilometern, kann ein hübscher Weg rund um die Halbinsel empfohlen werden. Aus dem Hafen führt ein Kiesweg durch eine Schlucht mit waldbedeckten Böschungen zum alten Kongsdal Handelshafen hinunter. Früher – zur Zeit der Zementproduktion – herrschte hier rege Tätigkeit beim Löschen von Lehm und Kohle. Der Hafen ist in Privatbesitz, er gehört der Ålborg Portland Cementfabrik Dania und darf nicht angelaufen werden.
Weiter nach Dania führt der Weg zunächst vorbei an der kleinen Fischersiedlung Skarodde und danach durch den Bereich der früheren Zementfabrik mit leerstehenden Gebäuden, vorbei an den charakteristischen gelben Häusern, „Assens' Nyboder“, wie sie im Volksmund heißen. Weiter den Fjordweg entlang liegt Dansk Salt I/S, ein Salzwerk, der größte Arbeitgeber der Stadt.
Danach führt der Weg vorbei am Schwimmbad von Assens, das sein temperiertes Wasser aus dem Salzwerk bezieht. Der Weg führt dann vom Schwimmbad weiter zur Stadt, dic 3000 Einwohner hat. Am Rande der Stadt setzt man den Weg nach links fort, und bald danach kommt man an der Kläranlage der Stadt vorbei, und der Weg mündet in einen Pfad ein, der durch die anmutige, noch unberührte Natur der Hügellandschaft bis hinunter an den Fjord führt. Von hier aus läuft man am Strand entlang der Wiese bis zum Hafen.

Von Kongsdal bis Vive

In diesem Teil des Fjords segelt man durch eine anziehende Hügellandschaft, die auch deshalb bezaubernd wirkt, weil das Fahrwasser hier so schmal ist. Gerade, wo der Fjord so überaus idyllisch ist, hat die Industrie die Zementfabrik Dania angelegt. Der Betonklotz wurde auf einer in den Fjord hinausragenden Landspitze aufgestellt, so daß er sich von allen Seiten in seiner ganzen Scheußlichkeit präsentieren kann.
Der Dania Hafen liegt am Fuß der Fabrik. Er gehört, wie der Kongsdal Handelshafen, der Ålborg Portland Cementfabrik Dania und darf nicht angelaufen werden.
Nachdem man Dania passiert hat, liegt an Steuerbord am Nordufer des Fjords der Hafen von Vive.

Vive

Dies ist ein kleiner, unbefeuerter Hafen mit Platz für 25 bis 30 Boote. Seine Tiefe beträgt 1,7 Meter. Auf der Außenseite der Mole, wo die Tiefe 1,8 Meter beträgt, sind drei bis vier Gastplätze vorhanden. Ohne Ortskenntnisse ist von einer Nachtansteuerung abzuraten.

- Telefon
- Wasser
- Lebensmittel
- Nächste Tourist-Information: Hadsund, Tel. 98571233

Von Vive zum Fladbjerg Jollenanleger

Nachdem man sowohl Vive als auch den Zementkoloß hinter sich gelassen hat, liegt weiter westlich am Südufer der Anleger von Dansk Salt I/S: eine lange rote Lösch- und Ladebrücke aus einer stilechten Stahlkonstruktion, worüber das Salz auf Transportbändern in die Schiffsrümpfe gebracht wird. Auch hier ist das Anlegen verboten.
Unmittelbar südwestlich, in einer kleinen Bucht an der Südseite des Fjords, liegt

Fladbjerg Lilleputhavn

Fladbjerg ist der Heimathafen für etwa 20 einheimische Nebenerwerbsfischer. In diesem Fjordabschnitt herrscht ruhige See, und das ist auch im „Lilleputhavn" nicht anders. Da er seinen Gästen nur 0,5 bis 1,0 Meter Tiefe bieten kann, kommen nicht viele Besucher hierher. Es sind auch keine Versorgungseinrichtungen vorhanden.

Von Fladbjerg nach Stinesminde

Langsam, aber sicher geht es nach innen zu in den hübschen Mariager Fjord.
Gleich östlich von Stinesminde gibt es einen beliebten Ankerplatz mit guter

Der Hafen von Stinesminde

Wassertiefe unter dem Schutz des Fredswaldes. Er ist leider für den „Normalverbraucher“ nicht zugänglich, doch vom Ankerplatz aus kann man sich, wenn man kein Fischer ist, am Anblick einer Kolonie von Kormoranen erfreuen. Die Fischer sind nicht so erfreut über sie, denn die Vögel unternehmen Diebeszüge auf ihren Reusen und, was noch schlimmer ist, sie setzen sich etwa auf jeden zweiten Stellnetzpfahl. Die Silhouette eines Kormorans oben auf dem Stellnetzpfahl vertreibt die erschreckten Fische in die entgegengesetzte Richtung, so daß sie nicht in die Reusen gehen.
Vom Ankerplatz Fladbjerg aus folgt man der Nordküste in westlicher Richtung, hin zu einem anderen kleinen Idyll des Fjords

Stinesminde

Stinesminde ist ein alter Fährhafen zur Überfahrt nach Mariager. In dem kleinen Hafen, in dem die Wassertiefe nur 1 Meter, jedoch bis zu 2 Metern am Kopf der Brücke beträgt, ist Platz für ungefähr zehn Boote. Das Bollwerk ist etwa einen halben Meter hoch. Die Einfahrt ist nicht bezeichnet, aber der Nagentoft Grund südlich und östlich des Anlegers ist mit einer grünen Spierentonne und einer Kardinaltonne Ost bezeichnet. Wenn der Hafen besetzt ist, und das ist er oft in der Saison, kann man vor der Brücke ankern.

- Wasser
- Lebensmittel
- Nächste Tourist-Information: Hobro, Tel. 98 52 56 66

Die Umgebung

Stinesminde liegt inmitten schöner Natur nahe des Kielstrup Sees, der zu einer etwa 350 Hektar großen Hügel-, Seen- und Fjordlandschaft gehört, die unter Naturschutz steht. Von Karlsmølle, südwestlich der Ortschaft Kielstrup, aus bietet sich eine großartige Aussicht durch eine Schlucht, die steil zum See abfällt.

Von Stinesminde nach Høllet

Wer die idyllische Fjordlandschaft pur genießen will, segelt etwas weiter am Nordufer nach Westen in die kleine Bucht Høllet hinein. Yachten mit einem Tiefgang bis zu drei Metern finden hier vor dem Damm zum Kielstrup See einen schönen Ankerplatz.

Høllet

Hier kann man fast von einem Naturhafen sprechen. Segelclubs haben am Nordufer kleine Stege errichtet, Platz haben hier etwa 30 Yachten. Vor dem östlichsten Anleger beträgt die Wassertiefe ca. 2 Meter. Hafengeld wird hier nach Ermessen gezahlt. Am Fuß des westlichen Steges steht das kleine Holzhaus vom Høllet Bootsclub.

- Telefon
- Wasser
- Nächste Tourist-Information: Hobro, Tel. 98 52 56 66

Die Umgebung

Von Høllet aus kann man eine Vielzahl von schönen Spaziergängen in die großen Wälder mit Heidehügeln südlich des Kielstrup Sees unternehmen. Ein Wanderweg führt rund um den See herum, wobei man auch über den Damm läuft.
Man kann auch den anderen Weg in nördlicher Richtung in die Ortschaft Stinesminde wählen, wo man sich mit Lebensmitteln eindecken und den kleinen Hafen des Ortes ansehen

kann, sofern man dort nicht vorher schon mit der Yacht gewesen ist.
In der Bucht westlich der Huk Landsodde liegt vor einem beliebten Sandstrand ein weiterer schöner Ankerplatz.

Von Høllet nach Mariager

Etwa 1,3 Seemeilen südöstlich der Bucht Høllet liegt der Handels- und Fischereihafen von Mariager im Inneren einer kleinen Bucht am Südufer des Fjords. Die Umgebung dieses kleinen alten Städtchens ist bekannt für ihre schöne Natur, hier „spiegeln sich die Buchen in den blauen Wellen des Fjords". Als Landmarke dient die Kirche, die weithin sichtbar auf einem Hügel oberhalb des Hafens ihre Silhouette zeigt.
Im Mariager Fjord muß man nur an wenigen Stellen auf Steine unter Wasser achten. Vor Knudshoved, der östlichen Huk vor Mariager, liegen einige davon, aber wer bei der Einsteuerung die rote Tonne an Backbord läßt, geht dieser Gefahr aus dem Wege.

Mariager

Mariager liegt im Inneren einer kleinen Bucht, umgeben von einem sehr hügeligen Gebiet mit waldbedeckten Anhöhen. Der Hafen wurde mehrfach ausgebaut und besteht nun aus dem Handels-, Fischerei-, dem alten und neuen Yachthafen. Am weitesten östlich befindet sich der neue Yachthafen, wo man normalerweise Platz bekommt. Das Hafengebiet liegt am Fuße der Stadt, die mit 2100 Einwohnern Dänemarks kleinste Stadt ist.

- Telefon
- Wasser
- Lebensmittel
- Benzin/Diesel
- E-Anschluß
- Hafenmeister: Tel. 98 54 19 04
- Nächste Tourist-Information: Torvet 4, Tel. 98 54 13 77

In der Stadt

Die Stadt gründet sich auf ein Kloster, von dem die große Kirche und ein Gebäudeflügel übriggeblieben sind. Es wurde von den Birgittinen um 1430 errichtet und der Jungfrau Maria geweiht. Die Gebäude, die danach entstanden, wurden „Marias Acker" genannt, woraus dann später Mariager wurde.
Nur wenige Provinzstädte haben sich so langsam und bedächtig entwickelt wie Mariager, eine Bedächtigkeit, die heute für die Stadt von Vorteil ist. Hier gibt es für den Touristen wirklich etwas zu sehen, denn nicht wenige Häuser stammen noch aus dem 18. Jahrhundert, und der Stadtkern präsentiert sich als ein typisches dänisches Städtchen des vergangenen Jahrhunderts. Man bemüht sich, anhand eines Erhaltungsplans die Geschichte zu bewahren und das ziemlich einmalige Bild einer Provinzstadt mit ihrer charakteristischen offenen Bebauung zu sichern. Fast jedes Haus hat einen Garten, in dem vor allem Rosen blühen, und daher gibt sich der Fremdenverkehrsverein auch viel Mühe, Mariager als „die Stadt der Rosen" anzupreisen. Unter den vielen Fachwerkhäusern des 18. und 19. Jahrhunderts ragt der alte Kaufmannshof in der Kirkegade 2–4 heraus. Inzwischen hat sich das **Mariager Museum** in diesem vierflügeligen Fachwerkhof mit dem zweistöckigen Vorderhaus und der Galerie zum Hof hin eingerichtet. Innen hat man die Atmosphäre aus dem Mariager des 18. und 19. Jahrhunderts mit einer schönen Sammlung von Mobiliar und Hausgerät wiedererstehen lassen, auch von der Region südlich des Fjords. Außerdem gibt es eine kleinere vorgeschichtliche Sammlung mit

Werkzeugen aus der Stein- und Bronzezeit. Ein Modell des Klosters und der ursprünglichen Kirche ist ebenfalls hier zu besichtigen.

Die **Kirche** wurde in der Zeit von 1450–1480 errichtet. Der heutige Kirchenbau bildet die Form eines Kreuzes, dessen Arme in Nord-, Süd- und Westrichtung samt Turm ein Teil der früheren Klosterkirche sind. Der östliche Kreuzflügel, der Chor, wurde 1933 erbaut. Die weiße Kirche schmückt ein Ziegeldach, während die Turmspitze bleigedeckt ist.

Das **Mariager Kloster** bei der Kirche ist heute als Gerichtskanzlei und Wohnung eingerichtet. Es ist das einzige noch verbliebene von den vielen Gebäuden, die das Kloster bildeten. Die Nonnenhäuser wurden 1822 abgerissen, und das Mönchskloster erlitt das gleiche Schicksal 100 Jahre später. Das erhaltene Klostergebäude hat vermutlich einmal als Verwaltungsgebäude gedient. Ein achteckiger Treppenturm an der Südseite stammt aus

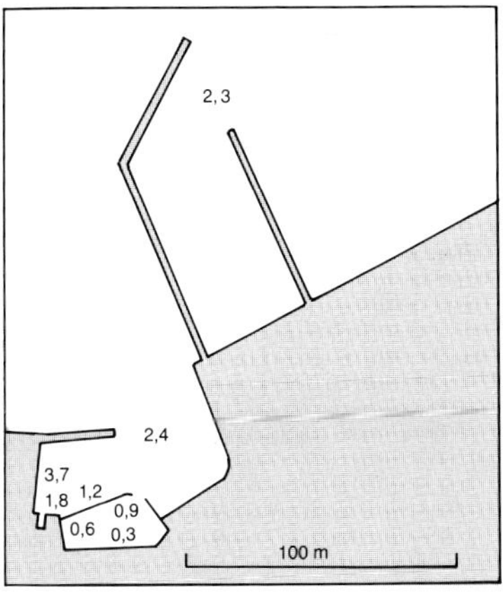

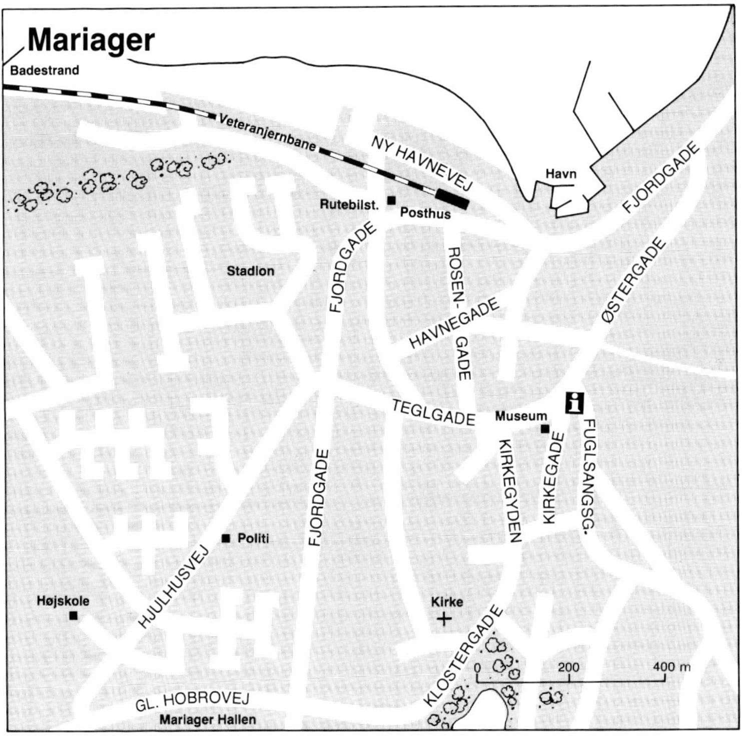

der ersten Hälfte des 16. Jahrhunderts, und ein Halbturm an der Nordseite wurde 1891 errichtet.

Die Umgebung

Gut drei Kilometer südöstlich der Stadt liegt das Hünengrab Hohøj, das sich 110 Meter über dem Meer erhebt. Es hat seinen Platz in Dänemarks Geschichte als ein Ort, an dem unzählige Gerichtstage und Versammlungen abgehalten wurden, und ist verbunden mit Dichtern wie Blicher und Nis Petersen. Steht man hoch oben auf dem Hügel, dann versteht man nur zu gut, warum der Platz ein beliebtes Ausflugsziel ist, ganz besonders bei klarem Wetter.

Etwas westlich des Yachthafens steht der Bahnhof, von dem aus die **Historische Eisenbahn** ihre 17 Kilometer lange Reise nach Handest beginnt, die 50 Minuten dauert. Der Zug dampft durch die wunderschöne Natur mit herrlicher Aussicht u. a. auf den Fjord. Der Stolz der Eisenbahnfreunde sind u. a. drei fahrbereite Dampflokomotiven von 1909, 1928 und 1949.

Alle Arbeiten werden von einer freiwilligen, unbezahlten Mannschaft ausgeführt, die die Eisenbahn als Hobby betreibt.

An jedem Sonntag von Anfang Juni bis August sowie an bestimmten Werktagen verkehrt die Bahn.

Von Mariager nach Hobro

Im inneren Teil des Fjords, der auch als Hobro Fjord bezeichnet wird, verändert das Gewässer völlig seinen Charakter, und man kann fast über die gesamte Breite des Fjordes segeln. Nur an wenigen Stellen liegen Untiefen, wie vor Frederikseje und Katbjerg Odde, was ein wenig Aufmerksamkeit erfordert, weil man sich schnell daran gewöhnt hat, dicht unter Land zu segeln.

Besonders schön ist es am Nordufer, das ja die südliche Grenze von Himmerland darstellt. Einige Landstriche erinnern an Rebild Bakker mit der Heide und den großen freistehenden Wacholderbüschen. Die Hügelpartien entlang der Küste bieten viele gute und sehr hübsche Ankerplätze. Ein paar Seemeilen vor Hobro, ebenfalls am Nordufer, erheben sich die **Bramslev Bakker**. Unterhalb dieser Hügel steht der einzige Anleger an diesem Uferabschnitt. Vor dem Kopf des Steges sind ausreichende Wassertiefen auch für Kielyachten vorhanden. Es ist ein landschaftlich ungewöhnlich schöner Platz mit einem Wald aus 25 verschiedenen Baumarten, und oben auf der Spitze der Hügelkette steht ein Restaurant. Das Gebiet steht unter Naturschutz und ist durchzogen von gekennzeichneten Wanderpfaden, denen man landeinwärts bis zur alten Wassermühle Hjerritsdal folgen kann, welche völlig intakt erhalten ist.

Eine halbe Seemeile vor dem Handelshafen Hobro liegt der Yachthafen des Hobro Segelclubs. Wer in Hobro über Nacht bleiben will, sollte gleich in den Yachthafen gehen, denn im Handelshafen darf man nur kurzfristig am Tage anlegen.

Hobro Segelclub Yachthafen

Der Hafen liegt vor Sildehagen unter dem hohen Nordufer des Fjords, etwa 150 Meter nordöstlich vom Zentrum Hobros.

- Telefon
- Wasser
- Lebensmittel
- Diesel
- E-Anschluß
- Hafenmeister: Tel. 98 52 53 27
- Nächste Tourist-Information: Adelgade 26, Tel. 98 52 56 66

Das neue, hübsche Clubhaus steht am Hang oberhalb des Hafens und bietet auch Duschen und WC. Zu den Einrichtungen gehören ein Mastkran und eine Dieseltankstelle. Yachten, die in Hobro bunkern wollen, sollten das hier tun, denn im Handelshafen muß man größere Mengen von einem Tankwagen beziehen.

In der Stadt

Nach einer Sage soll die Stadt ihren Namen von einem Mann namens Ho erhalten haben, der hier eine Brücke baute. Er soll auf einem Hof gewohnt haben, der Hostorp hieß, aus dem später die Vorstadt Hostrup entstanden ist. Die Stadt liegt auf der Landbrücke zwischen dem Fjord und dem Tal des Onsild Å, in dem drei Kilometer weiter westlich die Wikingerburg Fyrkat ausgegraben worden ist.

Die bis zu 65 Meter hohen Hänge des Flußtals verleihen der Stadt eine attraktive Lage am Fjord sowie an einer günstigen Nord-Süd-Straßenverbindung. In den Jahren 1812 und 1813 wurde Hobro von mehreren Feuersbrünsten heimgesucht, die fast alle Bauten in Schutt und Asche legten. Etwa 125 Häuser wurden so vernichtet, es gibt daher keine Gebäude, die vor 1813 errichtet worden sind.

Hobros Kirche im gotischen Stil ist eines der interessantesten Gebäude, das wir aus dem vorigen Jahrhundert bewahrt finden. Der Bau wurde begonnen, nachdem die ehrwürdige alte Kirche 1850 von einem Brand zerstört wurde. Als die Brandruine zusammenzustürzen drohte, sah man keinen anderen Ausweg, als die rauchgeschwärzten Mauern abzureißen.

Der Architekt Michael Gottlieb Bindesbøll erhielt den Auftrag, eine neue Kirche zu entwerfen, was er, nach damaligem Maßstab, in sehr origineller Weise tat, indem er verschiedene Baustile

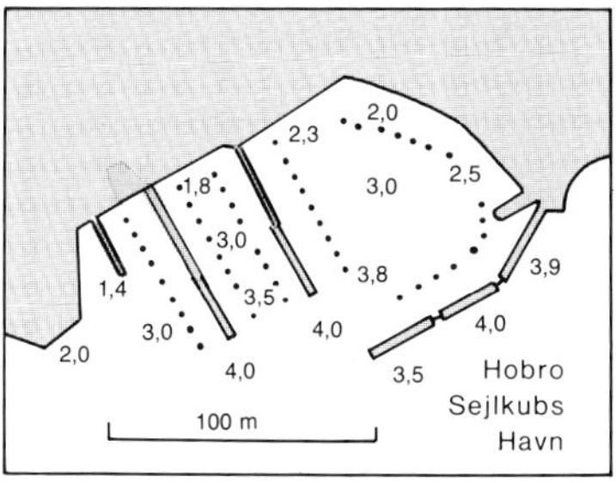

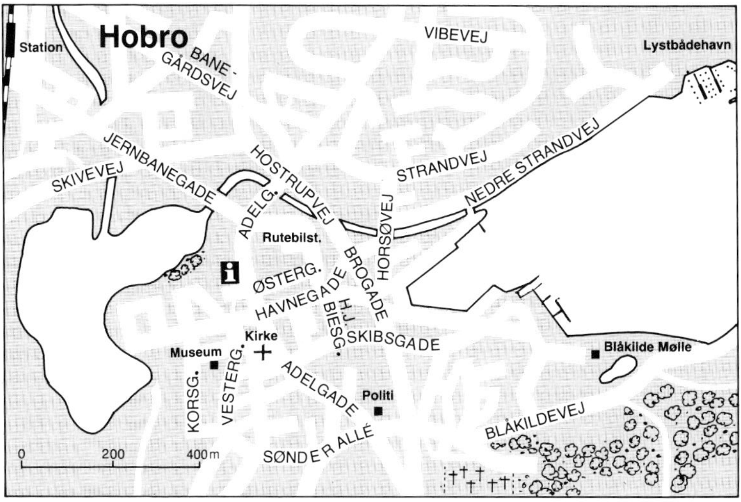

aufeinander abstimmte. Er ließ die Außenmauern abwechselnd aus Lagen gelber und roter Steine hochziehen. Hinzu kommt, daß der Kirchenbau einen fast monumentalen Platz im Stadtbild erhielt, indem er wie sein Vorgänger auf dem Hügel zwischen Adelgade und Vestergade erbaut wurde.

Das **Hobro Museum** ist in einem Fachwerkhaus in der Vestergade 21 zu Hause. Das Gebäude, das auch unter dem Namen „Witwensitz" bekannt ist, stammt aus dem Jahr 1821 und gehört zu den wenigen aus früheren Zeiten erhaltenen Häusern in der Stadt.

Das Museum zeigt eine hervorragende Sammlung von Waffen, Hausgerät, Werkzeugen und Schmuck aus der Wikingerburg in Fyrkat. Man kann weiterhin eine Sammlung von Altertümern aus der Umgebung Hobros besichtigen, deren beste Stücke einige Trichterbecher aus der Steinzeit sind.

Die Umgebung

Fyrkat ist eine Wikingerburg, die im Onsild-Flußtal etwa drei Kilometer südwestlich von Hobro liegt. Etwa im Jahre 1000 entstanden an vier strategisch wichtigen Stellen im Lande ringförmige Burganlagen: Nonnebo (Nonnebakker) bei Odense und Aggersborg bei Løgstør (beide nicht mehr vorhanden), sowie Trelleborg bei Slagelse und Fyrkat bei Hobro.

Fyrkat ist die kleinste dieser vier Rundburgen. Ein Ringwall, stellenweise durch einen Graben verstärkt, umgibt den eigentlichen Burgplatz mit einem Durchmesser von 120 Metern. Wohl zu Svend Tveskægs Zeit lag die Burg auf einem Landrücken in dem damals breiten, sumpfigen Flußtal, an der Stelle, wo der wichtige ostjütländische Handelsweg den Fluß durchquerte.

1951 begann das Nationalmuseum mit der Ausgrabung von Fyrkat. Schon damals war der größte Teil des Walls durch ständiges Pflügen abgetragen. Das heute gezeigte Wallprofil ist also eine Rekonstruktion, das gleiche gilt für die Wallgraben der Burg.

Die ehemalige Wikingerburg 3 km südwestlich von Hobro

Die **Fyrkat Wassermühle** ist eine besondere Sehenswürdigkeit bei Fyrkat Møllegård. Bis 1962 stand diese Wassermühle im Vigerslev Sogn auf Fünen in einem ziemlich heruntergekommenen Zustand. Daher entschloß man sich, sie nach Fyrkat zu verlegen, wo ideale Bedingungen vorhanden waren. Sie wurde hier auf dem alten Mühlenplatz wieder aufgebaut, auf dem bis 1916 eine Wassermühle gestanden hatte, die von einer Quelle aus Højmosegårds Obstplantage betrieben wurde.

Die Wassermühle läßt sich übrigens genau datieren, denn ein etwas versteckter Balken trägt die Inschrift: „1764, Peter NielSen Møller & Karen Iørgens Datter Møller".

Dieser Mühle wurden 1973/74 drei Gebäudeflügel von einem alten Fachwerkgehöft, dem Mühlenhof in Skrødstrup bei Mariager, angefügt. Heute hat hier ein Restaurant geöffnet.

Der Limfjord – vom Kattegat bis Løgstør Grunde

Øster Hurup – Hals – Egense – Mou – Nørresundby – Ålborg – Egholm – Gjøl – Nibe – Attrup – Haverslev – Aggersund – Løgstør

Nachdem man den schönen Mariager Fjord hinter sich gelassen hat, muß man sich drei bis vier Seemeilen hinaus ins Kattegat von der Küste freisegeln, ehe man den Kurs entlang der jütländischen Ostküste nach Norden zur Einfahrt in Dänemarks größten Fjord, den Limfjord, absetzen kann. Fünf Seemeilen nördlich Als Odde liegt der einzige Hafen an diesem Küstenabschnitt, der Fischereihafen von

Øster Hurup

Der Hafen liegt wie eine Insel vor der Küste, mit der er über einen 350 Meter langen Damm verbunden ist. Die Ansteuerung sollten Yachten nur bis zu einem Tiefgang von 2 Metern versuchen, über der Barre vor der Zufahrt sind oft nur sehr geringe Wassertiefen vorhanden. Bei auflandigem Wind ist von einem Anlaufen abzuraten, und eine Nachtansteuerung sollte nur bei klarem Wetter und ruhiger See vorgenommen werden. Obwohl hier eindeutig die Fischer dominieren, bleibt immer noch Platz für 200 Yachten. Am komfortabelsten liegt man im erneuerten südlichen Becken. Im Hafengeld ist die Benutzung der Duschen eingeschlossen, dort findet man auch Münzwaschmaschinen und -wäschetrockner. Man braucht nicht weit an Land zu gehen, um einzukaufen, hier findet man sowohl einen Kiosk als auch einen „Grill“ am Inselhafen.

- Telefon
- Wasser
- Lebensmittel
- Benzin/Diesel
- E-Anschluß
- Hafenmeister: Tel. 98 58 81 44
- Fahrradverleih
- Nächste Tourist-Information: Kystvej 34, Tel. 98 58 82 11

Die Umgebung

Øster Hurup ist bekannt für die guten Badestrände auf beiden Seiten des Hafens, und hinzu kommen Badehotels, Campingplätze und Sommerhäuser. Einige Kilometer nördlich von Øster Hurup liegt der große **Tofte Skov**, ein Teil des Gutes Lindenborg.

Von Øster Hurup nach Hals

Wieder gilt es, sich erst drei bis vier Seemeilen von der Küste freizusegeln, um Stellnetzpfählen auszuweichen und größere Wassertiefen zu erreichen. Dann taucht der 15 Meter hohe, rot-weiß gestreifte Leuchtturm Hals Barre auf. Er steht etwa vier Seemeilen ostsüdöstlich vor der Mündung des Limfjords auf einem hohen und breiten Granitfundament.

Etwa zwei Seemeilen nordwestlich dieses Leuchtturms markieren die beiden 13 Meter hohen Leuchttürme Hals Barre Nord und Süd die Fahrrinne, die wegen der geringen Wassertiefen und der Barre vor der Fjordmündung auch von Sportbooten genutzt werden sollte. An der Nordostspitze des Flachs Korsholm bezeichnen die beiden roten, achteckigen Leuchttürme Korsholm Nord und Süd die Durchsteuerung der Barre. Diese sechs Meter hohen Türmchen werden von den Einheimischen auch „Salz und Pfeffer“ genannt.

Die Fahrrinne ist hier nur etwa 100 Meter breit, so daß Sportboote auf die Berufsschiffahrt Rücksicht nehmen und bei der Begegnung besser ausweichen sollten.

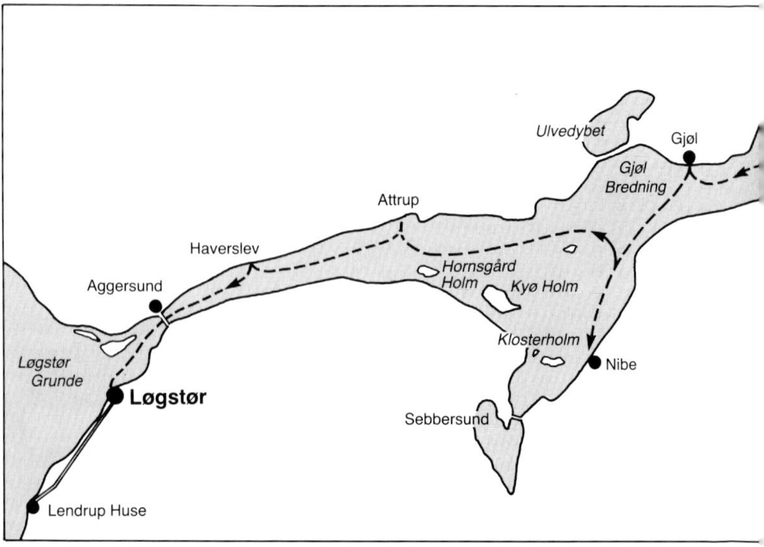

Weiter westlich öffnen sich das Vejdyb und das Egense Dyb nach Süden, hier hat der Seglerverband **zwei Ankerbojen** ausgelegt.

Bei ruhigem Wetter kann man westlich der Sandbank ankern, und an einem schönen Sommertag liegen hier viele Limfjord-Segler und genießen das Badeleben. Die Kinder können in Gummibooten oder Optimistenjollen umhersegeln, ohne in Gefahr zu geraten, durch Strömung und Wind zur See hinauszutreiben.

Nachdem man die Sände Nordmands Hage und Lægården, beide liegen nördlich der Rinne, passiert hat, kann man am Nordufer des Fjords das nächste Törnziel ausmachen:

Hals Fischereihafen

Der Hafen wird wegen seiner günstigen Lage rege besucht, sowohl auf dem Weg in den Limfjord hinein wie auch bei einem Törn ins Kattegat hinaus. Hier findet man auch einen guten Supermarkt nur 100 Meter vom Hafen entfernt. Zwei Stege im westlichen Teil des Hafens werden vom Hals Bootsclub unterhalten, dessen Clubhaus am Fuß des südlichen Anlegers steht. Im Vorhafen ist zwar der beste Platz, doch ist es hier in der Regel etwas unruhig durch den Schwell der Lotsenboote und Fähren, die zwischen Hals und Egense am Südufer des Fjords verkehren. Am besten liegt man im Innenhafen, doch hier kann es etwas Gedränge geben.

- Telefon
- Wasser
- Lebensmittel
- Benzin/Diesel
- Hafenmeister: Tel. 98 25 20 09
- Fahrradverleih
- Nächste Tourist-Information: Torvet, Tel. 98 25 14 33/50

In der Stadt

Die Stadt bietet keine besonders aufregenden Sehenswürdigkeiten. Sie erstreckt sich hinter dem Hafen, man hat sie rasch kennengelernt. Vor ei-

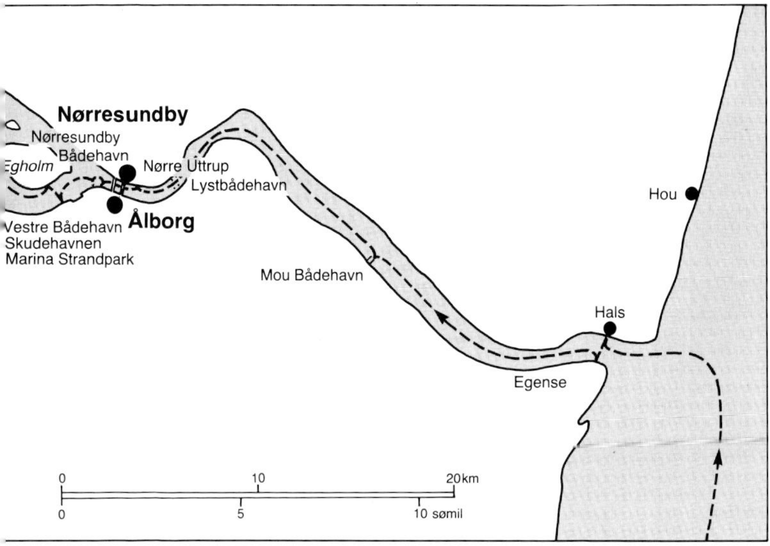

nem der Häuser steht ein Walkiefer, ein Portal aus den großen Knochen eines gestrandeten Wals. Am Hafen erhebt sich die **Hals Schanze**, die früher die Einfahrt in den Limfjord bewachte. Dies ist eine der größten und besterhaltenen Schanzen des Landes. Christian IV. begann im Jahr vor seinem Tode mit dem Bau der Schanze, die durch Frederik III. 1658 verstärkt wurde. 1812, während der Englandkriege, wurde die Schanze von See aus beschossen. Die Befestigung wurde 1848 geschleift; der Pulverturm und das Zeughaus sind noch vorhanden.
Im alten **Zeughaus** von Hals Schanze aus dem Jahr 1812 ist heute ein örtliches Museum untergebracht. Hier findet man eine Sammlung, die Hausrat, alte Möbel, Bilder und Trachten aus der Region umfaßt.

Von Hals nach Egense

Der Hafen von Egense liegt am südlichen Ufer des Limfjords 0,3 Seemeilen gegenüber von Hals. Die Fähre zwischen Hals und Egense benötigt für die Überfahrt nur etwa fünf Minuten. Die Einfahrt in den Egense Yachthafen ist etwas gewundener als in das Fährbett. Von der rot-weißen Ansteuerungstonne führt die 350 Meter lange, 30 Meter breite und 2,5 Meter tiefe Rinne zum Hafen. Hält man sich an die grünen und roten Stangen, hat man hier keine Probleme. Wer den Hafen von Hals aussparen will und direkt vom Kattegat einlaufen möchte, muß nach Passieren der beiden „Salz- und Pfeffertürme“ erst die rote Tonne vor Egens Hage und das Kardinalzeichen Ost passieren, ehe die rot-weiße Ansteuerungstonne angesteuert wird.

Egense Yachthafen

Der neue Yachthafen von Egense bietet eine gute Alternative zu den oft überfüllten Becken in Hals.
Es waren, wie bei Lynetten in Kopenhagen, die Mitglieder des einheimischen Segelclubs, die aus eigener Kraft den Hafen mit Clubhaus und Mastkran gebaut haben und ihn in Ordnung halten. Es ist ein friedlicher

und kinderfreundlicher Hafen mit Spielplatz. Im Becken sind zwei Schwimmstege ausgelegt, wo man an freien Plätzen festmachen kann. Der westliche Teil wird nicht benutzt.

- Telefon
- Wasser
- Lebensmittel
- Diesel
- E-Anschluß
- Hafenmeister: Tel. 98 31 00 57
- Nächste Tourist-Information: Ålborg, Tel. 98 12 60 22

Die Umgebung

Hier erstreckt sich ein Erholungsgebiet von Format. Neben den über tausend Sommerhäusern befindet sich 150 Meter entfernt ein Campingplatz, der u. a. Telefon und Einkaufsmöglichkeiten bietet. In dem Sommerhausgebiet gibt es auch einen Laden. Die jütländische Ostküste mit schönen Badestränden und der idyllischen Limfjordlandschaft zieht sowohl die Segler als auch die motorisierte Stadtbevölkerung an.

Von Egense nach Mou

Der Törn führt nun in das Innere des Limfjordes, Dänemarks größten Fjord. Heute müßte man dieses Gewässer eigentlich als Sund bezeichnen, da er nunmehr auch zur Nordsee hin geöffnet ist. Der Name Limfjord leitet sich von den vielen Kalksteinabbrüchen, den „Limsten", im Fjord ab, und so hat sich der Name bis heute erhalten.
Nur 2,5 Seemeilen entfernt von Egense liegt fjordeinwärts am Südufer ein weiterer neuer Yachthafen

Mou Yachthafen

Wie in Egense ist der Yachthafen Mou durch Eigenleistungen der Segelclubmitglieder entstanden; an der Stelle einer alten verfallenen Verladebrücke aus der Zeit der Jahrhundertwende, als man den Torf von Lille Vildmose von hier aus verschiffte, entstand diese Sportbootanlage.
Nach dem Ausbau besitzt der Hafen nun ca. 70 Liegeplätze mit Heckpfählen auf 2,5 Metern Wassertiefe. Beim Clubhaus findet man Duschen und WC, Telefon und einen kleinen Lebensmittelladen auf dem 300 Meter entfernten Campingplatz.

- Telefon
- Wasser
- Lebensmittel
- E-Anschluß
- Hafenmeister: Tel. 98 31 10 49
- Nächste Tourist-Information: Snebergvej 2 A, Tel. 98 31 13 36

Die Umgebung

Die Ortschaft Mou liegt anderthalb Kilometer südlich des Hafens, wo man u. a. Proviant einkaufen kann, und gut zwei Kilometer entfernt liegt **Lille Vildmose**, das sich gut für eine kleine Wanderung eignet.

Von Mou nach Nørre Uttrup

Das Fahrwasser von Hals bis nach Ålborg wird Langerak genannt, und lang kann es einem wahrhaftig vorkommen, besonders beim Kreuzen und bei ostsetzendem Strom, aber der Wind kommt ja nicht immer von Westen. Langerak erinnert eher an einen Flußlauf, nur etwas breiter als die anderen Flüsse in Dänemark. Er ist etwa eine Seemeile breit und die meistbefahrene Strecke im Limfjord. Er ist sowohl am Vendsyssel- als auch am Himmerland-Ufer von breiten Wiesen gesäumt, und erst auf der Höhe von Ålborg bekommt das schmale Fahrwasser Kontur.

Weiter westlich lockt Ålborg. Wenn man spät dran ist, so daß man die Brücken nicht vor den letzten Öffnungen (21.00 Uhr) erreicht, bietet sich östlich vor den Brücken am Nordufer ein relativ neuer Sportboothafen an:

Nørre Uttrup Yachthafen

Dieser kleine Yachthafen ist von den Mitgliedern des Segelclubs Sundby-Hvorup in einer alten Lehmgrube der Zementfabrik Rørdal angelegt worden. Die Zufahrt in die 500 Meter lange, sehr schmale und ca. 2 Meter tiefe Rinne ist mit einer rot-weißen Ansteuerungstonne bezeichnet. Am besten hält man sich mit 315° in der Richtbakenlinie, denn neben der Rinne wird es rasch sehr flach. Die Stege mit etwa 100 Plätzen besitzen Wassertiefen zwischen 1,7 und 3,5 Meter. Im Clubhaus findet man Duschen und WC, auf dem Gelände sind ein Mastkran und ein Slip eingerichtet.

- Telefon
- Wasser
- Lebensmittel
- E-Anschluß
- Hafenmeister: Tel. 98 19 04 43
- Nächste Tourist-Information: Ålborg, Tel. 98 12 60 22

Die Umgebung

Alles im und um den Hafen atmet Ruhe und Frieden mitten in den Strandwiesen, ein kleines Industriegebiet stört kaum. Es ist etwa einen Kilometer bis zum Marktplatz von Nørre Uttrup, von wo aus der Stadtbus bis ins Zentrum von Ålborg fährt.

Von Nørre Uttrup nach Nørresundby/Ålborg

Der nur wenige Seemeilen lange Abschnitt zum Yachthafen des Nørresundby Segelclubs führt nach etwa 1000 Metern an den Zufahrtsrampen des Limfjordtunnels vorbei. Am Nordufer eben hinter der Rampe hat sich ein Jollenhafen etabliert, der aber keine Gäste aufnimmt. Gegenüber, auf der Ålborger Seite, liegt die Hafeneinfahrt zum Tunnelbassin, das man aber nur im Notfall anlaufen sollte.

Die Straßenklappbrücke über den Fjord zwischen Ålborg und Nørresundby besitzt eine Durchfahrtsbreite von 30 Metern und im geschlossenen Zustand eine Durchfahrtshöhe von 9,5 Metern. Die genauso breite Eisenbahnklappbrücke bringt es nur auf 3,3 Meter unter der Norddurchfahrt und 4,4 Meter unter der Süddurchfahrt. Von 5.00 bis 21.00 Uhr werden die Brücken auf Verlangen kostenfrei geöffnet. Am Nordufer unmittelbar westlich der Straßenbrücke öffnen sich die beiden Einfahrten zum

Nørresundby Yachthafen

Da der äußere Steg eine Pfahlbrücke ohne Spundwände ist, kann es hier etwas unruhig werden, wenn größere Schiffe vorbeifahren. Der Hafen besitzt 80 Plätze in zwei Becken. An der Innenseite der Außenmole ist das Wasser 2,0 Meter tief, doch die Plätze vor dem Ufer halten nur 1,5 bis 2,0 Meter. Beim Einfahren in das östliche Becken muß man sofort nach Backbord drehen, um den Slipschienen auszuweichen, die weit ins Becken

- Telefon
- Wasser
- Lebensmittel
- Diesel
- E-Anschluß
- Hafenmeister: Tel. 98 17 60 17
- Fahrradverleih
- Nächste Tourist-Information: Buchhandlung Knud Engsing, Torvet 3, Tel. 98 17 17 18

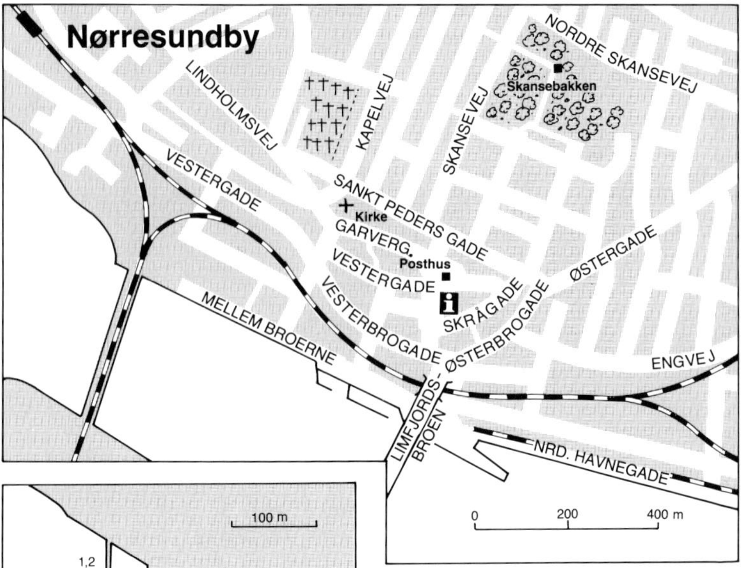

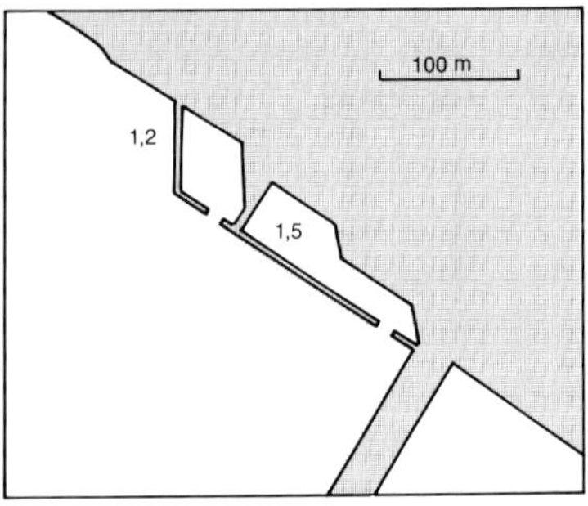

verlaufen. Überwiegend Motorboote und Motorsegler sind hier beheimatet, denn man muß sowohl nach Westen wie nach Osten immer unter einer Brücke durch. Gastsegler erhalten den Schlüssel zum Clubhaus, hier sind alle Einrichtungen vorhanden. Der Hafen liegt sehr zentral für alle Einkäufe.

In der Stadt

Das **Stadtgeschichtliche Museum Nørresundby** hat sich in einem hübschen Rokkokogebäude von 1791 in der Østergade 4 niedergelassen. Pfeifen aus dem 19. Jahrhundert aus einer Tonfabrik sind Teil der Museumssammlungen. Ferner werden Zeichnungen, Gemälde, Stiche und Lithographien gezeigt, die einen Eindruck von Nørresundbys Geschichte und Entwicklung vermitteln.

In einem Park liegt die **Nørresundby Schanze**, Überreste einer alten Schanze aus den Schwedenkriegen, die 1626 auf einem Hügel von 51 Metern, Nørresundbys höchstem Punkt, angelegt wurde. Von hier aus hat man eine hervorragende Aussicht über den Limfjord sowie nach Himmerland und Vendsyssel.

Ursprünglich geht die **Nørresundby Kirche** auf das Jahr 1219 zurück, jedoch haben zahlreiche Restaurierungen und Erweiterungen ihr Bild verändert. Schiff und Kreuzflügel besitzen eine Balkendecke. Die Kanzel ist von 1706.

Im Lindholmvej 136B liegt **Sundby Hvorups Sammlung**, die aus Bauernstuben sowie einem Gedenkraum für den Porträtmaler Ole Magnus Rask (1783–1862) besteht. Das Museum ist in einem Hof von etwa 1800 eingerichtet. Eine Töpferwarensammlung aus

Nørre Uttrup, alte Fotografien sowie ein Kabinettschrank von etwa 1700 bilden die Schmuckstücke. In der Scheune des Hofes findet man eine Anzahl alter landwirtschaftlicher Geräte.

Die Umgebung

Drei Kilometer vom Hafen entfernt liegt **Lindholm Høje**, das größte Gräberfeld des Nordens aus der Wikingerzeit mit 682 Gräbern, davon 150 Steinsetzungen. Funde von Münzen aus dem Orient zeugen von den ausgedehnten Handelsverbindungen des Wikingervolkes.

Von Nørresundby nach Vestre Yachthafen

Die Fahrt auf dem Limfjord weiter nach Westen führt unter der Eisenbahnklappbrücke hindurch, wie schon weiter oben vor Nørresundby beschrieben. Eine Viertelstunde vor Passieren eines Zuges wird die Brücke allerdings nicht mehr geöffnet. Am Südufer des Fjords, auf der Ålborger Seite, folgen nun gleich drei Yachthäfen: Vestre, Skudehavn und 0,6 Seemeilen weiter Marina Strandpark. Zuerst bietet sich der Heimathafen des Bootsclubs Vestre und des Segelclubs Limfjord an:

Vestre Yachthafen

Der Hafen liegt sehr zentral. Hier laufen auch die meisten Gastsegler ein. Es ist leicht, ihn anzusteuern, eine grüne und eine rote Tonne ohne Toppzeichen liegen vor der Einfahrt. Die Wassertiefe beträgt im Hafen mindestens 2,5 Meter.
Neben einem Kran findet man hier eine Werft mit Slip, einen Bootsausrüster sowie einen Kinderspielplatz. Im Clubhaus des Vestre Bootsclubs gibt es eine Kantine mit kleinen Speisen und Fernseher; Öffnungszeiten: ca. von 9.00 bis 20.00 Uhr.

- Telefon
- Wasser
- Lebensmittel
- Diesel
- E-Anschluß
- Hafenmeister: Tel. 98 13 85 48
- Fahrradverleih
- Nächste Tourist-Information: Østerå 8, Tel. 98 12 60 22

Skudehavn

Skudehavn ist mehr ein Hafen für größere Yachten, die Wassertiefen nehmen im südlichen Teil des Bekkens bis auf 6,0 Meter zu, während sie an den Stegen vor der nördlichen Mole nur 2,0 Meter betragen.

- Telefon
- Wasser
- Lebensmittel
- Benzin/Diesel
- E-Anschluß
- Hafenmeister: Tel. 98 13 85 48
- Fahrradverleih
- Nächste Tourist-Information: Østerå 8, Tel. 98 12 60 22

In der Stadt

Ålborg ist die viertgrößte Stadt Dänemarks und eine der ältesten, daher bietet sie etwas für jeden Geschmack. Die große Anziehungskraft für Touristen verdankt sie sicher ihrem Ruf als Vergnügungsstadt wie auch ihren Sehenswürdigkeiten. Sie besitzt das größte Tivoli der Provinz und über 200 Restaurants, von denen ein halbes Hundert in oder zwischen Vesterbro und Østerågade liegt. Und Jomfru Ane Gade ist eine ganze Straße voller Restaurants, Diskotheken und einem Jazzklub.

Auf einem Spaziergang durch die Stadt kann man sich zunächst die nur wenigen erhaltenen alten Gebäude Ålborgs ansehen, die sehr interessant sind. Dies gilt insbesondere für die winklige Straße Hjelmerstad, eine der ältesten Straßen der Stadt mit rundem Katzenkopfpflaster, schiefen Häusern und einer alten, noch arbeitenden Keramikwerkstatt, der Peder Barkesgade mit ihren kleinen Häuschen und dem schmalen Treppengäßchen Latinergyden.

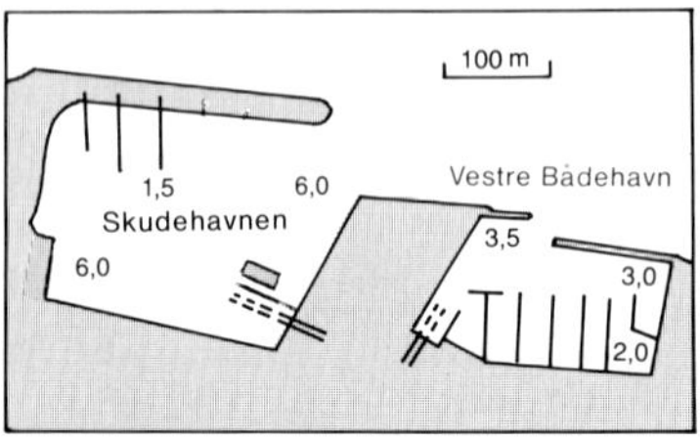

In der Østerågade 9 steht **Jens Bangs Stenhus**, das 1623/24 gebaut wurde. Zu seiner Zeit hat es sicher Aufsehen erregt, denn mit seinen vier Stockwerken und reichen Verzierungen übertraf es viele Adelspaläste und Herrenhöfe und ist sicher das vornehmste Bürgerhaus des Landes aus

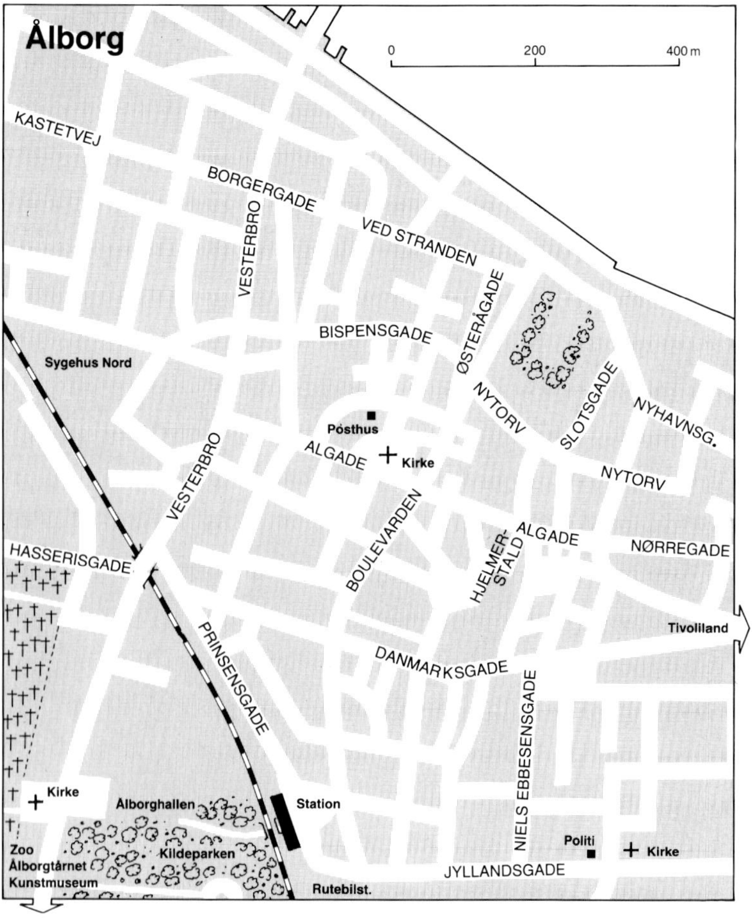

der Zeit von Christian IV. Sein Bauherr war ein Großkaufmann, Jens Bang, und das Haus ist seit 1830 im Besitz des Apothekergeschlechts Strøjberg. Der Weinkeller mit historischer Einrichtung beherbergt den Christian-IV.-Klub.

Das am Hafen gelegene **Schloß Ålborg** ist das letzte Lehnsschloß, das in Dänemark erhalten ist. Natürlich haben es die verschiedenen Familien nicht immer gleich gut behandelt, doch es ist viel Eindrucksvolles erhalten geblieben. Es wurde 1539 errichtet und dient heute dem Stiftsamtmann als Amts- und Wohnsitz.

Die **Liebfrauenkirche** (Vor Frue Kirke) in der Niels Ebbesensgade war ursprünglich eine Klosterkirche aus der Zeit um 1100, wurde aber in den 70er Jahren des 19. Jahrhunderts fast völlig erneuert, als man es für unmöglich hielt, das alte romanische Gebäude zu retten. Nur das schöne Nordportal blieb erhalten und wurde als Haupteingang für die neue Pfarrkirche wiederverwendet.

Ålborgs Dom **St. Budolfi** beherrscht das Stadtbild nicht wie die Dome in Odense, Ribe, Roskilde und Århus. Dies hat einen einfachen Grund: Das Gebäude erhielt seinen Status als Dom 1554, und zu diesem Zeitpunkt war es nur eine gotische Provinzstadtkirche. Die unerwartete „Aufwertung“ zum Dom erfolgte, als der Bischofssitz von Børglum nach Ålborg verlegt wurde. Die Kirche weist mit einer Gewölbehöhe von gut 11 Metern im Mittelschiff ein überwältigendes Innenbild auf.

Der **Kildeparken** ist die älteste Parkanlage der Stadt von 1802. Hier kann man Thorvaldsens **Drei Grazien, Gärtner und Gärtnerin**, eine Skulpturengruppe von Jean Gauguin, und das **Bacchuskind** von Anne Marie Carl Nielsen besichtigen.

Nordjyllands Kunstmuseum in der Kong Christians Allé 50 ist ein fabelhafter Kunsttempel, ein Kunstwerk für sich. Das Projekt entstand 1958 nach einem Architektenwettbewerb, dessen Gewinner unter 144 eingereichten Vorschlägen ausgewählt wurde. Der Bau begann 1968, und 1972 war das Museum für eine Summe von damals rund 22 Millionen Kronen fertiggestellt. Das prächtige, aus dem Rahmen fallende Gebäude enthält u. a. Konzertsaal, Auditorium und Cafeteria, und das umliegende Gelände wird für ein Amphitheater mit 400 Sitzplätzen genutzt. Die Kunstsammlungen des Museums bestehen hauptsächlich aus internationaler Kunst von 1900 bis in unsere Tage. Ein sehr bedeutender Teil des Museumsbestandes wird durch Kunstwerke aus Anne und Kresten Krestensens Sammlung gebildet, die 1967 erworben wurde und Arbeiten mehrerer weltbekannter Künstler enthält, darunter Bilder von Max Ernst, Picasso und Fernand Léger.

Der **Ålborgturm**, errichtet 1933, steht auf dem Skovbakke und erhebt sich 105 Meter über den Hafen. Von oben bietet sich eine großartige Aussicht.

Im Mølleparksvej liegt der **Ålborg Zoo**, der größte Tierpark der Provinz mit einer Sammlung von ungefähr 1500 Tieren aus aller Welt. Neu sind die Seelöwen- und Pinguinanlagen, wo man die Tiere unter Wasser durch Panoramafenster betrachten kann.

Das **Tivoliland** in Karolinelund, Eingang von Østerbro und Jyllandsgade, ist der erste und größte Vergnügungspark der Provinz. Hier gibt es fast alle erdenklichen Arten von Belustigungen, aber auch schöne Blumen- und Springbrunnenanlagen. Besonders hübsch ist der chinesische Garten. Hier gibt es, wie an anderen Stellen im Tivolibereich, Restaurants.

Die Umgebung

Ålborg hat eine ganz neue Attraktion erhalten, Nordeuropas größtes überdachtes subtropisches **Freizeitbad**, das ungefähr sechs Kilometer in südlicher Richtung an der Straße nach Hobro steht. Die Anschrift lautet Vandmanden 5 (Bus direkt vor der Tür). Wenn also das Wetter kalt und windig ist, kann man sich die Zeit drinnen unter 5500 Quadratmeter Überdachung vertreiben und den Tag in dieser Oase genießen. Hat man einmal die Eintrittskarte bezahlt, so sind alle Aktivitäten während der Zeit, die man hier verbringt, im Preis inbegriffen, z. B. Dampfbad, Sauna, Solarcenter, Wellenbad und Wasserrutschbahn. Nur in dem modernen, professionell geführten Fitneß-Center bezahlt man extra. Im ersten Stockwerk gibt es eine Cafeteria.

Marina Strandpark

In den Seekarten und Handbüchern wird der Hafen als Marina Strandpark bezeichnet, doch die einheimischen Segler nennen ihn Marina Fjordpark; mit der Zeit wird es sich also zeigen, wie er einmal heißen wird. Der Hafen bietet 300 Plätze, die auf 600 erweitert werden können, falls der Bedarf es später notwendig machen sollte. Der Hafen ist im Besitz der Stadt, aber der Ålborg Segelclub verfügt über 280 Plätze. Das Clubhaus mit Clubräumen steht im ersten Stock, wo die Besucher bei einem gemütlichen Pils die Aussicht über Hafen und Fjord bis zur Insel Egholm genießen können. Das Hafenbecken ist bis auf mindestens 2,5 Meter vertieft worden, hält aber im Mittelbecken 3,0 Meter.
Dieser Hafen liegt ein wenig abseits zur Stadt, doch fährt ein Bus direkt bis vor die Tür.

Von Marina Strandpark nach Egholm

Eine Autofähre, die jeweils zwei bis drei Wagen befördern kann, verkehrt stündlich jeweils einmal hin und zurück zwischen Ålborg und Egholm, das flach wie ein Pfannkuchen ist, und die Fahrzeit beträgt nur gerade fünf Minuten. Der Fähranleger auf Egholm liegt genau gegenüber der Marina Strandpark. Für diese Distanz wird eine Fahrtenyacht nur ca. 10 bis 15 Minuten benötigen. Leider darf man am Fähranleger nicht festmachen, aber der Ankerplatz daneben ist für die Mittagspause brauchbar für Yachten bis 1,2 Meter Tiefgang. Motorboote können das nordwestlich um Egholm führende Nørredyb bis zum alten Postbootanleger befahren. Mit Ortskenntnissen und bei gutem Wetter kann man von Haldager Veijle bis Ry Aue laufen und dort vor dem Ufer ankern. Doch Vorsicht, diese Gewässer sind flach und unbezeichnet.

Egholm

Als erstes erwartet den Besucher auf Egholm das Restaurant „Kronborg“. Es gibt Inselgäste, die nie weiter als bis dorthin kommen. Es sollte jedoch betont werden, daß das Restaurant hierfür die Ursache ist, denn es ist ein gemütliches Speiselokal mit vielen leckeren Gerichten und mit einer schönen Aussicht über den Fjord. Die Kinder können auf einem wunderschönen öffentlichen Spielplatz davor herumtollen.
Egholm hat 60 Bewohner, ist etwa sechs Kilometer lang und vier Kilometer breit. Die Insel wird vor allem landwirtschaftlich genutzt, und die Hälfte des Bodens ist bewirtschaftet.
Folgt man dem Weg entlang der Ostküste der Insel, so biegt er nach etwa einem Kilometer nach Westen zum Dorf ab. Biegt man aber statt dessen nach rechts ab, führt der Pfad direkt hinunter zur alten Staatsbrücke, die früher der Anleger für das Postboot war.
1924 besuchte Achton Friis Egholm

auf einer seiner bekannten Segelreisen mit seiner Yacht „Rylen“ rund um „De Danskes Øer“, die er in seinem Werk gleichen Namens beschrieb. Auf Egholm suchte er u. a. den alten Postbootkapitän Søren Larsen auf, der 1848 geboren worden war. Achton Friis schreibt über ihn: „Von 1879 an, nachdem er seine Wehrpflicht bei der Marine geleistet hatte, wobei er mit „Fylla“ rund um Island segelte, begann er, als Postbootkapitän zwischen Egholm und Ålborg zu verkehren, und dabei blieb er bis 1914 – 35 Jahre lang. Die ersten Jahre segelte er mit einem einfachen norwegischen Prahm, „Moses“, den er mit wenigen Segeln takelte. Doch dann bekam er ein ordentliches Segelboot.
Diese Entfernung von einer halben Seemeile segelte er an jedem Wochentag im Jahre hin und zurück, und in den 35 Jahren hat er 10 500 Meilen mit seinem Boot zurückgelegt – das ist ungefähr ein Viertel der Entfernung zum Mond, rechnen wir vereint aus. Der Verdienst war mager, denn die Personenbeförderung erfolgte stets gratis, und sein Gehalt betrug am Anfang nur 25 Kronen im Monat. Später kam er dann doch auf 500 Kronen im Jahr. Als er, einige wenige Jahre bevor er diese Tätigkeit aufgab, in den Besitz eines Motorbootes gelangte, hatte er den ungewöhnlichen Einfall, 25 Øre dafür zu verlangen, daß er einen Passagier mitnahm. Aber das war doch fast zu viel für die Leute. Für diese Summe kaufte man zu diesen Zeiten ein viertel Pfund Kaffee – das war doch wirklich ein unerhörter Preis!“
Ungefähr in der Mitte der Insel steht das Landschulheim der Gemeinde, welches das ganze Jahr hindurch von Kindern und Erwachsenen bewohnt wird. Früher war es die Schule für die Kinder Egholms. Drei Kilometer vom Fähranleger entfernt liegt das Dorf Egholm, das man eigentlich nicht so nennen kann. Hier stehen die Häuser und Höfe nur etwas näher beieinander als an anderen Stellen auf Egholm.
Auch die einzige Sehenswürdigkeit der Insel, **Egholm Museum**, steht im Dorf. Es wurde von einem Bewohner der Insel, dem damals erst zehnjährigen Jens M. Thomsen, gegründet, der deshalb im ganzen Land bekannt wurde. Sein Vater, Hofbesitzer auf Egholm, hatte den Nachbarhof billig gekauft. Hier wohnte einmal der Gemeinderatsvorsitzende. Und hier fand Jens die alte Wahlurne der Insel. Sie bildete den Grundstock seiner Sammlung, und seitdem hat er die seltensten Gegenstände bei Leuten gesammelt, die alte Sachen auf dem Dachboden liegen hatten. Er fragt stets, ob er sie kaufen darf. Doch die Antwort ist fast immer: „Nein, lieber Jens, nimm es nur.“ Im Sommer 1988 eröffnete er sein eigenes Heimatmuseum in dem leeren Gebäude, das seinem Zuhause, „Torpsminde“, benachbart ist.
Egholm ist ein selten schönes Stück Natur. Hier gibt es viele wilde Pflanzen und ein reiches Vogel- und Tierleben. Es ist wegen des Naturerlebnisses sehr zu empfehlen, auf Egholm zu wandern. Besonders von der Odde aus – die am weitesten von der Fährbrücke entfernt ist – ist die Aussicht außergewöhnlich. Dabei sollte man Gummistiefel tragen, denn an einigen Stellen kann es ziemlich feucht und sumpfig sein.

Von Egholm nach Gjøl

Weiter geht es in westlicher Richtung mit den Schornsteinen und Silos der Großstadt Ålborg im Rücken. Schon bei Egholm Hage ist man aus der Stadt heraus und segelt zwischen flachen grünen Wiesen und mit Schilf bewachsenen Ufern. Hier stehen Stellnetze bis dicht an die Fahrrinne heran, die in einem weiten, S-förmigen Bogen verläuft. Nur wenige Meter außerhalb des Tonnenstrichs kann man durchs Wasser im Schlammgrund waten, in dem der Kiel sofort festsitzt, wenn man nicht aufmerksam navigiert. Das ist typisch für gezeitenabhängige Gewässer. Zwischen dem Fähranleger von Egholm und der Westspitze dieser Insel wechselt die Betonnung die Fahrwasserseiten. Der nächste Hafen westlich von Ålborg und Egholm ist der

Gjøl Fischerei- und Yachthafen

Der kleine gemütliche Fischerei- und Yachthafen wurde in den letzten Jahren ausgebaut. Hat man die Kirche von Nørholm am Südufer des Fjords querab, wird man die beiden roten Richtbaken im Hafen von Gjøl ausmachen können. Vom 1. April bis zum 15. November ist die 2,5 Meter tiefe Fahrrinne mit grünen und roten Pricken bezeichnet. Gastplätze sind im 2,5 Meter tiefen Becken an der Innenseite der Westmole vorhanden. Im Clubhaus findet man Duschen und WC. Vor dem Hafen hat der einheimische Segelclub Ankerbojen ausgelegt.

- Telefon
- Wasser
- Lebensmittel
- E-Anschluß
- Hafenmeister: Tel. 98 27 72 82
- Nächste Tourist-Information: Åbybro, Tel. 98 24 15 55

Die Umgebung

Bis zum Ersten Weltkrieg war Gjøl eine Insel, von Vendsyssel durch einen schmalen Sund getrennt. Seitdem wurden Deiche zur Mündung des Flusses Rye Å im Nordwesten und das Ulvedyb nach Øland im Westen angelegt und so beträchtliche Wiesengebiete gewonnen.
Man kann sich sein Mittagessen durch einen kleinen Spaziergang von drei Kilometern zum **Gjøl Bjerg** verdienen, einen 17 Meter hohen Aussichtspunkt im Westen.

Von Gjøl nach Nibe

Den Hafen von Gjøl verläßt man durch die gebaggerte Rinne wieder in das Fahrwasser durch Gjøl Bredning. Vorsichtige Gemüter bleiben nun im Tonnenstrich nach Südwesten bis zum Tonnenpaar nach der Kardinaltonne Ost auf Dragbanke und setzen erst dann Kurs auf die drei rot-weißen Mittefahrwasserzeichen SSW-lich ab. Die 2,5 Meter tiefe Fahrrinne zum Hafen von Nibe ist vom 1. 4. bis 15. 11. bezeichnet, am Beginn liegen je eine grüne und rote Leuchttonne aus. Die Fahrrinne und die Hafeneinfahrt sind durch Dämme geschützt.

Nibe Yachthafen

Im 1,6 bis 2,5 Meter tiefen Hafen sind etwa 300 Liegeplätze vorhanden. Gäste können auch an der Innenseite der Westmole liegen. Neben einem Feriencenter bietet diese moderne Marina beim Clubhaus nicht nur Duschen und WC sondern auch einen Swimmingpool, Bootsausrüster und Kinderspielplatz.

- Telefon
- Wasser
- Lebensmittel
- Benzin/Diesel
- E-Anschluß
- Hafenmeister: Tel. 98 35 30 25
- Nächste Tourist-Information: Torvet 2, Tel. 98 35 35 00

In der Stadt

Nibes Ursprung und Geschichte sind eng verbunden mit dem Limfjord und der einst so reichen Heringsfischerei.

In Nibe finden über 300 Yachten Platz

Seit dem 13. Jahrhundert bis 1825 war Nibe wegen seiner bedeutenden Heringsfischerei im Frühjahr und Herbst weit über die Landesgrenzen hinaus bekannt. Daher sind es auch drei Heringe, die Nibes Stadtwappen schmücken. Das letzte große Heringsabenteuer ereignete sich Anfang des 19. Jahrhunderts, doch dann ging es mit dem Fang schlagartig zu Ende, als die Agger Tange durchbrochen wurde und die Nordsee 1825 freien Zugang zum Limfjord erhielt. Die Wasserverhältnisse veränderten sich total, wodurch die Heringe für immer verschwanden.

Die idyllischen Gäßchen der Stadt führen vom Marktplatz hinunter zum Ufer und dem Hafen, während der Stadtkern mit kleinen niedrigen Häusern und dazugehörigen Gärtchen bewahrt blieb. Durch den großen Wiederaufbau nach einem katastrophalen Brand, der die Stadt 1806 heimsuchte, ist ein einheitliches Ortsbild entstanden. Vier Fünftel von Nibes Einwohnern wurden aus diesem Anlaß obdachlos, und schnelle Hilfe war notwendig. Daher baute man die Häuser in „Fließbandweise“ wieder auf. Hierdurch entstand das einmalige Gepräge der Straßen: kleine weißgetünchte Häuser mit Ziegeldächern und Schornsteinen. Die modernen Villenviertel liegen nach Südosten hin.

Die **Nibe Quelle** sprudelt in der Kildegade. „Kaum einen Steinwurf vom Fjord entspringt eine ganz unschätzbare Quelle mit gesundem und gutem Wasser, dessen sich alle für Tee, Essen, Brauen und Wäsche bedienen“, schrieb der Pastor von Nibe um etwa 1750. Die zwei Becken trennten die Verwendungszwecke voneinander. Vom oberen holte man Trinkwasser, im unteren wusch man Kleidung. Leider haben neuere Bohrungen bewirkt, daß die Quelle fast ausgetrocknet ist.

Das schmiedeeiserne Gitter mit den drei Heringen des Stadtwappens wurde um 1920 von dem Apotheker Annaeus Nielsen gestiftet.

Das **Nibe Museum**, das sich im alten Gerichtsgebäude am Marktplatz befindet, ist eine Neuerscheinung in der Stadt. Kurz gesagt, ist es Ziel des Museums, kulturhistorisches Wissen über Nibe und Umgebung zu sammeln, zu bewahren und zu vermitteln. Doch da das Museum sich noch mitten in seiner Aufbauphase befindet, werden hier bis auf weiteres wechselnde Ausstellungen gezeigt. Die Dauerausstellung des Museums trägt den Titel: „Fischerfamilien und Fischerei im Gebiet Nibe zu Anfang des Jahrhunderts“.

Die **Nibe Kirche** wurde in der ersten Hälfte des 15. Jahrhunderts aus Backsteinen errichtet. Die großen gotischen, spitzbogigen Fenster sind charakteristische äußere Merkmale. Im Turm hängen drei Glocken: Die Sturmglocke – der Stürmer – wird bei Gottesdiensten benutzt, der Siebener wird bei Sonnenaufgang und -untergang geläutet, und der Zwölfer wird um 12.00 Uhr mittags angeschlagen. Im südlichen Kreuzarm der Kirche hängt ein bemerkenswertes Votivschiff – eine Heringskogge von 1703. Dieser Schiffstyp wurde beim Heringsfang während der großen Fangperioden im Mittelalter bis ins 18. Jahrhundert verwendet.

Die Umgebung

Der **Herrenhof Lundbæk** ist drei Kilometer südlich von Nibe zu finden. Heute ist hier eine Landwirtschaftsschule untergebracht. Auch wenn das Gebiet Privatbesitz ist, so darf man sich doch gern in Wald und Park aufhalten. Das jetzige Hauptgebäude wurde 1805 erbaut. Die Pflasterung des Hofplatzes ist in Streifen, sogenannte Hofstreifen, aufgeteilt. Wenn sich die Bauern zur Hofarbeit einfanden, stellten sich die Leute von den einzelnen Höfen und die Mitglieder der städtischen Zünfte jeweils auf ihrem Streifen auf, wodurch es für den Fronvogt leicht war, sich einen Überblick über die Erschienenen zu verschaffen. Westlich der Landstraße direkt gegenüber dem Wald sieht man eine große, sehr alte Linde. Man nimmt an, daß sie bis zu 400 Jahre alt ist; damit wäre sie Dänemarks älteste kleinblättrige Linde. Geht man unter der Linde zum Wald hinauf, so findet man am Hang in Richtung des Fjords einen Grabstein mit der Inschrift: „Gedenkstein für das Pferd, auf dem General Schleppegrell in der Schlacht bei Isted 1850 ritt“. Frederik Adolph Schleppegrell fiel an der Spitze seiner Truppe in der Schlacht bei Isted und wurde in Flensburg begraben. Sein Pferd wurde nach Lundbæk zu seiner Frau Johanne gebracht. Das Pferd wurde gut gepflegt und starb ganz natürlich an Altersschwäche. Johanne bestimmte, daß es am Abhang am Waldrand begraben werden sollte, dort, wo sie in jungen Jahren mit ihrem Mann so oft den Sonnenuntergang über dem Fjord angeschaut hatte.

Von Nibe zum Attrup Yachthafen

Von der Marina segelt man das Fahrwasser wie bei der Ansteuerung wieder zurück bis zum Hauptfahrwasser westlich Dragbanke. Mit nordwestlichem Kurs führt der Kurs durch Draget, dabei bleiben das Flach und die Insel Rønholm im Süden liegen. Das Fahrwasser verläuft weiter zwischen Ølands Hage und Skuls Hage, durch das Hagedyb südlich Nordmandshage. Vorbei an Middelgrund bleibt man bis Marbjerg Tunge im Fahrwasser, bis man die Kardinaltonne Ost (ausgelegt 1. 4. bis 15. 11.) querab hat. Nachdem man diese Tonne östlich passiert hat, setzt man einen NNW-lichen Kurs auf den Beginn des bezeichneten Fahrwassers durch Brovst Løb ab, das in nordöstlicher Richtung auf die Hafeneinfahrt von Attrup führt.

Attrup Yachthafen

Der Yachthafen von Attrup, etwa sechs Seemeilen östlich vor Løgstør, war ursprünglich ein idyllisches altes Fischerdörfchen. Heute ist es zu einer Marina ausgebaut, ein Schwimmsteg teilt das Hafenbecken in zwei Bereiche mit insgesamt 180 Liegeplätzen. Im östlichen Bassin liegen Jollen, weil dort nur 0,8 Meter Wassertiefe sind. Im westlichen beträgt die Tiefe mindestens 2 Meter.

- Telefon
- Wasser
- Lebensmittel
- Diesel
- E-Anschluß
- Hafenmeister: Tel. 98 23 30 99
- Nächste Tourist-Information: Brovst, Tel. 98 23 21 88

Die Umgebung

Die Ortschaft Attrup liegt etwa 500 Meter vom Hafen entfernt, und die Umgebung ist ein unverdorbenes Idyll, das zu langen Wanderungen einlädt. Unmittelbar nördlich von Attrup erhebt sich das Gelände zu einem beachtlichen Höhenzug bis zu 54 Meter über den Meeresspiegel. Hier breitet sich die ansehnliche **Tinggård Plantage** aus. Drei Kilometer nordnordöstlich von Attrup liegt der **Herrenhof Køkkedal** mit einem weiten Ausblick über die flachen Fjordwiesen. Seine ältesten noch erhaltenen Gebäude wurden im 15. Jahrhundert erbaut, mit Treppengiebeln und aufstrebenden Türmchen, die sich über die noch vorhandenen Teile des Waldes erheben, der noch im Mittelalter den Höhenzug und seinen Abhang zum Fjord hinunter bedeckte.

Von Attrup nach Haverslev

Folgt man dem Fahrwasser durch Brovst Løb in WSW-licher Richtung, erreicht man den 1,8 Seemeilen entfernten Yachthafen von Haverslev. Auf beiden Seiten des betonnten Fahrwassers wird es rasch flach, wer hier auf Grund gerät, steckt mit dem Kiel im Sandgrund fest.

Haverslev Yachthafen

Haverslev ist ein etwa 200 Meter langer, schmaler Hafen mit 175 Liegeplätzen, davon 10–15 für Gäste. Man sollte schon nicht mit mehr als 1,1 Metern Wassertiefe im Hafenbecken rechnen. Einfache Versorgungsmöglichkeiten findet man auf dem nahegelegenen Campingplatz.

- Telefon
- Wasser
- Lebensmittel
- Benzin
- E-Anschluß
- Hafenmeister: Tel. 98 21 51 13
- Nächste Tourist-Information: Fjerritslev, Tel. 98 21 16 55

Die Umgebung

Der Ort Haverslev liegt gut einen Kilometer vom Hafen entfernt und bietet keine besonderen Sehenswürdigkeiten. Das Dorf und die Umgebung atmen Ruhe und Frieden.

Von Haverslev nach Aggersund

Es ist wohl am sichersten, östlich um Nørre-Mejlgrund herum wieder zurück in das bezeichnete Hauptfahrwasser zu segeln, das Richtung Westen nach Aggersund und Løgstør führt. Unmittelbar vor der Aggersundbrücke segelt man an einem Windmotorenpark auf dem Südufer vorbei. Die Durchfahrtsbreite der Klappbrücke bei Aggersund beträgt 30 Meter, im geschlossenen Zustand besitzt diese eine Durchfahrtshöhe zwischen 3,8 und 5,4 Metern, die abhängig vom Wasserstand ist. Öffnungszeiten von einer halben Stunde vor Sonnenaufgang bis eine halbe Stunde nach -untergang unter Berücksichtigung des Straßenverkehrs.

Aggersund

Unmittelbar westlich der Brücke schließt sich am Nordufer ein etwa 85 Meter langer Betonkai an. Hier findet man zwar etwa 3,5 Meter Wassertiefe, aber man liegt unruhig durch den Schwell der großen Schiffe, die hier in unmittelbarer Nachbarschaft im Fahrwasser vorbeifahren.

- Telefon
- Lebensmittel
- E-Anschluß
- Hafenmeister: Tel. 98 67 11 08
- Nächste Tourist-Information: Løgstør, Tel. 98 67 20 10

Die Umgebung

Die **Aggersborg** liegt zwei Kilometer südwestlich dieses Hafens. Es sind die Überreste der größten Wikingerburg des Nordens, welche die meisten jedoch enttäuschend finden, weil man diesen Ringwall allenfalls bei niedrigem Stand der Sonne ahnen kann. Hier versammelten sich um das Jahr 1000 die Wikingerflotten vor ihren Feldzügen nach England. Es deutet alles darauf hin, daß auch damals, wie heute, eine freie Durchfahrt zur Nordsee durch die Agger Tange bestanden hat. Es hat sich bestätigt, daß die Aggersborg, welche bei weitem die größte der dänischen Wikingerburgen war, vom gleichen Typ ist wie z. B. Trelleborg, Nonnebo und Fyrkat bei Hobro.

Von Aggersund nach Løgstør

Westlich der Aggersundbrücke wird der Aggersund, wie der Limfjord hier genannt wird, breiter. Außerhalb des bezeichneten Fahrwassers nehmen die Wassertiefen rasch stark ab. Man bleibt also im Tonnenstrich und folgt dabei den natürlichen Windungen der Rinne auf Smakmølle zu.

800 Meter nach der Aggersundbrücke passiert man am Südwestufer die Verladebrücke des Kalkwerkes Aggersund. Sportboote sollten sich davon fernhalten.

Løgstørs eigene Hafenatmosphäre, der Frederik-VII.-Kanal und nicht zuletzt die schöne Lage der alten Stadt ziehen viele Sportbootfahrer an, so daß in der Saison oft ein Mangel an Liegeplätzen herrscht.

Løgstør Hafen und Kanalhafen

In Løgstør liegen zwei gemütliche Häfen gleich nebeneinander: Der alte Fischereihafen und die ausgebaute Nordeinfahrt des alten Frederik-VII.-Kanals, die von Fischern, Anglern und Seglern benutzt werden.

- Telefon
- Wasser
- Lebensmittel
- Diesel
- E-Anschluß
- Hafenmeister: Tel. 98 67 11 08
- Nächste Tourist-Information: Sønderport 2 A, Tel. 98 67 23 99

In der Stadt

Daß es eher Meer und Hafen als das Hinterland waren, die den Bewohnern von Løgstør ihr Auskommen verschafften, geht aus der Ausrichtung des Straßennetzes zum Fjord hin hervor. Heute noch wird das Stadtbild von niedrigen, weißen Häuserfronten geprägt, welche die begrenzten Einkommensmöglichkeiten erkennen lassen, die Himmerlands Nordwestspitze ihren Bewohnern bot. Daher verdankt Løgstør dem Fjord seine Existenz. Es begann 1516 mit Stätten zum Einsalzen von Heringen gemäß einer Verordnung von Christian II., und binnen weniger Jahre gab es hier eine Stadt mit Zollstelle, eigener Rechtsprechung und Handel nach vielen Seiten. Eine andere Tatsache, die für die Stadt Bedeutung erlangte, wurde durch die Løgstør Grunde, die große Sandbarre, geschaffen, die jahrhundertelang unmittelbar westlich von Løgstør eine Sperre für den Schiffsverkehr auf dem Limfjord bildete. Da sie aus feinkörnigem Sand besteht, ist sie ständigen Verlagerungen ausgesetzt, verursacht durch Wind und Strömung.

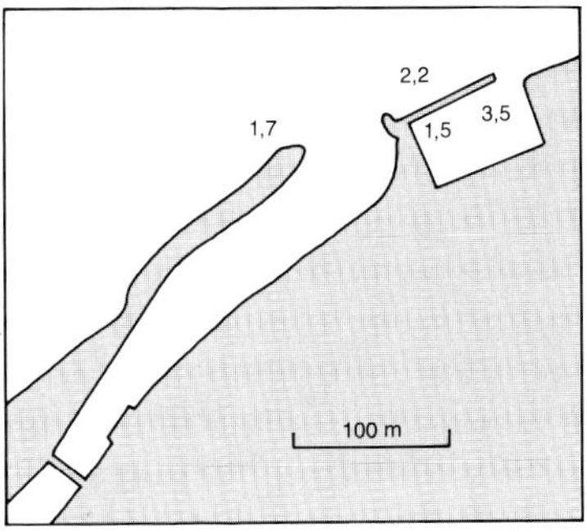

Schiffe konnten einst nur passieren, wenn sie auf der einen Seite ent- und auf der anderen beladen wurden, nachdem sie über die Sandbank geschleppt worden waren. Für dieses Geschäft hielten die Männer von Løgstør das Exklusivrecht.

Viele Jahre lang versuchte man ohne Erfolg, eine Lösung zu finden, und zum Schluß entschied sich die Regierung dafür, einen Kanal auf dem Festland außen um die Sände herum zu

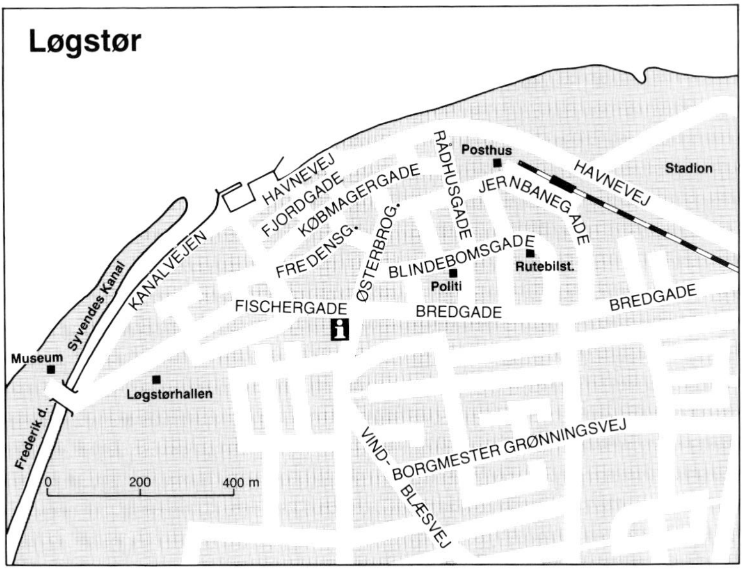

bauen. Der Kanal sollte 4,4 Kilometer lang und 24 bis 28 Meter breit werden. Man benötigte fünf Jahre, um dieses beeindruckende Kanalstück mit Hakken, Schaufeln und Muskelkraft auszuheben. Am 13. Juli 1861 wurde der Kanal eingeweiht.

Dies war ein Ereignis für das ganze Land, und es geht aus einem Bericht in „Aalborgs Stiftstidende" vom 15. Juli hervor, daß sich etwa 8000 Menschen versammelt hatten, das Fünffache der damaligen Einwohnerzahl von Løgstør.

Der Kanal war in den ersten vier Jahrzehnten bis 1901 stark befahren, bis es dann gelang, eine Rinne direkt durch die Sände mit Hilfe eines modernen, dampfbetriebenen Baggers zu graben. Die größte Anzahl Schiffe – 2923 – passierte den Kanal 1898/99. War der Wind günstig, erledigten die Schiffe die Passage mit eigener Kraft, andernfalls konnte man Pferde mieten, um sich hindurchziehen zu lassen. Konnte man sich das nicht leisten, so zog man seinen Kahn selbst hindurch. Weil man nach der Schließung 1913 nicht wußte, ob der Kanal vielleicht noch einmal in Gebrauch genommen werden könnte, wurden ein Damm am Westende und ein Damm in der Mitte gebaut, um ein Versanden zu verhindern. 1935 gelang es jedoch den Fischern in Lendrup, den Staat dazu zu bewegen, den östlichen Damm durch eine Brücke zu ersetzen, wodurch es möglich wurde, auf dem Kanal von Løgstør ins Fischerdörfchen Lendrup zu fahren.

Am Westufer des Kanals steht der frühere Kanalvogtswohnsitz, wo seit 1964 das **Limfjordmuseum** in der denkbar schönsten Lage mitten in einer Landschaft residiert, die selbst wie ein Museum erscheint. Wie der Name andeutet, ist das Sammelgebiet der Limfjord, Fischfang, Seefahrt, Fährfahrt u. a. Es werden Geräte, Modelle und Bilder ausgestellt, und im Bootshaus des Museums kann man die beiden traditionellen Bootstypen des Fjords, Prahm und Kogge, in voller Größe bewundern. Das Limfjordmuseum beschäftigt sich nicht nur mit der Vergangenheit, auch das heutige Leben auf dem Fjord findet das Interesse des Museums, denn das, was heute Gegenwart ist, wird morgen Geschichte sein.

Die **Kirche** an der Rådhusgade ist ein rotes Ziegelsteingebäude, das in den Jahren 1892/93 im neugotischen Stil errichtet wurde.

Das Limfjordmuseum in Løgstør

Der Limfjord – westlich von Løgstør Grunde

Amtoft – Thisted – Vilsund – Doverodde – Jegindø – Tambohuse – Agger – Thyborøn – Lemvig – Oddesund – Venø – Struer – Gyldendal – Sillerslev – Glyngøre – Nykøbing – Livø – Rønbjerg – Fur – Hvalpsund – Skive – Virksund – Hjarbæk

Die Sände von Løgstør Grunde stellen nicht nur eine Behinderung für die Schiffahrt dar, sondern sie teilen den Fjord tatsächlich in zwei Bereiche mit sehr unterschiedlichen Naturformen. Der östliche Teil, der verhältnismäßig schmal ist, ähnelt mehr einem ostjütländischen Fjord, während der westliche Teil durch größere und kleinere Haffseen geprägt ist. Bis 1980 war Løgstør Grunde auch die Stelle, an der die Fahrwasserbetonnung die Seiten wechselt. Heute muß man westlich Ålborg vor Egholm diesen Wechsel beachten.
Westlich der Fahrrinne, die gleichsam quer über diese enorme Sandbarre gepflügt ist, segelt man in der Løgstør Bredning. Sie erscheint einem sehr weit, wenn man von Osten kommt. Die Ufer des flachen Landes verschwimmen nun am Horizont, und weithin sichtbare, auffällige Landmarken scheinen aus dieser Entfernung kaum zu existieren. Bevor man die rote Leuchttonne am Ende der Fahrrinne passiert hat, sollte man Ziel und Richtung bestimmt haben.
Der Kurs führt nach WNW, dabei läßt man die Kardinaltonne Süd an Steuerbord vor Holmtange Hage liegen. Das nächste Ziel ist

Amtoft

Bei diesigem Wetter kann es schwer sein, den Hafen auszumachen, da an diesem Uferstreifen keine auffälligen Landmarken existieren. Allenfalls kann man sich am Tage an dem hohen Windmotor östlich des Hafens vor einem dunkel schimmernden Wald orientieren. Aus geringerer Entfernung läßt sich dann noch ein Schornstein im Hafengebiet erkennen, auf den mit 315° zugehalten werden kann.
Die Stege unmittelbar vor der Zufahrt des 2,5 Meter tiefen Hafens sind den Fischern vorbehalten. Zwischen den Heckpfählen weiter innen können etwa 50 Yachten festmachen.
Im Clubhaus am Hafen findet man Duschen und WC. Lebensmittel kann man im nahen Ort einkaufen, ebenso Treibstoffe bei einer Straßentankstelle.

- Telefon
- Wasser
- Lebensmittel
- Benzin/Diesel
- E-Anschluß
- Hafenmeister: Tel. 97 99 36 46
- Nächste Tourist-Information: Thisted, Tel. 97 92 19 00

Die Umgebung

Die Umgebung von Amtoft ist flach und grün. Östlich des Hafens liegt Bygholm Vejle, ein weites sumpfiges Gebiet, die Heimat einer reichen Vogelwelt und ein Paradies für Ornithologen.
Es sind vier Kilometer zur Skippergade in Øsløs, wo ein **Gedenkhaus** für den Schriftsteller **Johan Skjoldborg** eingerichtet wurde, der hier seine Kindheit verlebte.

Von Amtoft nach Hovsør

Mit Südkurs hält man auf die beiden grünen Tonnen vor dem bezeichneten Fahrwasser durch den Feggersund zu, der sich zwischen Thyland im Norden und der Nordostspitze der Insel

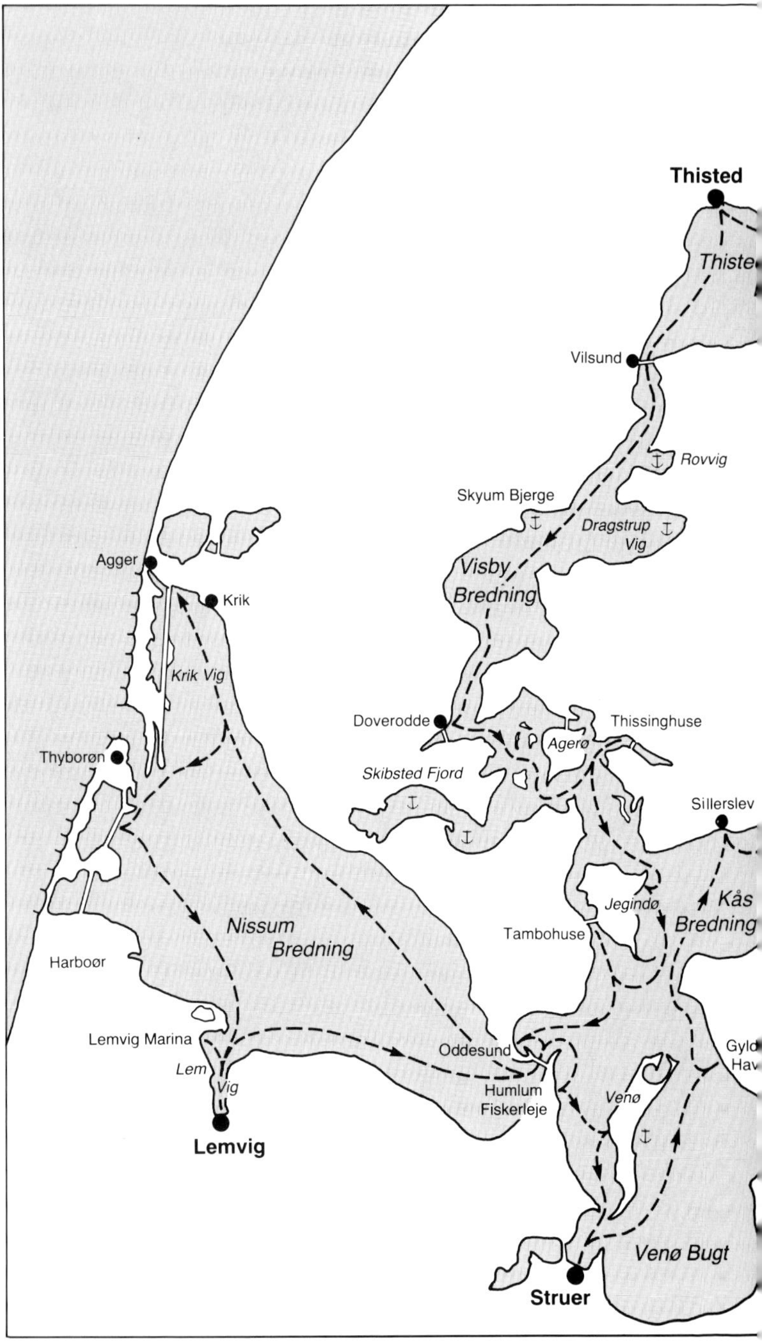
Thisted
Thiste
Vilsund
Rovvig
Skyum Bjerge
Dragstrup Vig
Visby Bredning
Agger
Krik
Krik Vig
Doverodde
Thissinghuse
Agerø
Thyborøn
Skibsted Fjord
Sillerslev
Jegindø
Kås Bredning
Tambohuse
Nissum Bredning
Harboør
Lemvig Marina
Oddesund
Lem Vig
Humlum Fiskerleje
Venø
Lemvig
Venø Bugt
Struer

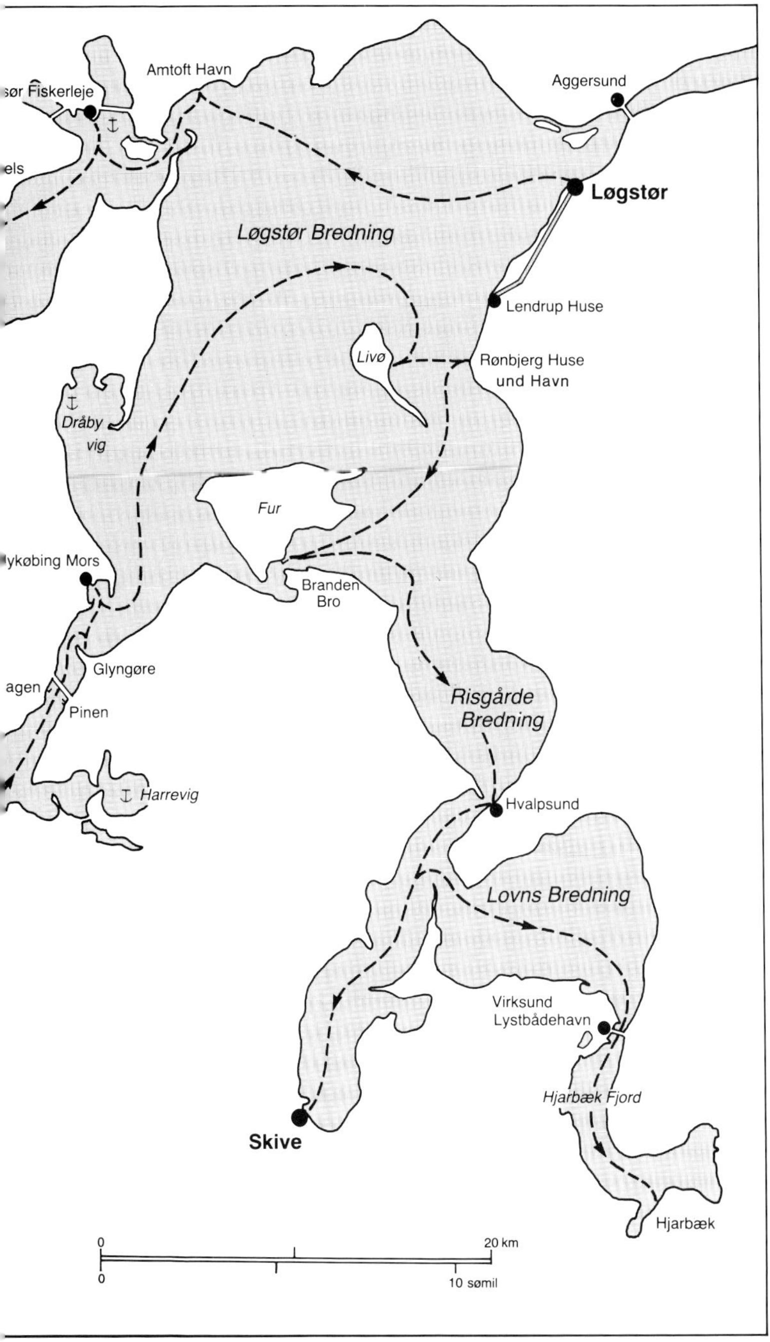
sør Fiskerleje
Amtoft Havn
Aggersund
els
Løgstør
Løgstør Bredning
Lendrup Huse
Livø
Rønbjerg Huse
und Havn
Dråby
vig
Fur
ykøbing Mors
Branden
Bro
Glyngøre
agen
Pinen
Risgårde
Bredning
Harrevig
Hvalpsund
Lovns Bredning
Virksund
Lystbådehavn
Hjarbæk Fjord
Skive
Hjarbæk
0
20 km
0
10 sømil

Mors, Feggeklit genannt, hindurchschlängelt. Im Sund erreicht der Limfjord mit 22 Metern die größte Wassertiefe. Hat man die Kardinaltonne Süd vor der Halbinsel Sæbesholm passiert, setzt man den Kurs ab auf das Fischerdörfchen:

Hovsør

Dies ist ein bescheidener Fischereianleger ohne Versorgung, abgesehen von Wasser. Hier ist wenig Platz für einzelne Gastyachten bis 0,6 Meter Tiefgang. Die ganze Bucht wird Hovsør Havn genannt, ein großartiger, gut geschützter Ankerplatz, außer bei kräftigen südöstlichen Winden.

Von Hovsør nach Thisted

Südlich von Malle Hage nehmen die Wassertiefen zu, so daß man wieder frei segeln kann. Die Thisted Bredning wird auch der Tiefwasserhafen des Limfjords genannt, denn er weist Tiefen von gut 12 Metern auf. Am nordwestlichen Ufer dieser Bredning liegt Thisted, die größte Stadt des Landesteils Thy. Etwa eine Seemeile östlich des Hafens liegt Storodde, ein kleiner privater Industriehafen mit nur 0,7 Meter Tiefe. Er darf von Gastseglern nicht angelaufen werden.

Thisted

Tagsüber orientiert man sich am großen weißen Silo östlich des Hafens,

- Telefon
- Wasser
- Lebensmittel
- Benzin/Diesel
- E-Anschluß
- Hafenmeister: Tel. 97 91 14 00
- Fahrradverleih
- Nächste Tourist-Information: Store Torv 6, Tel. 97 92 19 00

die gut auszumachende Hafeneinfahrt öffnet sich nach Süden. Die Stege des Thisted Segelclubs liegen gleich westlich nach der Einfahrt. Hier beträgt die Tiefe 2,5 Meter, im Fischereihafen daneben sind es 1,0 bis 2,2 Meter.

In der Stadt

Thisted hat seit 1524 Stadtrechte, und selbst wenn die meisten Bauwerke und Häuser nicht mehr als 100 Jahre alt sind, gibt es viele malerische Gäßchen. Die Stadt wird in diesen Jahren in einem Ausmaß saniert, wie man es in kaum einer anderen Provinzstadt findet. Es ist gelungen, ganze Stadtteile schöner Gebäude mit viel Lebensraum und Grün für die Bewohner wiederherzustellen. Ein Spaziergang durch das Kastel-Viertel liefert den Beweis hierfür.

Am Store Torv, der gleichsam den Mittelpunkt der alten Stadtteile bildet, ist das Gewerbe- und Touristikbüro in dem alten und jetzt unter Denkmalschutz gestellten **Rathaus** untergebracht. Einen Steinwurf hiervon, in der Jernbanegade 4, liegt das **Thisted Museum**, dessen Gebäude 1924 als Privatwohnhaus erbaut wurde. Es bietet Platz für bedeutende Sammlungen von vorgeschichtlichen Funden aus der Stein-, Bronze- und Wikingerzeit. Die Ausstellung aus neuerer Zeit umfaßt eine bedeutende Sammlung von bemalten Möbeln, eine große Sammlung von Fayencen, Glas und Silberzeug, von örtlichen Meistern hergestellt. Hier gibt es auch Gedenkräume für den Schriftsteller und Naturwissenschaftler **Jens Peter Jacobsen** und den Lehrer **Kristian Kold**, die beide aus Thisted stammen.

Über die Dächer der Stadt ragt der Turm der weißen **Thisted Kirche** mit den vier Giebeln in der Vestergade auf.

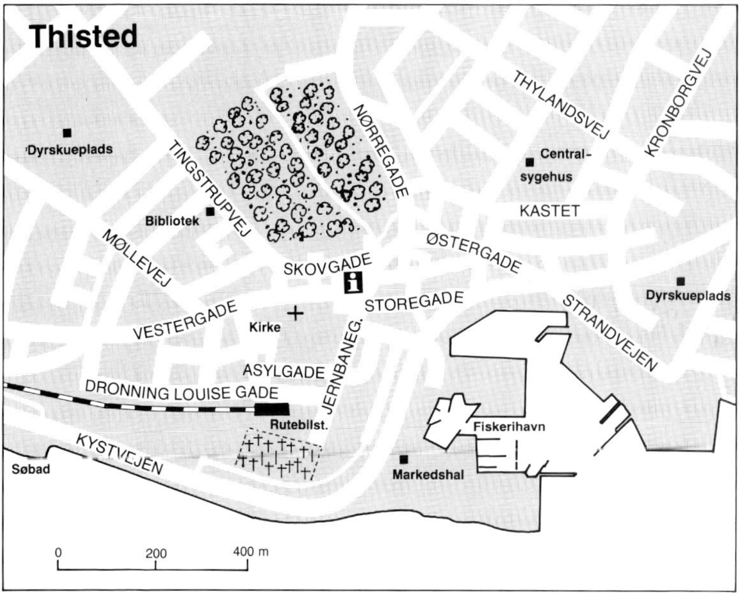

Von Thisted nach Vilsund

Beim Verlassen Thisteds fallen zuerst die 65 Meter hohen weißen Klippen von Han Klint an der Nordküste der Insel Mors auf. Unmittelbar östlich erhebt sich mit 88 Metern der höchste Hügel auf Mors. Nun hält man mit SW-Kurs auf die Bögen der Vilsundbrücke zu. Die Durchfahrtsbreite der Klappbrücke beträgt 30 Meter, die Durchfahrtshöhe im geschlossenen Zustand 4 Meter. Öffnungszeiten von Sonnenaufgang bis eine halbe Stunde nach Sonnenuntergang.
Hat man diese Zeiten verpaßt, kann man unterhalb der Hügel vor Ås am Westufer nördlich der Brücke einen guten Ankerplatz finden.

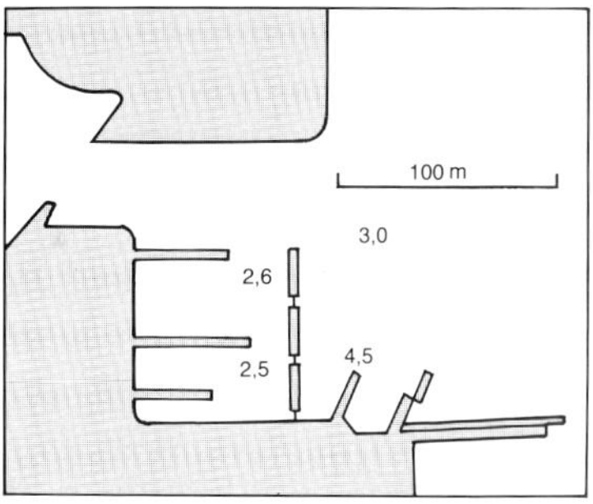

- Telefon
- Wasser
- Lebensmittel
- Benzin/Diesel
- E-Anschluß
- Hafenmeister: Tel. 97936589
- Fahrradverleih
- Nächste Tourist-Information: Thisted, Tel. 97921900

Vilsund Havn

Gleich südlich der westlichen Brükkenauffahrt liegt Vilsund Havn, der eigentlich Vilsund Vest Havn heißt und dem Vilsund Bootsclub gehört. Trotz anfänglicher wirtschaftlicher Probleme baute der Club die Anlage im alten Fährhafen aus, der bis zur Fertigstellung der Vilsundbrücke 1939 zur Über-

Der Hafen von Thisted

fahrt nach Mors diente. Der Hafen hat 67 Liegeplätze. Ein Weg führt zum Campingplatz mit Schwimmbecken 200 Meter vom Hafen entfernt.
Gut hundert Meter südlich des Hafens liegt die Vilsund Lossebro, die Gäste ebenfalls benutzen können, doch man liegt dort bei süd- bis südöstlichen Winden sehr unruhig.

Die Umgebung

Gleich nördlich der Brücke liegt ein guter Badestrand, aber südlich der

Brücke und des Hafens ist das Ufer steinig und verschlammt.

Auf der Ostseite der Brücke liegt die **Vilsund Muslingebro** (Muschelsteg), bei der die Tiefe am Brückenkopf 2,5 Meter beträgt. Hier sind auch Gäste willkommen, doch die Brücke kann bei südwestlichem Wind nicht benutzt werden.

Ein paar hundert Meter weiter südlich liegt der **Vilsund Mors Bootshafen** mit etwa 1,5 Meter Wassertiefe. An diesen beiden Anlegemöglichkeiten gibt es keine nennenswerten Versorgungseinrichtungen.

Von Vilsund nach Doverodde

Dann geht es flott nach Süden in den engen Vilsund, der von hochliegenden Ufern eingerahmt ist. Dies ist eine der hübschesten Passagen im Limfjord, wo die Hügel auf beiden Seiten Schutz bieten und zum Ankern einladen. Bei westlichem Wind lädt im Schutze der **Skyum Bjerge** ein beliebter Platz zum Ankern ein. Geht man hier an Land, kann der Aufenthalt mit einer interessanten Wanderung durch eine beeindruckende Landschaft mit Kiefern, Tannen und Wacholder auf den schönen Heideflächen kombiniert werden. In dieser Gegend findet man unter Denkmalschutz stehende Hünengräber, und von den Anhöhen hat man eine großartige Aussicht über den Vilsund, die Rovvig und die Dragstrup Vig.

Am gegenüberliegenden Ufer des Sundes öffnet sich die **Rovvig** an der Westküste von Mors. Hier liegt man etwas abseits vom Verkehr im Sund. Und in die **Dragstrup Vig** kann man ziemlich weit hineinfahren und bei östlichen Winden Schutz durch den Wald finden. Bei Winden von Norden, Westen und Süden kann man eine der festen Ankerbojen des Seglerverbandes in der Gudnæs Vig (einer kleinen Bucht hinter der Dragstrup Vig) benutzen.

Die Vilsundbrücke mit ihren typischen Bögen

Südlich von Skyum breitet sich wieder das Fahrwasser aus, und die Küste wird niedriger, mit einzelnen grünen Hängen, doch im Landesinneren wird die Landschaft hügeliger. Die Visby Bredning mündet in den etwas schmaleren Nees Sund. Eine Autofähre verkehrt im Pendelverkehr zwischen Nees Toftum und Nees Sund auf der Mors-Seite. Am Fährhafen am Inselufer gibt es eine zusätzliche Mole, wo kleine Boote ohne Behinderung der Fähre für kürzere Aufenthalte anlegen können. Doch die Stelle ist nicht wirklich empfehlenswert.
Statt der Fahrrinne nach Osten hin zu folgen, dreht man nach Westen nach

Doverodde

Dies ist ein idyllischer Platz, wo man an einer Mole anlegt, die von alten Lagerhäusern umgeben ist. Sie erinnern an eine Zeit, als in diesem an Provinzstädten armen Landesteil der Handel überwiegend an den kleinen Ladeplätzen der Limfjordküsten betrieben wurde. Es ist noch nicht allzulange her, da herrschte an der Mole noch lebhafter Verkehr mit Galeassen und Schonern, die Korn luden. Heute zeugen ein großer weißer Silo und mit ihm eine Grillbar von den neuen Zeiten.

- Telefon
- Wasser
- Lebensmittel
- Diesel
- E-Anschluß
- Hafenmeister: Tel. 97 95 90 23
- Nächste Tourist-Information: Hurup Thy, Tel. 97 95 22 00

Inzwischen hat die Gemeinde Hurup die Brücke übernommen und legte Schwimmstege aus, so daß jetzt Platz für 60 Boote ist. Die Wassertiefe im Außenbecken beträgt 2,5 Meter.

Die Umgebung

Doverodde ist, anders als der Name erwarten läßt, heute, nachdem das Innere des Fjordes eingedämmt worden ist, eine kleine Bucht. Hinter dem Hafen liegt ein hübscher kleiner Wald, und das Hinterland mit seiner schönen Natur ist reich an vorgeschichtlichen Denkmälern. Nur zwei Kilometer entfernt liegt ein **vorgeschichtliches Gräberfeld** mit 30 bis 40 Gräbern aus dieser Zeit.

Von Doverodde nach Thissinghuse

Der Törn führt weiter durch den engen Nees Sund in einem bezeichneten Fahrwasser, wodurch der Kurs nach Osten abgesetzt wird. Vorne sieht man die Insel **Agerø**, die bis zu 16 Metern ansteigt und gleichmäßig zu den Küsten abfällt. Agerø war die Insel, über die Achton Friis in den 20er Jahren, als er sein großes Werk „De Danskes Øer“ schrieb, nichts sagen wollte: „Agerø ist nun, zum Glück für uns, eine Halbinsel, die durch eine breite Untiefe mit Mors verbunden ist, so daß wir sie ohne schlechtes Gewissen links liegen lassen.“
Die kleine hübsche Kirche steht mitten auf der Insel, und sie ist die einzige Sehenswürdigkeit des Ortes. Südlich von Lindholm öffnet sich der **Skibsted Fjord** als ein bevorzugter Ankerplatz für Leute mit Ortskenntnissen. Die Seekarte verzeichnet zwar 2 Meter Wassertiefe, doch die Wirklichkeit sieht anders aus, denn das Innere des Fjordes ist heute ziemlich verschlammt, und er wird praktisch nur von Motorbooten angelaufen. Westlich von Agerø liegt

Thissinghuse

Diese Anlegebrücke liegt am Damm über die Glomstrup Vig. Hier steht ein alter Kaufmannshof, der daran erinnert, daß hier einmal Korn verschifft wurde. Es gibt zwar Liegeplätze seitlich am Anleger, doch sollten Gäste besser am Kopf auf 2,5 Meter Wassertiefe mit dem Bug festmachen und den Heckanker ausbringen.

- Telefon
- Wasser
- Benzin/Diesel
- Hafenmeister: Tel. 97762124
- Nächste Tourist-Information: Nykøbing Mors, Tel. 97720488

Die Umgebung

Die Glomstrup Vig hat ihren Namen von dem kleinen Herrenhof, der etwa 1,5 Kilometer westlich von Thissinghuse auf der Landspitze gegenüber von Agerø liegt. Dort ist ein Freiluftmuseum auf dem **Herrenhof Glomstrup** eingerichtet. Im Hauptgebäude sind heute altes Gerät und Möbel aus dem 18. und 19. Jahrhundert ausgestellt.

Von Thissinghuse nach Jegindø

Nach Verlassen der Glomstrup Vig wird der Kurs südwärts auf Jegindø gesetzt, dessen Nordküste genauso niedrig wie die gleichmäßig flache Insel ist. Aufgrund eines Dammes und einer Brücke zwischen Thyholm und Jegindø ist der Tambosund, wie dieser schmale Gewässerarm heißt, gesperrt; die Schiffahrt wird gezwungenermaßen östlich um Jegindø herumgeleitet. Und an Jegindøs Ostküste an der Kås Bredning liegt der Hafen der Insel.

Jegindø Fischereihafen

Eine bezeichnete Baggerrinne führt in den Hafen hinein. Dabei bleibt man bei Tage wie nachts in der Richtfeuerlinie 315°, denn hier kann quer zum Fahrwasser starker Strom setzen. Dies war einmal einer der lebhaftesten Fischereihäfen des Limfjords. 1950 waren hier 80 Kutter heimisch, damals die zweitgrößte Flotte im Fjord nach Hvalpsund. 1980 war die Zahl auf 25 geschrumpft, und heute sind nur noch 13 vorhanden. Es ist ein idyllischer Fischereihafen, wo die Fänge immer noch angelandet und bei Fischauktionen verkauft werden. An den Stegen finden 70 Yachten Liegeplätze auf 2,5 Meter Wassertiefe.

- Telefon
- Wasser
- Lebensmittel
- Diesel
- E-Anschluß
- Hafenmeister: Tel. 97879033/31
- Fahrradverleih
- Nächste Tourist-Information: Thyholm Turistkontor, Tel. 97871422

Die Gastwirtschaft des Hafens wirbt hier mit „Sejler-Grill“, so daß man nicht so weit zu laufen braucht, wenn der Schiffskoch seinen freien Tag haben möchte.

Die Insel

Es gibt eigentlich keine Ortschaft am Hafen, nur wenige Häuser und Schuppen. Die Insel ist von Landwirtschaft geprägt. Die Ostküste fällt von einem 15 Meter hohen Steilufer zur Kås Bredning ab. Hier standen einmal viele Eichen, doch von den großen Wäldern ist nur wenig übriggeblieben. Die wenigen Exemplare und die Baumgruppen bei den Häusern, Höfen und in den Gärten können kaum verhindern, daß die Insel mit ihrem ebenen und flachen Gelände kahl erscheint.

Die Kirche steht an der „Hauptstraße“ zwischen dem Hafen und dem Damm hinüber nach Tambohuse.
Man ist gerade dabei, ein Museum auf der Insel einzurichten. Hinter diesen Plänen steht der „Jegindø Fond zum Erhalt alter Gerätehäuser“, der bereits eines der alten Häuser gekauft hat.

Von Jegindø nach Tambohuse

Nach Süden geht der Törn durch die Kås Bredning bis dicht unterhalb Kås Hoved an der Ostküste von Salling. Die rote Tonne vor Jegind Tap bezeichnet sowohl das Fahrwasser wie auch die lange Nase der Insel Jegindø nach Südosten, die zwei Drittel der Sundbreite versperrt. Daher muß man diese Tonne an Steuerbord lassen. Im Innern des Tambosunds, d. h. am Damm nach Jegindø, liegt ein „künstlicher“ Naturhafen; künstlich, weil die Natur ja den Damm nicht gebaut hat. Gleich südlich hiervon gibt es einige Bootsbrücken mit 1,5 Meter Wassertiefe. Sonst ist die kleine Bucht zum Ankern wie geschaffen, aber weniger gut bei Süd- bis Südostwinden.

Tambohuse

Abgesehen von Wasser und einem Kro gibt es hier keine Einrichtungen. Der Name des Dorfes stammt von einem jungen Tambour, der für seine Heldentaten – er rettete eine alte Dame vor dem Ertrinken und lockte eine Verbrecherbande in die Falle – mit der Erlaubnis belohnt wurde, einen Fährkrug zu eröffnen, den er „Tambohuse“ nannte. Er steht, wie gesagt, immer noch hier.

Von Tambohuse nach Oddesund

Es ist nur ein Törn von vier Seemeilen rund um Lavbjerg Hage zum Hafen Oddesund etwas nördlich vor der Oddesundbrücke. Hier findet man zwei Einfahrten: Die östliche führt in einen Privathafen – Einfahrt verboten. Die westliche Zufahrt gehört zu einem etwas verfallenen Muschelfischerhafen, den man aber ausbauen will. Vorsicht! Vor den beiden Molenköpfen liegen Steine unter Wasser.

Oddesund Havn

Der Oddesund Hafen wird hauptsächlich von Wochenend-Seglern benutzt. Wenn die Anlage auch verfällt und nahe am Eisenbahngelände liegt, ist sie doch recht gemütlich. Wenn nur die Muschelfischer nicht mit einer Ladung Muscheln hereinkommen, denn Muschelschalen und feinlackiertes Mahagoniholz passen nicht zusammen. Den Fährkrug kann man aufsuchen, wenn man dem Schiffskoch einen freien Tag gönnen will. Ganz außen an der Mittelmole sind 3,2 Meter Wassertiefe.
Etwa 100 Meter südöstlich liegt noch ein Fischereianleger, der von Yachten nicht angelaufen werden darf.

- Telefon
- Wasser
- Lebensmittel
- Benzin/Diesel
- E-Anschluß
- Hafenmeister: Tel. 97875020
- Nächste Tourist-Information: Struer, Tel. 97850795

Von Oddesund Havn nach Agger Havn

Nur 460 Meter trennen Sunddraget und Grisetå Odde, doch der Oddesund dazwischen ist für die Verhältnisse im Limfjord mit 20 Metern sehr tief. Es liegt auf der Hand, daß hier, an der schmalsten Stelle, 1938 die Odde-

sundbrücke gebaut wurde. Die Durchfahrtsbreite der Klappbrücke beträgt 30 Meter, im geschlossenen Zustand ist die Durchfahrtshöhe 5 Meter. Öffnungszeiten rund um die Uhr, Ausnahme: 15 Minuten vor der Überfahrt eines Zuges, dann klappt nichts mehr auf.
In diesem Nadelöhr setzt eine starke Strömung, leider nicht immer in Richtung der Durchfahrt. Drei Knoten sind nichts Ungewöhnliches, so daß aller Grund besteht, gut aufzupassen.
Aus dem Oddesund steuert man mit westlichem Kurs in die Nissum Bredning, die häufig wie ein Vorhof der Nordsee wirkt. Hier bläst oft ein kräftiger Wind, auch im Sommer. Schaut man nach Nordwesten, kann man am Horizont schwach Harboør Tange in 13 Seemeilen Entfernung ausmachen.
Im südlichen Teil der Nissum Bredning findet man ausreichende Wassertiefen. Erst nördlich der Røjensø Odde muß man auf Fjordgrunden achten, Wassertiefe unter 1 Meter, sowie auf die große Sandbarre östlich Agger Tange. Ist das Ziel Agger, so sollte man sich östlich dicht unter dem Ufer halten und dem betonnten, schmalen Fahrwasser zum Fischereihafen Agger folgen, der der nördlichste auf dem Wasser erreichbare Punkt der Bredning ist. Eine Seemeile südöstlich davor passiert man Krik Mole, die schon jahrhundertelang eine bedeutende Rolle als Landeplatz für die Umgebung gespielt hat. Jetzt ist die Mole verfallen und völlig versandet, so daß sie nicht mehr als Anleger dient.

Agger Fischereihafen

Der Hafen ist durch den hier wichtigsten Erwerbszweig, die Fischerei, geprägt. Doch es ist auch Platz im 3 Meter tiefen Hafen für Sportboote, und Gäste erleben eine großartige Küstenlandschaft, nur 15 Minuten Fußweg vom Nordseestrand auf der geschützten Seite der Agger Tange.

- Telefon
- Wasser
- Lebensmittel
- E-Anschluß
- Hafenmeister: Tel. 97 94 24 01
- Fahrradverleih
- Nächste Tourist-Information: Hurup, Tel. 97 95 22 00

Die Umgebung

An der Landstraße zwischen dem Hafen und dem Ort Agger steht ein **Gedenkstein** für den Kampf der Bewohner von Thy bei Nabe am 3. Oktober 1657 gegen die schwedischen Truppen. Die Thyländer Bauern unternahmen einen heldenmütigen, aber hoffnungslosen Versuch, die Schweden aufzuhalten, die über die Agger Tange von Süden her heraufdrängten.
Nabe ist längst im Meer versunken. Während einer Sturmflut um 1770, als das Wasser die Agger Tange durchbrach, wurden die letzten Reste dieser Ortschaft vernichtet.
Agger By liegt gleich hinter einem Dünengürtel, und es besitzt hübsche alte Häuser und eine kleine Kirche ohne Turm.
Es sind nur drei Kilometer zum **Leuchtturm Lodbjerg**, der 1833 errichtet wurde und von dessen Plattform man eine großartige Aussicht hat.

Von Agger nach Thyborøn

Zurück nach Süden durch das schmale Fahrwasser Richtung Fjordgrunden. Südlich Kobberø zweigt das Nebenfahrwasser Kobberø Løb zwischen Østhalen und Flyndergrund nach Westen auf Thyborøn zu ab. Vor der Südspitze von Agger Tange zwingt die Sandbarre um Langholm das Fahr-

Das berühmte Schneckenhaus von Thyborøn

wasser nach Südwesten, nun segelt man im Langholm Løb bis ins Søndre Dyb, dem tieferen Fahrwasser vor Thyborøn.

Thyborøn

Die langgestreckte Hafenanlage scheint auf den ersten Blick nur für die Fischerei-, Fähr- und Handelsschiffe zu existieren. Yachten drehen nach der Einfahrt nach Norden in den Nordre Inderhavn. Hier stehen die Piers 102 und 103 Gästen zur Verfügung, im Mellemhavn südlich davor die Pier 302. Südlich dieses Beckenkomplexes steht noch der neue Yachthafen im Søndre Arbejdshavn zur Verfügung, er ist aber schwer anzusteuern und liegt in einer etwas eintönigen

Umgebung. Man sollte mit dem Bug nach West festmachen, so vermeidet man den Sand, den der Wind vom Nordseestrand heranträgt, im Boot.

- Telefon
- Wasser
- Lebensmittel
- Benzin/Diesel
- E-Anschluß
- Hafenmeister: Tel. 97 83 11 88
- Nächste Tourist-Information: Havnegade 18, Tel. 97 83 12 88

In der Stadt

Thyborøn ist eine junge Stadt, in der das Leben durch die noch gutgehende Fischerei geprägt ist. Eine winddurchwehte Fischerstadt mit Fischindustrie und Fischauktion – eine Stadt mit Wachstumsbeschwerden.
Alles, selbst die Straßennamen, sind von diesem Gewerbe geprägt. Das typische einheimische Nahrungsmittel, Dörrfisch, sind gesalzene, getrocknete Schollen. Sie hängen überall in der Stadt auf Leinen zum Trocknen, am Schwanz aufgehängt.
Im Hafen liegt der Anker der russischen Fregatte „Alexander Newskij", die 1868 draußen vor Knopper Ege mit 734 Mann an Bord strandete.
Thyborøns einzige Sehenswürdigkeit ist das **Schneckenhaus** (Sneglehuset), das natürlich am Sneglevej liegt, ein lustiges, phantasievolles Haus in Thyborøns sonst ziemlich trister Bebauung. Es ist ein dreiflügeliges Haus mit Turm, und das ganze Gebäude ist mit Tausenden von bunt schillernden Schneckenhäusern und Muschelschalen geschmückt. All dies wurde von einem Fischer geschaffen, der 1949 damit begann. Heute führt der Sohn das Lebenswerk seines Vaters fort, und man findet ihn in der gemütlichen kleinen Stube, wo er bereitwillig von seinem Vater erzählt.

Von Thyborøn nach Lemvig

Es läßt sich nicht leugnen, daß der Westwind in unseren Breitengraden vorherrscht. Daher ist es eine Erleichterung, wenn die Schoten einmal nicht so dichtgeholt sind, der Druck und die Anspannung werden geringer. Das gleiche gilt für Motorboote, wenn Thyborøn achteraus peilt und der Bug zum ersten Mal auf dem Limfjordtörn nach Osten zeigen darf.
Mit einem südöstlichen Kurs wird durch die Nissum Bredning gesegelt, an deren südlicher Küstenlinie sich die Lem Vig öffnet. Dies ist ein kleiner, schmaler Fjord (oder eine Bucht) zwischen hohen Hügeln, gut geschützt vor dem Westwind, und ein ausgesprochen guter Ort für einen Hafen. Es gibt auch gleich zwei davon. Im Innern des Fjords (der Bucht) liegt der

Lemvig Fischerei- und Handelshafen

Wenn sich auch eine halbe Seemeile nördlich vor Lemvig eine neue Marina befindet, zieht ein Teil der Segler immer noch den Fischereihafen einige hundert Meter vom Zentrum der Stadt mit ihren gemütlichen Fußgängerstraßen vor. Der Hafen ist fast völlig

- Telefon
- Wasser
- Lebensmittel
- Diesel
- Hafenmeister: Tel. 97 82 01 06
- Nächste Tourist-Information: Toldbodgade 4, Tel. 97 82 00 77

von den Fischern übernommen worden. Findet man aber anhand grüner Markierungen einen der zehn Gastplätze zwischen den Pfählen im alten Yachthafen im westlichen Becken, so liegt man hier genauso gut.

In der Stadt

Lemvig liegt hübsch in einem hügeligen Gelände, und von den Höhen rund um die Stadt hat man eine schöne Aussicht.

Das **Heimatmuseum** für Lemvig und Umgebung findet man in der Vestergade 44. In einem Gebäude von 1840 mit einem Anbau von 1957 ist das Museum in 14 Räumen eingerichtet. Es enthält u. a. eine Ausstellung über das Seenotrettungswesen, illustriert mit alten Bildern und anderen Erinnerungsstücken an die vielen Strandungen. Weiterhin findet man hier Gemälde von Niels und Kristen Bjerre und Jens Søndergaard ausgestellt, in deren Mittelpunkt die Nordsee steht.

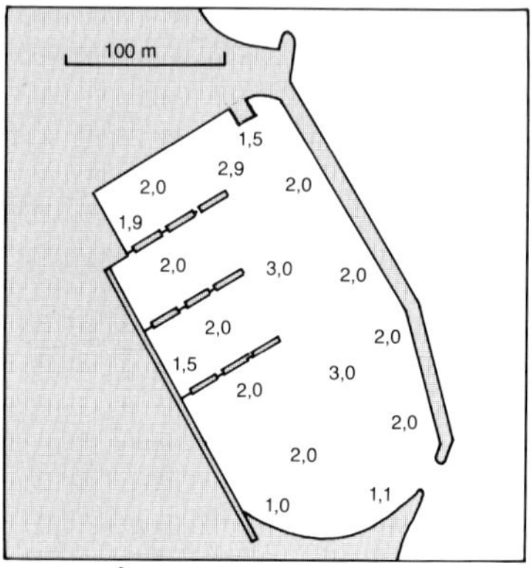

Die **Lemvig Kirche** hat merkwürdigerweise diverse Feuersbrünste, Sturmfluten und einfallslose Umbauten überlebt. Der heutige Kern, ein überwölbtes Langhaus, kann sich nämlich rühmen, irgendwann im 14. Jahrhundert errichtet worden zu sein. Aus Anlaß eines Besuchs von König Frederik VIII. erhielt die Kirche 1908 ihren weißen Außenanstrich.

Lemvig Marina

Lemvig Marina mit 150 Plätzen wurde einige Kilometer außerhalb der Stadt am Vinkel Hage gebaut, mit Schwimmstegen und guten Einrichtungen. Die Marina ist von See her leicht zu erkennen, weil sie in Verbindung mit einer Urlaubssiedlung ge-

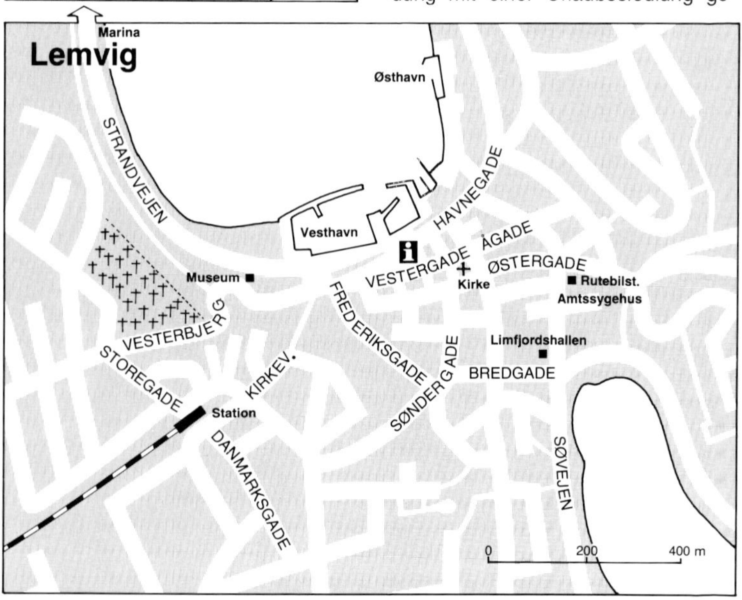

baut wurde, die aus kleinen Ferienhäusern besteht. Der Lemvig Segelclub besitzt hier ein Clubhaus. Es gibt ein Restaurant, Tennisbahnen, Minigolf, Schwimmhalle sowie Sauna.

- Telefon
- Wasser
- Lebensmittel
- Hafenmeister: Tel. 97 82 28 68
- Fahrradverleih
- Nächste Tourist-Information: Lemvig, Tel. 97 82 00 77

Von Lemvig nach Humlum

Aus der Lem Vig heraus führt der Törn nach Osten durch die Nissum Bredning wieder in den Oddesund, unter Berücksichtigung der starken Strömung vor der Oddesundbrücke. Weiter rund um die Spitze Grisetå Odde nach Süden, die Insel Venø im Osten. Wenige Seemeilen an der Küste nach Süden liegt ein kleiner, fast „unbekannter" Hafen, der nicht in der Seekarte angegeben ist. Es ist der Fischereianleger

Humlum

Der Hafen ist von See her schwer zu erkennen, da er hinter einer Kiesmauer liegt. Die Umgebung ist nämlich eine alte Kiesgrube. In den 50er Jahren, als man den Kiesabbau einstellte, wurde eine Rinne hineingegraben. Zunächst diente der Hafen den kleinen Fischerjollen, später vertiefte man ihn auf 2 Meter im Außenbecken, etwas weniger in den beiden inneren. Man kann ihn fast einen Naturhafen nennen, selbst wenn die Menschen der Natur ein wenig nachgeholfen haben. Die eigentlichen Hafenbecken bestehen aus einigen Gruben aus der Zeit des Kiesabbaus.
Der Hafen gehört zum Campingplatz Bredalsvig, der hinter dem Hafen liegt. Hier kann man übrigens Lebensmittel einkaufen. Ansteuerung und Einfahrt sind weder betonnt noch befeuert, man kann sich aber an den Fahnenstangen und Laternen des Campingplatzes orientieren.

Von Humlum nach Venø

Überquert man den Venø Sund nach Osten, kann man recht bald voraus die weißen Häuser von Venø By erkennen. Eigenartigerweise liegt der Hafen auf der „falschen Seite" der Insel, wo kein Schutz vor den hier vorherrschenden westlichen Winden gegeben ist. Ohne Ortskenntnisse sollte man ihn nicht bei starkem Westwind ansteuern, denn es besteht in der engen Fahrrinne und dem kleinen Hafenbecken nur begrenzter Platz zum Manövrieren, und bei stärkeren südwestlichen Winden kann der Sand des Strandes über die Boote im Hafen wehen.
Zum Hafen führt eine 300 Meter lange, 7 Meter breite und 1,8 Meter tiefe Rinne, die allerdings zum Versanden neigt. Die Ansteuerung der Fahrrinne ist mit je einer roten und grünen Tonne markiert, und zwei Leuchtbaken mit weißen, dreieckigen Toppzeichen führen in den Hafen.

Venø

Der erste Hafen wurde 1925/26 angelegt. Damals fuhr eine bedeutende Anzahl Boote von dort aus auf Fischfang. Seitdem haben sich die Verhältnisse geändert. Die verschärfte Konkurrenz verlangte größere Fahrzeuge, hochmoderne Ausrüstung und Fanganlandung an Auktionsplätzen. Die Anlage auf Venø war ungeeignet, und die Fischer zogen von dort nach Glyngøre oder Struer; der Hafen begann zu verfallen und versandete teilweise. Später setzten die Bewohner von Venø selbst den Hafen instand und änder-

Die 400jährige Kirche von Venø

ten den Molenverlauf in den jetzigen Zustand – vor allem zur Freude der Sportbootfahrer, die heute von nah und fern kommen und das Hafenbild völlig beherrschen. Venø ist ein attraktiver Anlaufpunkt geworden, so beliebt, daß der Hafen so dicht belegt sein kann, daß man über die nah beieinanderliegenden Boote vom Kai zur Mole gehen kann.

- Telefon
- Wasser
- Lebensmittel
- Diesel
- E-Anschluß
- Hafenmeister: Tel. 97 86 80 26
- Fahrradverleih
- Nächste Tourist-Information: Struer, Tel. 97 85 07 95

In einer solchen Situation ist es gut, die beiden günstigen Ankerplätze unter der Ostküste zu kennen, einer davon etwa auf der Höhe des Hafens. Dort liegt man gut geschützt vor dem Wind aus den westlichen Quadranten. Hier gibt es auch einen öffentlichen Sandstrand, und dies ist der Platz, wo man am besten die Insel mit dem Dingi entern kann. Von hier aus führt ein Weg die wenigen hundert Meter hinauf in den Ort. Der zweite Platz liegt unterhalb Nørre Knak, etwa in Höhe der grünen Tonne vor Venø Tap.

Die Insel

Venø gilt als die Perle des Limfjords, doch es liegt in hartem Wettstreit um diesen Titel mit Livø. Venø ist acht Kilometer lang und nirgends breiter als anderthalb Kilometer. Die Insel schlängelt sich mit ihrem Vorland, ihren Landspitzen, ihren Steilufern und ihrer vielfältigen Landschaftsgestalt dahin. Selten sieht man innerhalb eines so kleinen Bereiches ein Gelände mit so unterschiedlich gestalteter Natur wie auf Venø. Wald, Feld, Heide, weiße Badestrände, Anpflanzungen und Wiesen wechseln in bunter Folge einander ab; u. a. wachsen hier Him-

beeren und Brombeeren und auf den Heideflächen Besenginster, Wacholder und Heidekraut.
Der Hügelrücken der Insel gegen Westen zeigt Anhöhen mit steil abfallenden Ufern zum Venø Sund. Vom Forstov Bakke, dem höchsten Hügel auf Venø, hat man eine gute Aussicht über den Limfjord mit der Oddesundbrücke im Westen und Struer im Süden. Dieser Höhenrücken endet südlich des Hafens und des Dorfes Venø. Die Strömung durch den Sund zwischen Venø und Salling hat die Insel mit Strandwiesen in einem drei Kilometer langen Vorland, Venø Odde, hinunter zum Fähranleger im Süden verlängert.
Das Dorf mit gut erhaltenen alten Häusern und der Kirche liegt am Hafen. Venøs 400jährige Kirche ist vermutlich Dänemarks kleinste. Früher trug die Lodbjerg Kirche in Thy dieses Prädikat, doch die Bewohner von Venø unternahmen einmal einen Ausflug nach Thy, wobei sie ein Maßband mitnahmen, und man stellte fest, daß es die Kirche von Venø war, die die kleinste Grundfläche aufweist: 10,50 x 4,21 Meter mit Platz für ungefähr 50 Menschen. Sie ist aus Feld- und Backsteinen an den Ecken erbaut. Die alte Glocke hat ihren Platz in der westlichen Giebelwand, von der das Seil vom Schalloch außen an der Mauer herunterhängt.

Von Venø nach Struer

Der Südteil des Venø Sunds verengt sich zu einer knapp 200 Meter breiten Passage zwischen Venø Odde und Askjær Odde, von wo aus eine Fähre nach Venø verkehrt. Bei der Ansteuerung nach Struer aus dem Venø Sund muß man sich eher westlich halten und unbedingt die Kardinaltonne Nord vor Vrald Odde an Backbord lassen, während die Baggerrinne in den Hafen hinein für Handelsschiffe angelegt ist, Sportboote können auch neben dem Tonnenstrich laufen.

Holstebro-Struer Yachthafen

Der Hafen in Struer heißt eigentlich Holstebro-Struer Havn, weil Holstebro, das 14 Kilometer weiter südlich liegt, seit dem 18. Jahrhundert das Recht besitzt, Struer als Ladeplatz zu benutzen. Es war auch Holstebro, das im 19. Jahrhundert die Initiative ergriff, den Hafen in Struer zu bauen. Struer ist heute nicht mehr der kleine unbedeutende Ladeplatz, doch der Hafen heißt immer noch so.
Nach der letzten Erweiterung gibt es dort nicht weniger als 559 Plätze. Der Yachthafen hinter der östlichen Einfahrt liegt am zentralsten, nur wenige Minuten vom Fußgängerzentrum der Stadt entfernt. In der Nähe des Hafens gibt es Einrichtungen aller Art, u. a. einen Spielplatz sowie einen Waschraum mit Waschmaschine und Trockner. Verhältnismäßig große Yachten können auch den alten Hafen (Gamle Havn) benutzen, nicht aber den Fischereihafen, Østre Havn genannt. Zusammen mit den beiden Sportbootanlagen hinter der westlichen Zufahrt findet man hier etwa 1000 Liegeplätze vor.

- Telefon
- Wasser
- Lebensmittel
- Benzin/Diesel
- E-Anschluß
- Hafenmeister: Tel. 97 85 02 28
- Fahrradverleih
- Nächste Tourist-Information: Rådhuspladsen, Tel. 97 85 07 95

In der Stadt

Struer liegt in einem schönen Abschnitt des Limfjords mit einer vielfältigen Vogelwelt und einer herrlichen Natur, soweit das Auge reicht. Ganz besonders schön ist der innere Teil des **Fjordarms Kilen** westlich von Struer. Kilen ist Vogel- und Wildschutzgebiet, und die Steilufer, die ihn säumen, stehen ebenfalls unter Schutz. Karten über dieses Gebiet mit gekennzeichnetem **Naturpfad** kann man bei der Tourist-Information erhalten.

Struer ist eine der jüngsten Städte Dänemarks, weil sie diese Würde erst 1917 erlangte. Die Stadt ist weltbekannt für die Bang & Olufsen Radio- und Fernsehgeräte sowie den Kajak-Bootsbau. In den vergangenen Jahren hat es kaum ein bedeutendes Finale gegegeben, bei dem keine Kajaks aus Struer mit dabei waren.

Das **Struer Museum**, Søndergade 23, ist in zwei Gebäuden untergebracht, einem alten Pfarrhof und der Villa des Schriftstellers Johs. Buchholtz. Über die Buchholtzschen Gedächtniszimmer hinaus besitzt das Museum regionale Sammlungen von Trachten, Bauernmöbeln und Gebrauchsgegenständen sowie eine Anzahl von kirchlichen Figuren und eine kleine Sammlung vorgeschichtlicher Objekte.

Das **alte Spritzenhaus** in der Bjerggade 4 wurde 1866 für die erste Feuerspritze der Gemeinde gebaut und gehört heute zum Struer Museum. Das Haus hat nicht nur als erste Feuerwache, sondern auch der Armenfürsorge gedient, war zwischenzeitlich Leichenhalle, Stall für die Pferde der Bierkutscher und Garage.

Das älteste Gebäude der Stadt ist die 800jährige **Gimsing Kirche**, die im südöstlichen Randgebiet steht.

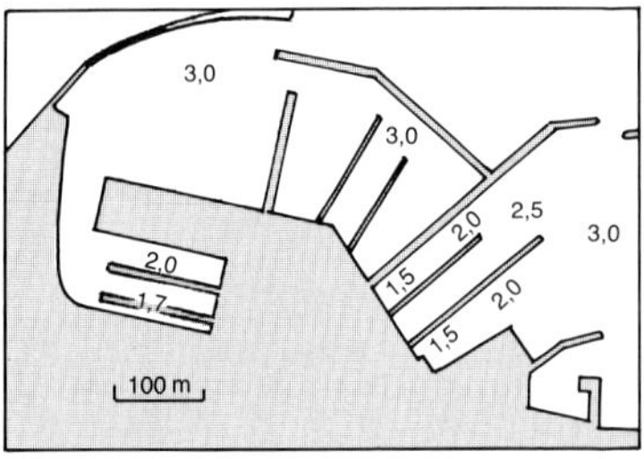

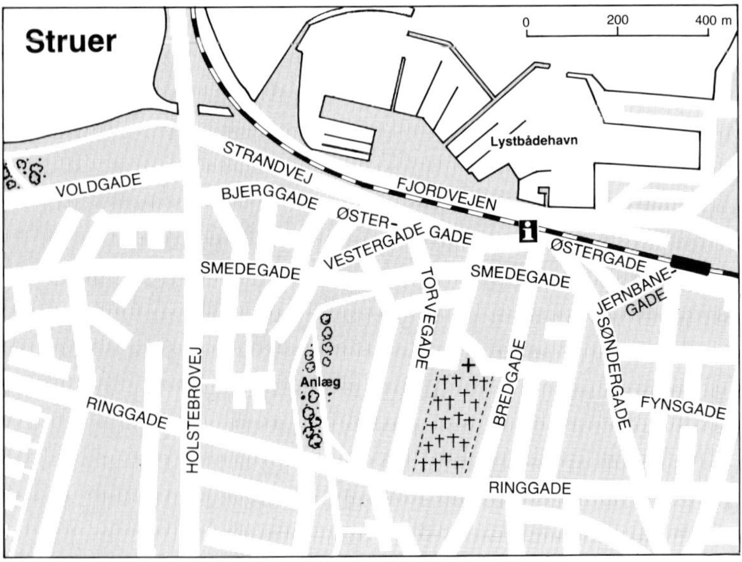

Von Struer nach Gyldendal

Von Struer segelt man in die Venø Bugt, läßt Venø Odde und die Insel westlich liegen und steuert dann mit nordnordöstlichem Kurs zum neuen Hafen.

Gyldendal

Der Hafen ist 1986 durch Privatinitiative entstanden und erhielt den Namen vom Ziegelwerk Gyldendal, das hier einmal stand. Das Becken besitzt 110 Liegeplätze, Gäste machen innen an der Westmole fest. Jollen finden hier einen Slip und Mastkran. Ein schöner Strand, ein Kinderspielplatz sowie ein Grillplatz laden ein.

- Telefon
- Wasser
- Lebensmittel
- E-Anschluß
- Hafenmeister: Tel. 97 56 02 73
- Nächste Tourist-Information: Skive, Tel. 97 52 32 66

Von Gyldendal nach Sillerslev

Die Venø Bucht verengt sich im Norden zwischen Bradser Odde und Hvidesten Hage; hier muß man die Betonnung genau beachten, weil große Steine außerhalb der Fahrwasserbezeichnungen liegen. Das Ufer von Salling zur Kås Bredning ist flach, das Land steigt aber weiter einwärts an, und eine der vornehmsten mittelalterlichen Burgen des Nordens aus dem 15. Jahrhundert, **Spøttrup Herregård**, ist auf halber Strecke zwischen Kås Sand und Nymølle Sand leicht an ihrem roten Backsteingemäuer und dem roten Ziegeldach zu erkennen. Vor der Südküste von Mors zweigt eine bezeichnete, 3 Meter tiefe Fahrrinne ab zum Hafen

Sillerslev

Der Hafen liegt inmitten schöner Natur mit Blick über die Kås Bredning und Jegindø, wenn es auch bei stürmischem Westwind hier sehr rauh ist. Der Hafen mit seinen 70 Liegeplätzen ist im Besitz der Sillerslev Fiskeriforening und wird von ihr unterhalten. Gäste können an den Stegen der Westmole liegen, wo das Becken 2,5 Meter Wassertiefe hält.

Die Umgebung

Mit einem Spaziergang von zwei Kilometern in nordöstlicher Richtung erreicht man **Sillerslev Øre**, das eine charakteristische Limfjordlandschaft mit Anpflanzungen und Waldgebiet sowie eine hübsche Aussicht über den Salling Sund bietet.

Von Sillerslev nach Glyngøre

Einige Seemeilen südlich der Sallingsundbrücke schneidet die Lysen Bredning in die Westküste Sallings hinein. Sie endet mit einer schmalen Passage zwischen Hjerk Bjerg im Süden und Volbjerg im Norden – und dann gleitet man in die fast kreisrunde **Harre Vig** hinein, die etwa eine Seemeile Durchmesser hat. Die Tiefe beträgt ungefähr 5 Meter, was für eine so geschützte kleine Bucht überraschend viel ist. Hier gibt es keine Häfen oder Stege, und wie ein Binnensee liegt die Vig, umsäumt von Sallings Hügellandschaft. Hier ist man rundherum gut geschützt an jedem Ankerplatz dicht unter dem Ufer.

Der Sallingsund bietet eine abwechslungsreiche Natur, an einigen Abschnitten flache gelbe Uferböschungen, andererseits hohe, mit Heidekraut bewachsene Hügel und ansehnliche Wälder. Die Sallingsundbrücke besitzt eine Durchfahrtshöhe von 26

Metern, hier kann man also gut alles über Brückensignale vergessen.
Unmittelbar südlich vor der Brücke liegen „Pinen og Plagen“ (= Pein und Plage) am West- bzw. Ostufer. Dies waren die Fähranleger bis 1978, als die Hochbrücke eingeweiht wurde. Die eigentümlichen Namen stammen aus alter Zeit, als es nicht allzugut um die Schankwirtschaften stand, die hier in Verbindung mit der Fährfahrt die müden Reisenden unterbringen und verpflegen sollten.
Noch bis Mitte des 16. Jahrhunderts gab es überhaupt kein Gasthaus auf der östlichen Seite des Sundes. Hierüber klagte der in der Umgebung ansässige Adel so sehr, daß eine Schankwirtschaft gebaut wurde.
Der Kro, der damals dort errichtet wurde, wo heute Sallingsund By liegt, erwarb sich später den Ruf, eine ungewöhnlich unappetitliche Übernachtungsstätte zu sein. Die Reisenden nannten den Kro schlecht und recht „Pinen“, und er konnte danach in den Wettbewerb um den schlechtesten Ruf mit dem Fährhof „Plagen“ treten, der auf der anderen Seite des Sundes lag. Diese berüchtigten Lokalitaten verliehen dann den heißgeliebten Fähren „Pinen“ und „Plagen“ ihre Namen.
Der nächste Hafen, Glyngøre, liegt am Ostufer hinter der Huk gleich nördlich der Brücke und ist leicht anzusteuern. Sportbootskippern wird empfohlen, den Yachthafen zu benutzen, der östlich des Fischereihafens liegt, wo es normalerweise keinen Platz gibt.

Glyngøre

Der Yachthafen in Glyngøre liegt auf einer Halbinsel, die sich in den Limfjord hinaus erstreckt, Seite an Seite mit dem Fischereihafen. Nach der Einweihung der Sallingsundbrükke 1978 wurde die Fährverbindung zwischen Glyngøre und Nykøbing auf Mors eingestellt, und der Fährhafen wurde als Yachthafen eingerichtet. Dieser wurde im Laufe der Jahre um einige Stege erweitert, zur Zeit gibt es 70 Liegeplätze.

- Telefon
- Wasser
- Lebensmittel
- Diesel
- E-Anschluß
- Fahrradverleih
- Hafenmeister: Tel. 97 73 12 23
- Nächste Tourist-Information: Skive, Tel. 97 52 32 66

Von Glygøre nach Nykøbing Mors

Für einen längeren Urlaubsaufenthalt bietet Glyngøre keine Sehenswürdigkeiten. Man sollte einige Seemeilen weiter in nordöstlicher Richtung segeln zum viel gemütlicheren Hafen von

Nykøbing Mors

Ganz tief in der Nykøbing Bugt liegt der Hafen wohlgeschützt, und es sind nur wenige Minuten zu Fuß zu den Einkaufsmöglichkeiten in der Stadt.

- Telefon
- Wasser
- Lebensmittel
- Benzin/Diesel
- E-Anschluß
- Hafenmeister: Tel. 97 72 00 49
- Fahrradverleih
- Nächste Tourist-Information: Havnen 4, Tel. 97 72 04 88

Die Stege im Nordhafen sind vorzugsweise für Gastsegler gedacht, doch freie Plätze im alten Yachthafen und am östlichen Steg in der Marina können auch benutzt werden. Im Nordhafen liegt man jedoch zentral, nur wenige Schritte zum Servicecenter, das im alten Zollgebäude eingerichtet ist. Hier findet man eigentlich alles, inklusive Wickelraum und Bügelzimmer.

In der Stadt

Nykøbing auf Mors ist möglicherweise das älteste der drei dänischen Nykøbings. Es wird schon 1299 als Stadt erwähnt. So ist also Nykøbing trotz des Namens eine alte Stadt. An ihrer Stelle lagen seit uralten Zeiten drei Dörfer, welche die Stadt verschluckte, als sie im 13. Jahrhundert anwuchs.
Die größte Attraktion der Stadt ist **Morslands Historisches Museum** mit dem Eingang an der Dueholmsgade 2. Das Museum ist im Dueholm Kloster, einem schönen, guterhaltenen mittelalterlichen Gebäude, untergebracht. Hier findet man u. a. eine bedeutende Sammlung von Geräten, Schmuck und Waffen aus der Stein- und Bronzezeit. In der historischen Abteilung kann man sich alte Bauernstuben ansehen, wie sie vor Jahrhunderten in Nordwestjütland aussahen; ferner gibt es einen Kirchenraum mit Sammlungen aus Kirchen auf Mors.
In dem **Biblischen Garten**, Ågade 8, sind zehn biblische Motive aufgestellt, die Kristen Kristensen in Handarbeit in Zement ausgeführt hat. Die Figuren stehen in einem kleinen, gepflegten Garten hinter dem Kristen Buchcafé.
Das **Morsø Gießereimuseum**, Holgersgade 1, zeigt eine Ausstellung von Erzeugnissen der Morsø Eisengießerei, mit Kanonenöfen, Haushaltsgeräten und ähnlichem.
An einem Haus in der Færkerstræde findet man **Aksel Sandemoses** berühmtes Jantelov (= Jantegesetz; der Schriftsteller bezeichnete mit „Jante" das rigide dänische Kleinstadtmilieu) und darüber Sandemoses Konterfei in Stein. Sandemose wurde in Nykøbing geboren.

Die Umgebung

Es sind gut vier Kilometer bis zum **Jesperhus Blumenpark**, der größten Blumenanpflanzung des Nordens. Der Park erstreckt sich über mehr als fünfeinhalb Hektar Fläche in hügeligem Gelände; in und am Rande der Legind Bjerge im Süden von Nykøbing. In der Saison, Mitte Mai bis Mitte September, blühen hier mehr als 500000 Pflanzen – Frühlingsblumen, Sommerblumen, Rosen und Herbstblumen. In drei großen Treibhäusern mit seltenen Kakteen und im **Jesperhus Aquarium**, dem zweitgrößten Süßwasseraquarium Dänemarks mit tropischen Fischen, ist der Eintritt für die Besucher des Blumenparks frei. Im Park gibt es auch ein Spielland für Kinder und Erwachsene mit Ponys, Miniautos, Rutschbahn, Hüpfburg, Booten und vielem anderen, außerdem eine neue große Vogelabteilung sowie eine Treibhauscafeteria. Nordwestlich des Blumenparks finden sich eine große **tropische Schwimmhalle** mit riesiger Wasserrutsche und allem, was dazugehört sowie ein gut ausgestatteter kinderfreundlicher Campingplatz.

Von Nykøbing Mors nach Livø

Im nördlichen Sallingsund ist es landschaftlich sehr schön mit Fur an Steuerbord und der **Dråby Vig** an der flachen Küste von Mors. Die alte Landungsbrücke in der Vig konnte früher von Kielyachten angelaufen werden. Die Mole gibt es zwar immer noch, doch sie hat ihren Wert verloren, nachdem Schutt über den Brückenkopf ins Wasser gekippt worden ist. Dieser Vandalismus hat natürlich die Wassertiefe so verringert, daß nur noch flachgehende Jollen die Mole ansteuern können. Bei Niedrigwasser ist der ganze Molenkopf trockengelegt. Für größere Yachten kann die Bucht als

Ankerplatz für alle Winde außer südlichen genutzt werden.
Nach Norden hin steigt die Küste auf Mors allmählich zum 36 Meter hohen Ejerslev Klint an, das mit seinen gelben Steilküsten leicht zu erkennen ist. Gleich südlich hiervon liegt der **Ejerslev Fischerei- und Bootshafen**. Ehemals war diese Stelle ein Hafen für Schiffe, die hier Kieselgur luden, doch heute ist sie stark verfallen mit geringer Wassertiefe, so daß der Hafen nicht zu empfehlen ist.
Zwischen den Inseln Fur und Livø heißt das Fahrwasser Livø Bredning. Der Hafen auf Livø liegt an der Ostküste. Vor der Nordküste Livøs braucht man nicht auf große heimtückische Untiefen zu achten, so daß man verhältnismäßig dicht unter Land segeln kann.

Livø Havn

Der Hafen besteht aus Innen- und Außenhafen. Bei gutem Wetter, d.h. bei westlichen Windrichtungen, kann man sowohl im Innenhafen als auch im Außenhafen liegen, wo Platz für etwa 30 Boote ist. Bei östlichem Wind liegt man nur gut im Innenhafen, wo weniger Platzkapazität vorhanden ist. Handelsschiffe haben an den Kais Vorrecht. In der Saison gibt es vier- bis sechsmal täglich eine Fährverbindung nach Rønbjerg, so daß der Fähranleger entlang der Außenmole nicht benutzt werden darf. Doch wenn der Hafen voll besetzt ist, und das ist er in der Regel die ganze Saison, dann nutzt man den guten Ankerplatz südöstlich des Hafens. Man kann auch weiter nördlich unter der Ostküste ankern, in Höhe eines großen, leicht zu erkennenden Steins am Strand. Dies ist der bequemste Ankerplatz. Ein entsprechender Ankerplatz liegt vor der Nordwestküste, falls der Wind aus Osten kommen sollte.

- Telefon
- Wasser
- Lebensmittel
- E-Anschluß
- Hafenmeister: Tel. 98 67 69 19
- Nächste Tourist-Information: Løgstør, Tel. 98 67 20 10

Der kleine gemütliche Hafen von Livø

Die Insel

Livø besitzt die Gestalt einer Kaulquappe, mit dem Kopf und Körper nach Nordwesten gewandt. Der eine Seemeile lange Livø Tap bildet den Schwanz, der sich unter Wasser im Sandriff zwischen Favnedyb und Bjørnsholm Bugt über 1,5 Seemeilen fortsetzt. Die 320 Hektar große Insel steht unter Naturschutz und hat ansonsten ein ziemlich isoliertes Dasein geführt. Hier haben wohl im Laufe der Zeiten immer Menschen gelebt, doch nie besonders viele, wenn man von den Jahren absieht, in denen auf der Insel eine Anstalt für psychisch Kranke bestand.

1911, als die Insel es gerade auf 44 Einwohner gebracht hatte, wurde sie von den Kellerschen Anstalten für Nervenkranke gekauft, die hier eine längst wieder aufgelöste Anstalt mit 100 Betten einrichtete.

Bis 1970 durfte die Insel nicht betreten werden. Nachdem die Anstaltsgebäude abgetragen waren, übernahm der dänische Staat Livø, und ab Mai 1970 wurde die Insel mit ihrer schönen Natur für die Öffentlichkeit freigegeben; seitdem ist sie, insbesondere für Segler, ein Paradies. Wenn der Sommertörn zum Limfjord geht, darf man nicht das einmalige Naturerlebnis versäumen, diese kleine, eigenständige Limfjordinsel mit ihrer abwechslungsreichen hügeligen Landschaft zu besuchen, die im Norden und Westen durch gebüschbewachsene und zerfurchte Steilhänge abgeschlossen wird. Ansonsten wird die Insel durch anheimelnde Waldflächen und Äcker geprägt.

Livø besitzt einen kleinen Bestand an Damwild und Rehen sowie eine große Anzahl von Hasen und Fasanen, und aus diesem Grunde ist es nicht gestattet, Hunde mitzubringen. Livø Tap ist ein geschütztes Gebiet, vor allem eingerichtet, um die Rast- und Aufzuchtgebiete für Robben zu sichern. Die Seehunde gebären ihre Jungen zur Mittsommerzeit, und die Heuler bleiben die ersten Tage an Land. Der Zutritt zum Reservat ist nicht gestattet, man kann es jedoch von weitem mit dem Fernglas beobachten.

Folgt man dem Weg in nördlicher Richtung, so erreicht man rasch den **Nørreskov** (Nordwald), der im Gegensatz zu dem verschwundenen Südwald überlebt hat, weil die Hügel zu schwierig zu bestellen waren. Im Wald sind die Wegnamen auf Steinen zu finden, und es sind Wanderwege geschaffen worden, die mit verschiedenen Farben markiert sind. Dieser Wald ist immer noch „dänischer Urwald", der noch keine Axt gesehen hat. Von **Louisehøj**, dem mit 43 Metern höchsten Punkt der Insel, hat man einen prachtvollen Ausblick über Livø und die Fjordlandschaft. Ein anderer Aussichtspunkt ist ein Holzturm am Küstensteilhang an der Westseite der Insel. Von hier aus überblickt man die Livø Bredning, mit Furs mächtiger Hügellandschaft gegenüberliegend.

Nachdem man alle Landschaftstypen Dänemarks auf einer Wanderung rund Livø erlebt hat, lädt der Krovater im gemütlichen Wirtshausgarten des „Livø Kro" mit Cafeteria zu einer seiner vielen Spezialitäten ein; dazu gibt es natürlich **Livøl**, ein lokales Bier. Man findet hier außerdem noch einen Kiosk.

Livø ist autofrei, die Fähre nimmt keine privaten Wagen mit hinüber. Mitten auf der Insel ist ein ganz kleines Dorf entstanden, an dessen Nordrand der **Livøgård** von 1872 liegt. Die drei Flügel des Hofes sind in Feldsteinen errichtet worden und umrahmen einen hübschen Innenhof.

Livø lockt auch viele wegen der schönen Badestrände. Außer den üblichen Stränden gibt es hier auch ein Gebiet, das dem textilfreien Baden vorbehalten ist.

Von Livø nach Rønbjerg

Man kann mit direktem Kurs nach Rønbjerg segeln, weil das zwei Seemeilen breite Fahrwasser dazwischen nicht zu größeren Navigationskünsten einlädt. Außer Rønbjerg Hage im Süden gibt es hier keinerlei Hindernisse und ausreichende Wassertiefen.

Rønbjerg

Der Hafen Rønbjerg ist von einer Ansammlung von Häusern umgeben, die einfach Rønbjerg Huse genannt wird. Es war kein wirkliches Fischerdorf, sondern die Einwohner waren Tagelöhner auf den nahegelegenen Höfen und besserten ihr Einkommen mit Kleinfischerei auf. 1966 wurde hier der Fährhafen für die Überfahrt nach Livø angelegt. Später wurde der Rønbjerg Yachthafen in das Hafengebiet innerhalb der Molen eingegliedert. Inzwischen findet man hier 150 Liegeplätze.
Gastplätze gibt es an der Westseite des Anlegers 1. Der Segelclub ist in einem Endreihenhaus am Hafen untergebracht. Im Hafengebiet findet man auch einen Fischverkauf, eine Cafeteria und einen Kiosk mit einer kleinen Auswahl Waren.

- Telefon
- Wasser
- Lebensmittel
- Diesel
- E-Anschluß
- Hafenmeister: Tel. 98 67 65 36
- Fahrradverleih
- Nächste Tourist-Information: Ranum, Vestergade 39, Tel. 98 67 67 24

Die Umgebung

Gut drei Kilometer südlich des Hafens mündet der Fluß Bjørnsholm in die Bjørnsholm Bugt. Hier wurde im frühen Mittelalter, 1158, von Zisterziensermönchen das später so mächtige Vitskøl Kloster – Vitæ Scola (die Schule des Lebens) – gegründet, und Teile der Gebäude aus dieser Zeit sind erhalten.

Von Rønbjerg nach Fur

Von Rønbjerg segelt man nach Süden, Rønbjerg Hage an Backbord. Hier ist darauf zu achten, daß man nicht zu nahe an Livøs langes Südende kommt; der flache, ziemlich schmale Sandstreifen Livø Tap endet mit dem Livø Sandrev, vor dem eine Kardinaltonne Ost liegt, die unbedingt zu beachten ist. Sowohl Livø Tap als auch das Wasser in der unmittelbaren Umgebung – mit gelben Bojen gekennzeichnet – ist ein Aufzuchtbereich für Seehunde, und das Fahren innerhalb des markierten Gebietes ist das ganze Jahr über verboten.
Die Ostküste von Fur bildet die halbkreisförmige Færker Vig. Da es bis dicht unter Land tief ist, außer vor der Südseite der Bucht, liegen hier perfekte Ankerplätze. Sie bieten sich besonders bei Winden aus Südwest bis Nordwest als Alternative an, wenn der Hafen überfüllt ist. Ein weiterer Vorteil besteht darin, daß der Weg zur sehenswerten Nordhälfte der Insel wesentlich kürzer ist.
Hat man nun die Kardinaltonne Ost südlich Livø passiert, setzt man einen südwestlichen Kurs direkt ab auf

Fur Havn

Der Hafen Fur an der Südostspitze der Insel wurde 1954/55 angelegt. Früher gab es dort nur eine Mole, und einheimische Schiffe und Boote waren darauf angewiesen, in der Pulsevig zu ankern. Vom Hafen aus wird Kieselgur ins In- und Ausland verschifft. Außer-

dem verkehrt eine Fähre nach Branden auf Salling.
Gastsegler können die Mole westlich des Fährbettes benutzen, ferner die Innenseite der Außenmole sowie die Innenseite der Mole östlich der Hafeneinfahrt. Die Außenseite ist dort Handelsschiffen vorbehalten. Fur wird viel besucht, sowohl von Seglern als auch von Touristen. An lauen Sommerabenden ist hier immer Hochbetrieb, ob man nun einen beschaulichen Rundgang auf der Mole zwischen Fischerbooten und Reusen machen will oder eher an einen munteren Abend mit anderen Seglern denkt.

- Telefon
- Wasser
- Lebensmittel
- Diesel
- E-Anschluß
- Hafenmeister: Tel. 97 59 32 01
- Fahrradverleih
- Nächste Tourist-Information: Stenøre 10, Tel. 97 59 30 53

Die Insel

Fur entstand unter einem Meer, das vor 50 Millionen Jahren ganz Dänemark bedeckte. Kieselalgen trieben in ihm umher und sanken zu Boden, wenn sie starben. Ihre Reste nennen wir Kieselgur (Molèrerde). Gleichzeitig waren im Skagerrak einige Vulkane aktiv. Die Asche dieser Ausbrüche lagerte sich ebenfalls auf dem Meeresboden ab. Abgestorbene Blätter, Samen, Insekten und Fische sanken von der Oberfläche des Urzeitmeeres hinab auf den Grund und wurden eingeschlossen.
Die Versteinerungen zeigen uns nicht nur etwas über das Leben an der warmen Oberfläche des Urzeitmeeres, sie sagen auch etwas über das Leben an Land aus, von dem wir sonst nichts wüßten. Versteinerungen von Vögeln, Schlangen und sogar von großen Meeresschildkröten wurden gefunden. Das Wasser am Grunde war sauerstoffarm, so daß diese Reste organischen Lebens erstaunlich gut erhalten sind. Zum Schluß preßte das Eis diesen Boden aus Kieselgur mit eingelagerten Schichten von Vulkanasche zu großen Buckeln hoch und bildete so Furs Hügelland.
Nach Kieselgur besteht seit einem halben Jahrhundert eine ständig steigende Nachfrage. In gebrannter Form ergibt er leichte und poröse Mauersteine, die hervorragend isolieren. Ein Lastzug nach dem anderen befördert den begehrten Stoff mit der Fähre über den nur 400 Meter breiten Sund zum Festland. Fur besitzt, wovon alle anderen kleinen und winzigen Inseln Dänemarks nur träumen, eine Industrie. Die Kieselgurwerke unterhalten zwei Werke auf der Insel. Die hochgepreßten Schichten von 50 Mio. Jahre altem Meeresgrund bilden Hügel und Steilhänge von großer Schönheit. An der Westküste sind sie teils abgerutscht und rot von oxydiertem Eisen, das aus der Asche im Kieselgur stammt; an der Nordküste sind sie von den tiefen Klüften der Langsted Löcher durchfurcht.
Die Steilküsten werden von See her durch Wellen und Frost angegriffen. Von Land gehen Löffel- und Schaufelbagger sowie Bulldozer auf sie los. Dies schafft zwar Arbeitsplätze, bedroht aber auch ein Stück Natur, dessen Wert höher als Kronen und Øre einzuschätzen ist.
Im **Fur Museum** erhält man eine leichtverständliche Einführung in die Natur und Kultur der Insel. Es ist daher eine gute Idee, ihm einen Besuch abzustatten, bevor man sich auf der Insel auf Entdeckungsreise begibt. Unter den Schätzen des Museums ist eine Versteinerung des 22 Zentimeter langen Kopfes einer Lederschildkröte und die Versteinerung eines Fisches,

dessen Form mit der Stammform der Forelle verwandt ist. Diese sind wie einige versteinerte Pflanzen ungefähr 50 Millionen Jahre alt.

Die **Sct. Mortens Kirche** im Kirkevej in Nederby gehört zu den ältesten Dorfkirchen des Landes. Sie wurde zu Beginn des 12. Jahrhunderts in romanischem Stil errichtet. Einige Teile davon sind aus dem Rotstein der Insel erbaut.

Bette Jens's Hyw ist die Bezeichnung für den höchsten Punkt der Insel, 76 Meter über dem Meeresspiegel, mit einer Aussicht über fast das gesamte Fur und den Limfjord.

Rødstenen und **Den røde Sten** auf Fur liegen an zwei verschiedenen Orten, doch beide bestehen aus der gleichen Gesteinsart vom Grund der Insel, die nur an diesen beiden Stellen in größeren Mengen bis an die Oberfläche herausragt. Nur wenige hundert Meter nördlich von Jenshøj liegt Rødsten in einem langen Tal im Hügelland, früher von Geheimnissen und Mystik

Die zerklüftete Nordküste von Fur

umgeben. Zweifellos war der Stein einmal heilig und wurde verehrt. Noch zu der Zeit, da Christian VIII. ihn besuchte, hatten „die Unterirdischen" und anderes Bergvolk Rødstenen mit Blumen geschmückt, hieß es. Den Røde Sten findet man am Nordstrand.

Die Nordküste fällt steil zur Livø Bredning ab, und etwas westlich der Kluft mit Rødsten liegt **Svenskehulen**, Überreste eines etwa 60 Meter langen Stollens am Fuße des Stolleklint. Dieser Stollen wurde während der Napoleonischen Kriege 1809/10 vergeblich gegraben, weil man hoffte, Kohle zu finden. Man glaubte, daß die dunklen Zeichnungen in dem lehmigen Steilhang auf Kohle zurückzuführen seien. In Wirklichkeit handelt es sich um Ascheschichten von Vulkanausbrüchen. Kriegsgefangene mit Bergbaukenntnissen mußten diese Arbeit leisten.

Fur hat eine Bevölkerungszahl von gut 1100 und eine Fläche von gut 22 Quadratkilometern. Am Übergang von Land zum Meer hat schon von alters her immer die Möglichkeit einer Doppelerwerbstätigkeit bestanden. Von Juni bis weit hinein in den Herbst war die gesamte männliche Bevölkerung mit Aalfang beschäftigt.

Von Fur nach Branden

Es ist nur ein kurzer Schlag über den „1500 Ellen schmalen Fur Sund, der jedoch breit genug ist, die Welt in zwei Teile zu trennen, Fur und den Rest!" (ein altes Sprichwort von Fur).

Branden

Fähranleger nach Fur. Am Kopf, der 40 Meter langen Brücke kann man zwischen den beiden Fähranlegern für kürzere Aufenthalte festmachen. Es ist wegen des lebhaften Fährverkehrs kein besonders angenehmer Liegeplatz, doch der Platz liegt mitten in schöner Natur. Keine Versorgungseinrichtungen.

Von Branden zur Hvalpsund Marina

Man folgt der Ostküste von Salling in die Risgårde Bredning hinein, wo die Rotholme mit einem mehr als eine Seemeile langen vorgelagerten Rev nach Nordwesten die Skipper zwingt, die östliche oder die westliche Fahrrinne zu wählen. Unmittelbar südöstlich der Rotholme liegen die Häfen von Hvalpsund.

Hvalpsund Marina

Der Yachthafen mit 175 Liegeplätzen liegt 200 Meter nördlich des Fischereihafens. Gäste gehen an den Kopfsteg des mittleren Anlegers. Der Segelclub Nautilus ist hier beheimatet. Dieser Ort ist beliebt unter den Fahrtenseglern des Limfjords, und in der Hochsaison können 40 Plätze im Fischereihafen benutzt werden.

- Telefon
- Wasser
- Lebensmittel
- E-Anschluß
- Hafenmeister: Tel. 98 63 80 01
- Nächste Tourist-Information: Farsø, Tel. 98 63 16 86

Hvalpsund Fischereihafen

Der Fischereihafen ist einer der bedeutendsten im Limfjord. Viele Segler mögen die besondere Atmosphäre, die einen solchen Hafen umgibt, und entscheiden sich dafür, an einem der 40 Liegeplätze anzulegen anstatt in der Marina 200 Meter nördlich. An der Innenseite der Westmole legt die Fähre nach Sundsøre auf Salling an.

- Telefon
- Wasser
- Lebensmittel
- Diesel
- Hafenmeister: Tel. 98 63 80 0
- Nächste Tourist-Information: Farsø, Tel. 98 63 16 86

Die Umgebung

Die schöne Limfjordlandschaft lädt zu langen Wanderungen ein. Knapp drei Kilometer vom Hafen entfernt liegt das **Hessel Landwirtschaftsmuseum**, das sich in Dänemarks letztem strohgedeckten vierflügeligen Herrenhof eingerichtet hat. Das wohlerhaltene Wohngebäude zeigt, wie das Heim eines Landgutbesitzers vor 100 Jahren aussah – hier kann man sehen, wie sehr sich die Zimmer, in denen die Herrschaft wohnte, von denen unterschieden, die man den Dienstboten zur Verfügung stellte.

Von Hvalpsund nach Skive

Der Hvalpsund geht einfach in den Skive Fjord über. Man muß nur gut darauf achten, daß die rote Tonne vor Lundø Hage an Backbord bleibt, denn diese Landspitze setzt sich unter Wasser bis zur Hälfte der Fjordbreite fort. 4 bis 7 Meter Wassertiefe sind in der Fahrrinne vorhanden, die direkt in die Häfen von Skive führt. Es ist aber für Sportbootfahrer nicht notwendig, ihr zu folgen; statt dessen steuert man auf die Siloanlage des Hafens zu, nachdem man die rote Tonne vor Lundø Hage passiert hat. Man hält direkt auf die Tonnen vor der Einfahrt in den Yachthafen zu.

Skive Yachthafen

Gastsegler können die freien Plätze hier sowie im Nordhafen benutzen. Der Yachthafen, gut geschützt unter dem Park und Schloß Krabbesholm angelegt, wird von den meisten vorgezogen, denn hier gibt es alle Einrichtungen. Der Skive Segelclub hat am südlichen Ende des Hafens sein Clubhaus. Über die 375 Plätze des Yachthafens hinaus unterhält der Segelclub eine Reihe von Plätzen im Nordhafen.

- Telefon
- Wasser
- Lebensmittel
- Benzin/Diesel
- E-Anschluß
- Hafenmeister: Tel. 97 52 73 33
- Fahrradverleih
- Nächste Tourist-Information: Østerbro 7, Tel. 97 52 32 66

In der Stadt

Viele dänische Kleinstädte heben sich markant von ihrer Umgebung ab, doch die Aussicht von Skives altem Kirch- und Galgenberg übertrifft die meisten anderen. Am Fuße des Kirchberges erstreckt sich das neuere Skive diesseits des Flusses, auf der anderen Seite breiten sich die älteren Teile der Stadt über den Stadthügel aus. Der Fluß Karup, der im Norden als Skive Å bezeichnet wird, windet sich auf seinem Wege zur Mündung in den Skive Fjord durch die Stadt.

Vom Hafen kann man geradewegs hinüber nach **Krabbesholm** sehen. Der frühere Herrenhof mit stolzen Traditionen und einer Geschichte, die weit zurückreicht bis in die Jahrzehnte vor der Reformation, präsentiert sich mit einer der eindrucksvollsten Giebelfronten Dänemarks. Seit 1907 ist in Krabbesholm eine Volkshochschule untergebracht. Man kann das Gebäude nach Vereinbarung besichtigen.

Das **Skive Museum** im Havnevej zeigt vorgeschichtliche Objekte, kulturhistorische und archäologische

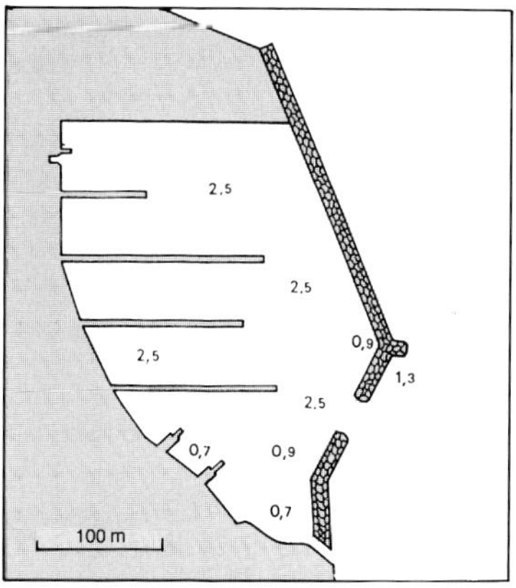

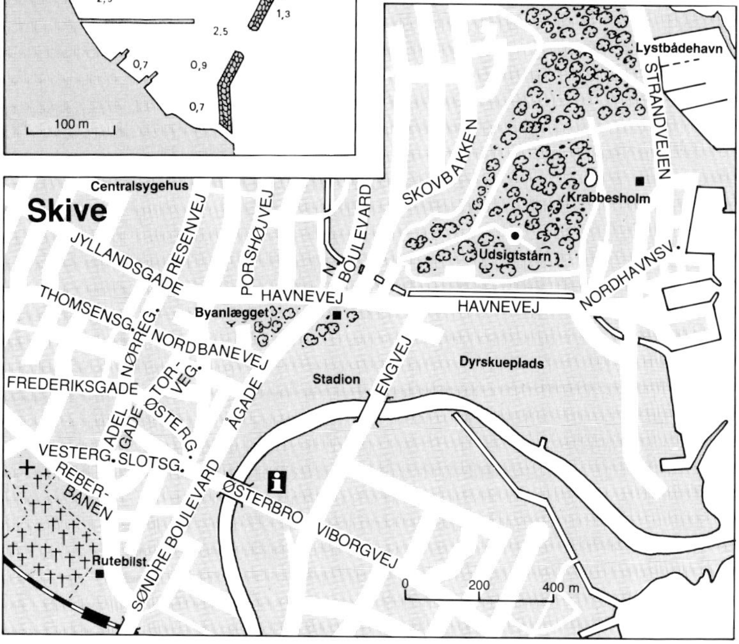

Der Herrenhof von Krabbesholm

Funde aus Skive und Umgebung. Außerdem findet man hier eine Grönland-Sammlung, die Schenkung des Grönlandfahrers Lauge Koch. Besonders sehenswert ist der größte Bernsteinfund des Landes, der aus etwa 13000 Teilen besteht. Weiterhin besitzt das Museum eine Gemäldesammlung, die u. a. Werke von Hans Smidth und Christian Dalsgaard enthält. Das Museum bietet darüber hinaus ständig wechselnde Sonderausstellungen.

Annine Michelsens Gedächtnisstuben, Østergade 4. Im Gebäude von Topps Konditorei ist in vier Räumen ein Museum mit Wohnraum-Interieurs, ausgesuchten Möbeln, Gemälden, einem Georg-Jensen-Silberservice und einer Bibliothek von etwa 800 Bänden eingerichtet. Besonders hervorzuheben ist das Eßzimmer mit Vitrine, edlem Silberbesteck und gedecktem Eßtisch. Als Glanzstück gilt eine sehr große Sèvres-Porzellanvase, die einmal im Besitze des österreichischen Kaiserhofes war.

Die **alte Kirche** in **Skive** in der Kirkegade wurde erstmals im Jahre 1304 erwähnt. Damals bestand sie aus Chor und Schiff, in spätgotischer Zeit kamen Turm, Vorhalle und eine Verlängerung des Chors hinzu. In den 80er Jahren des letzten Jahrhunderts war die Kirche für die rasch wachsende Stadt zu klein geworden, und man baute eine neue Kirche direkt nördlich, wobei man ernsthaft erwog, die alte abzureißen. Glücklicherweise blieb das alte Gotteshaus jedoch erhalten, da man 1887 eine Reihe sehr schöner Fresken entdeckte. Wären diese nicht freigelegt worden, so hätte die Stadt sicher ihr ältestes Gebäude verloren. Auch die neue Kirche wurde allmählich zu klein, und die alte Kirche wurde 1936 nach einer umfassenden Erneuerung wieder in Gebrauch genommen.

Von Skive nach Virksund

Man segelt durch den Skive Fjord nach Norden zur Einfahrt in die Lovns Bredning zwischen Jelse Odde und Melbjerg Hoved, letzteres mit steilen, heidebewachsenen Abhängen zum Ufer hinunter. Ankerplätze findet man jeweils unter Berücksichtigung der Windrichtung vor der ganzen Küste,

In der Schleuse von Virksund

bei Ostwind auch vor Knudshoved zum Hvalpsund gewandt. Von hier aus sind es nur wenige Kilometer zum kleinen Herrenhof Hessel (siehe Hvalpsund Fischereihafen).
Nachdem Trangmanden, ein Flach im südlichen Teil der Bredning, umrundet worden ist, wo u. a. Stelzvögel waten und nach Futter gründeln, geht der Kurs nach Süden in den Virksund hinein, der vom Hjarbæk Fjord durch einen Damm mit Schleuse getrennt ist. Direkt davor am Westufer liegt

Virksund Yachthafen

Bevor der als Straße ausgebaute Virksunddamm 1965 angelegt wurde, bestand über den Sund hinüber von hier aus Fährverkehr. Doch heute ist daraus ein Yachthafen mit 140 festen Plätzen auf der Westseite von Virksund, 300 Meter nördlich von Damm und Schleuse, geworden. Ein modernes Clubhaus steht Gästen offen, die ihr eigenes Essen bereiten möchten, aber es gibt auch einfache Speisen.

- Telefon
- Wasser
- Lebensmittel
- Diesel
- E-Anschluß
- Hafenmeister: Tel. 97 53 94 24
- Fahrradverleih
- Nächste Tourist-Information: Skive, Tel. 97 52 32 66

Von Virksund nach Hjarbæk

Der Hafen und die Fährbrücke auf dem Ostufer des Sundes nördlich vor dem Damm sind dem Handelsverkehr vorbehalten. Dieser Hafen darf jedoch von Sportbooten benutzt werden, die auf die Durchfahrt zum Hjarbæk Fjord warten.
Brücke und Schleuse werden kostenlos bedient, wenn es der Verkehr erlaubt, und zwar nach folgendem Zeitplan:

Januar, Februar	08.00 bis 16.30 Uhr
März	07.00 bis 18.00 Uhr
April	06.00 bis 19.00 Uhr
Mai	06.00 bis 20.00 Uhr
Juni, Juli	05.00 bis 21.00 Uhr
August	06.00 bis 19.00 Uhr
September	06.00 bis 18.00 Uhr
Oktober	07.00 bis 17.00 Uhr
November, Dezember	08.00 bis 16.30 Uhr

Außerhalb dieser Zeiten können Brücke und Schleuse eventuell gegen Zahlung einer Gebühr geöffnet werden.
Als 1965 der Straßendamm über den Virksund gebaut wurde, wurde der **Hjarbæk Fjord**, in den mehrere Flüsse münden, in einen Süßwassersee verwandelt. 1967 wurde er zum Vogelschutzgebiet, das vielen brütenden Enten und verschiedenen Möwenarten Schutz bietet.
Hier segelt man mitten im Heidegebiet Jütlands, das von idyllischen schilfgesäumten Küsten umgeben ist. Und im Hinterland rund um den „Fjordsee" herum erheben sich ganz ansehnliche Hügel. Von Westen her fällt das Land von einer Höhe von 68 Metern ab und endet in einem flachen Uferstreifen am Wasser. Auch das gegenüberliegende Ufer ist flach. In Richtung Knudshoved erreicht das Gelände eine Höhe von etwa 40 Metern, und an der Südseite des Fjords erhebt sich Vorde Galgehøj nahe dem Ufer auf 68 Meter. Oben in der hügeligen Heidelandschaft an der Ostküste kann man Marens Patter besteigen, und wer dies unternimmt, wird mit der schönsten Aussicht über den Hjarbæk Fjord belohnt. Marens Patter sind zwei Riesenhügel, die nahe beieinander liegen, und vom Fjord her gesehen ähneln sie buchstäblich zwei Brüsten. In dem Maße, wie der Fjord zum Süßwassersee wurde, wurde das Seegras von Wasserpest und Sumpfbinse abgelöst.

Im Hjarbæk Fjord

Der Süßwasserbereich bietet auch Insekten ideale Bedingungen, so daß in diesem Gebiet während des Sommers, insbesondere im Juni, eine wahre Mückenplage herrscht. Deshalb wurde in den letzten Jahren viel darüber gesprochen und geschrieben, die Schleuse wieder für das Salzwasser zu öffnen. Die kommenden Jahre werden zeigen, ob man diesen Plan verwirklicht.
Letzten Endes kann man nichts anderes tun, als nach Hjarbæk zu segeln, das am südlichen Ende des langgestreckten und seichten Fjordes liegt. Teile im Westen sowie der östliche Fjordarm sind als geschützte Bereiche ausgewiesen, in denen das Segeln verboten ist. Auf dem letzten Stück Strecke in den Hafen hinein weisen rote und grüne Spieren den Weg.

Hjarbæk

Dieser Hafen ist eine der schönsten und anheimelndsten Stellen des westlichen Limfjords. An einem Steg liegen etwa zehn Limfjordboote, die zwischen den vielen Glasfiberbooten einen prächtigen Anblick bieten. Es handelt sich bei diesen hölzernen Kähnen um alte, klinkergebaute offene Fischerjollen, die mit Spriet- und Toppsegel getakelt sind. Heute werden sie nur noch für „Lustfahrten“ verwendet. Mit dem Bau des Virksunddammes endete Hjarbæks Rolle als Viborgs „Ententeich am salzigen Meer“. Früher war Hjarbæk nämlich Ladeplatz für Viborg, das elf Kilometer entfernt liegt. Trotz alledem ist der Hafen immer noch die Heimat für den Segelclub Viborg, der sein Clubhaus etwa 100 Meter nordöstlich des Hafenbekkens unterhält. Hier haben die Mitglieder Petersilie, Schnittlauch und ähnliche Küchenkräuter zur freien Bedienung für die Gastsegler gesät, und diese können auch den Schlüssel zum Clubhaus beim Kaufmann ausleihen, falls keine Mitglieder anwesend sind.

Die klassischen Limfjordboote im Hafen von Hjarbæk

In der Stadt

Die schmucken, niedrigen Häuser des Landstädtchens zeigen an mehreren Stellen idyllische Straßenbilder, die noch die altmodische Gemütlichkeit der guten alten Zeit ausstrahlen, als die Stadt eine ähnliche Bedeutung hatte wie Skive und Løgstør.
Im Hafengebiet steht ein alter königlich privilegierter Kro, der für seine gebratenen Aale berühmt ist.

- Telefon
- Wasser
- Lebensmittel
- Diesel
- E-Anschluß
- Hafenmeister: Tel. 86 64 24 04 (Viborg-Sejlklub)
- Nächste Tourist-Information: Viborg, Tel. 86 61 16 66

Nordjütland

Hou – Aså – Voerså – Sæby – Læsø – Frederikshavn – Hirsholmene – Strandby – Ålbæk – Skagen – Hirtshals – Hanstholm

Verläßt man den Limfjord in östlicher Richtung in das Kattegat hinein, hält man sich in der Mündung zuerst einmal drei Seemeilen in der gut bezeichneten Fahrrinne, bis Hals Barre passiert ist. Hat man die Grenze für die Grundstellnetzfischerei vor der Küste achteraus, kann der Kurs sicher nach Nord abgesetzt werden. Auch bei frischer westlicher Brise deckt die Küste Jütlands die küstennahen Gewässer ab, so daß hier mit einer relativ ruhigen See zu rechnen ist. Nach etwa sieben Seemeilen liegt der kleine Fischerei- und Yachthafen von Hou an der Ostküste Jütlands.

Hou

Der Hafen liegt in friedlicher Umgebung, flankiert von Sandbänken, mitten in einem großen Sommerhaus- und Campinggebiet. Hier finden sich

- Telefon
- Wasser
- Lebensmittel
- Benzin/Diesel
- E-Anschluß
- Hafenmeister: Tel. 98 25 31 55
- Nächste Tourist-Information: Hals, Tel. 98 25 14 33

Fischer- und Sportboote in trauter Gemeinschaft. Der Hafen ist auf insgesamt 200 Plätze an drei Stegen plus Servicekai erweitert worden. Im Hafen ist es 1,5 bis 2,0 Meter tief. Die Einfahrtsrinne neigt zur Versandung. Ab Starkwind aus Nordost über Ost bis Süd sollte man wegen der Gefahr von Grundseen diesen Hafen nicht mehr ansteuern.

Die Umgebung

Nördlich des Hafens befindet sich ein herrlicher Badestrand, der sich an warmen Sommertagen großer Beliebtheit erfreut.
Nicht weit vom Hafen liegen die **Hou Enge** (Wiesen) und das **Hou Mose** (Moor). In diesen schönen Naturschutzgebieten ist eine vielfältige Vogelwelt beheimatet.

Von Hou nach Aså

Eigentlich sind nur etwa sechs Seemeilen unter der Küste nach Norden zurückzulegen, im Grunde problemlos, doch ein wahres Labyrinth aus Stellnetzen, die rechtwinklig zur Küste mehrere Seemeilen hinaus ausgelegt sind, kann den Törn wesentlich über die sechs Seemeilen hinaus verlängern.

Aså Fischerei- und Yachthafen

Der Hafen grenzt an ein Sommerhausgebiet, bei dem es der Gemeinde Dronninglund gelungen ist, sowohl für Segler als auch für Landurlauber eine erholsame Atmosphäre zu schaffen. Ursprünglich war dies ein kleiner Fischereihafen, doch durch eine Erweiterung und den Bau eines Beckens für

- Telefon
- Wasser
- Lebensmittel
- Diesel
- E-Anschluß
- Hafenmeister: Tel. 98 85 15 12
- Nächste Tourist-Information: SJ-Offset, Skippergade 15, Tel. 98 85 11 53

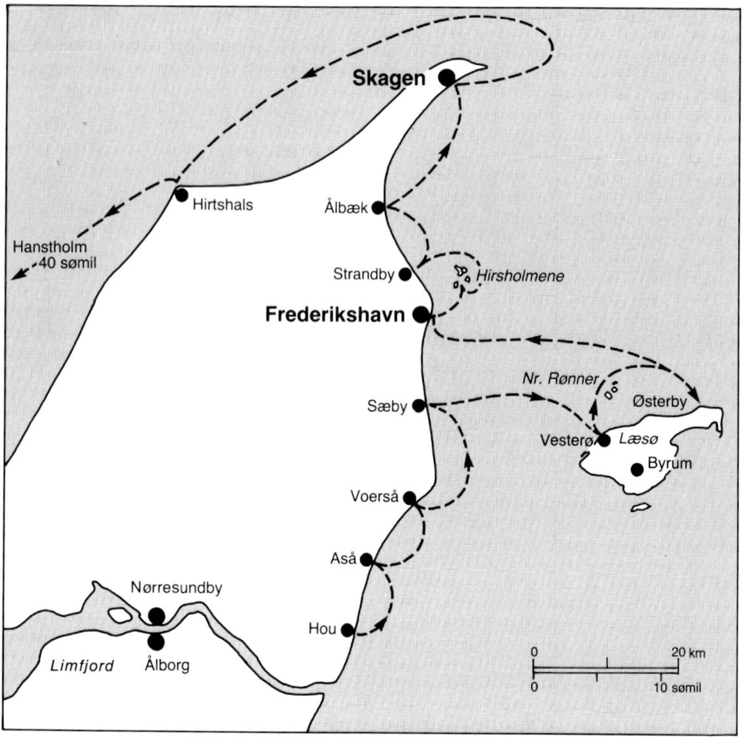

Sportboote gibt es 175 Liegeplätze, und zugleich sind viele moderne Einrichtungen hinzugekommen, zur Freude der Besucher des Hafens. Im Yachthafen beträgt die Wassertiefe 2,5 Meter, im Fischereihafen etwa 2,0 Meter.

Die Umgebung

Die herrlichen Badestrände und der Campingplatz südlich der Stadt ziehen Touristen von nah und fern an. Die Umgebung von Aså und Dronninglund ist reizvoll und hügelig. Im **Storskoven** kann man eine einmalige Naturszenerie erleben. Hier findet man eine große Zahl Hünengräber und Grabhügel. In Dronninglund steht ein schönes Barockschloß.

Von Aså nach Voerså

Vier Seemeilen nordöstlich von Aså liegt Voerså. Dies ist ein Hafen, den man nur mit 0,8 Meter Tiefgang anlaufen sollte, denn die Einfahrtsrinne sowie das Hafenbecken neigen zur Versandung. Der Hafen bezeichnet sich auch nur als

Voerså Jollenhafen

Voerså liegt am Fluß gleichen Namens, der Hafen ist an der Flußmündung angelegt worden. Man segelt, flankiert von einer gut 700 Meter langen Spundwand, bis zur Einfahrt in ein großes und gut geschütztes Hafenbecken mit zwei kleinen Stegen. Jollen können bis zu einigen Stegen vor der Ortschaft weiterfahren.

Es sind vom Hafen 500 Meter bis zum hübschen kleinen Ort Voerså, an der Landstraße zwischen Hals und Sæby gelegen.

- Wasser
- Lebensmittel
- E-Anschluß
- Nächste Tourist-Information: Sæby, Tel. 98 46 15 19

Von Voerså nach Sæby

Ein Katzensprung von etwa acht Seemeilen vor einem Abschnitt idyllischer Küste Nordjütlands. Hier steuert man zunächst Nordost und dann, nach der Umrundung von Stennæs, Vendsyssels „Nase", ändert man den Kurs nach Norden, bevor die Ansteuerung von Sæby beginnt.

Sæby

Dieser Fischerei- und Yachthafen bietet etwa 200 Liegeplätze eben südlich der Mündung des Sæby-Flusses. Das frühere Fischerdorf besitzt heute einen modernen Yachthafen, der jedoch das anmutige Bild des Ortes nicht zerstört. Die Kaiplätze der Fischer sind gelb markiert; Sportboote dürfen dort nicht anlegen.

- Telefon
- Wasser
- Lebensmittel
- Diesel
- E-Anschluß
- Hafenmeister: Tel. 98 46 10 59
- Fahrradverleih
- Nächste Tourist-Information: Krystaltorvet 1, Tel. 98 46 15 19

In der Stadt

Mit seinen vielen Fachwerkhäusern aus dem 17. und 18. Jahrhundert, den schmalen Gäßchen und dem Fluß mit einer schönen alten **Wassermühle** am Ufer, auch diese ein Fachwerkbau, ist Sæby eine der idyllischsten Kleinstädte an der Küste. Ursprünglich war Sæby ein Fischerdörfchen, wurde aber 1524 zur Stadt ernannt, was in nicht geringem Maße der Errichtung des großen Karmeliterklosters zu danken ist, von dem Überreste in der weißen **Liebfrauenkirche** (Vor Frue Kirke) bewahrt sind, die an der Strandgade als Wahrzeichen über der Stadt thront. Die St. Marienkirche, wie sie heute heißt, ist reich mit Fresken geschmückt. In das mittelalterliche Chorgestühl haben die Klosterbrüder Sohiffe eingeritzt.

Das **Sæby Museum**, Søndergade 1–3, ist in einem über 200jährigen Haus mit acht Ausstellungsräumen im Erdgeschoß und fünf im Keller untergebracht. Es beleuchtet die Geschichte der Umgebung und der Stadt, und man findet hier u. a. eine Schulstube, ein Bürgerzimmer aus der Zeit der Jahrhundertwende und einen Kaufmannsladen. Unter den Prunkstücken sind Niels Juels Kleidertruhe und eine Geldkassette von etwa 1650.

Im **Stadthistorischen Archiv**, Skolegade 4, erhält man einen ausgezeichneten Eindruck davon, wie Sæby zu verschiedenen Zeiten ausgesehen hat: Es gibt dort eine gute Bildersammlung von Straßen, Gebäuden, bekannten Bürgern und Kaufleuten. Alte Zeitungsausschnitte vermitteln einen guten Überblick über die Stadtentwicklung. Eine Sammlung illegaler Zeitungen, Bücher und Bilder zeugen von den Aktivitäten der einheimischen Widerstandsbewegung während der Besatzungszeit 1940–1945.

Die Umgebung

Nordwestlich der Stadt führen idyllische Pfade mit Namen wie Liebespfad und Fischerpfad am Fluß entlang bis

zum einige Kilometer entfernten **Sæby Wald**. Es ist nur zu verständlich, daß viele Segler von diesem hügeligen Waldgebiet mit seinen malerischen Partien, besonders rund um den sich dahinschlängelnden Fluß Sæby Å, angezogen werden. Am Rande des Waldes entspringt die **Sæby Jernkilde** (Eisenquelle), eine Heilquelle.
Zwei Kilometer westlich der Stadt liegt **Sæbygård**, wo Admiral Niels Juel 1668–1682 residierte. Heute präsentiert sich Sæbygård als einer der schönsten Herrensitze Nordjütlands. Über der Tür des stattlichen Hauptflügels hängt eine Wappentafel mit einer Inschrift, nach der „anno 1576 die ehrliche und wohlgeborene Frau Pernille Oxe, Otte Ruds Ehefrau, dieses Haus bauen ließ“. Zur Anlage gehörte ein zweistöckiger Seitenflügel in Fachwerk, und ein ähnlicher Flügel wurde etwa um 1625 erbaut. 1746–1750 wurden diese Flügel zu den jetzigen niedrigen Flügeln umgebaut, 1891 wurde der Turm erhöht und erhielt eine achteckige Spitze. Auf der Hofseite steht ein Treppenturm mit einer ausgeprägten Quadermauerung, der aus Pernille Oxes Tagen stammt.

Von Sæby nach Vesterø auf Læsø

Die Insel Læsø ist so flach, daß man zu Beginn des Törns ein wenig Mühe hat, den dünnen Landstreifen in der Kimm wahrzunehmen. Læsø Rende, das über zehn Seemeilen breite Fahrwasser zwischen Jütland und unserem Törnziel, wartet nicht mit besonderen Überraschungen für die Navigation auf. Bei der Ansteuerung von Sæby aus muß man nur nördlich der roten Leuchttonne vor der Nordwestkante des Læsø Nordvestrev bleiben, danach hält man mit südöstlichem Kurs auf das Tonnenpaar Rot und Grün vor der Hafenzufahrt nach Vesterø zu.

Vesterø

Im ersten Becken westlich nach der Einfahrt legen die Fähren an. Yachten gehen in den westlichen Innenhafen, hier sowie am langen Steg davor haben ca. 170 Yachten Platz. Das östliche Innenbassin bleibt den Fischern vorbehalten, dort findet man auch einen Slip sowie eine Reparaturwerkstatt. Neben den Läden an der „Promenade“ hat dort auch ein Restaurant mit einer schönen Aussicht geöffnet.

- Telefon
- Wasser
- Lebensmittel
- Benzin/Diesel
- E-Anschluß
- Hafenmeister: Tel. 98 49 92 22
- Fahrradverleih
- Nächste Tourist-Information: Havnegade 39, Tel. 98 49 92 42

Die Insel

Der Hafen Vesterø ist ein ausgezeichneter Ausgangspunkt für einen Besuch der schönen Insel. Læsøs Länge beträgt etwa 22 Kilometer, während die Breite zwischen 2 und 12 Kilometern variiert. Unbesiedelte Bereiche, die naturbelassen sind oder für Plantagen genutzt werden, machen 60 % des Gesamtareals der Insel aus, die Landwirtschaft nützt 27 % und Flächen, die bereits mit Ganzjahres- oder Sommerhäusern bebaut sind oder dafür zur Verfügung stehen, machen die restlichen 13 % aus.
Für eine Entdeckungsreise kreuz und quer über die Insel empfiehlt es sich, Fahrräder zu leihen, falls man diese nicht selbst dabeihat.
Direkt am Hafen Vesterø steht das **Fischerei- und Seefahrtsmuseum**. Das Haus selbst stammt, wie der Hafen, aus dem Jahre 1872 und zeugt von einer Zeit, in der das Leben noch

nicht so kompliziert war wie heute. Einige Modelle, alte Fischereigeräte und Strandgut sind hier ausgestellt, und hinzu kommen Fotografien von dem Leben der Fischer und von Rettungsaktionen.
Die hübsche alte rot gestrichene **Vesterø Kirche** stammt ungefähr von 1250 und liegt drei Kilometer vom Hafen entfernt. Innen hängt ein Votivschiff, das von einem Bewohner Læsøs 1807 in englischer Gefangenschaft gebaut wurde.
Die Straße, die vom Hafen ausgeht, setzt sich zwischen einzelnen Häusern und Läden in die Mitte von Læsø zur „Hauptstadt" Byrum fort. Ein eigentümlicher **Turm**, der sich über den Häusern des Ortes erhebt, fällt einem sofort ins Auge. Er hat seine eigene Geschichte, ist 18 Meter hoch und wurde von einem heimgekehrten Seemann, Thorvald Hansen, 1927–1935 gebaut. Von seinem bescheidenen Einkommen als Holzschuhmacher legte er jedes 25-Øre-Stück auf die hohe Kante für Zement, aus dem er dann Steine für den Turm goß, höchstens drei Steine am Tage, weil er nur drei Formen besaß.
Thorvald Hansen starb 1946, und seine Tochter Karen Olsen übernahm den Turm, um den sie sich bis zu ihrem Tode 1983 kümmerte. Der neue Turmbesitzer Erik Strøm Sørensen hat beschlossen, den Turm im Sommer zu öffnen, damit er als Aussichtsturm genutzt wird, von dem aus man große Teile von Læsø überblicken kann.
Rønnerne besteht aus dem Gebiet südlich von Byrum, **Langerøn, Kringlerøn** und **Færøn**, die fast zusammengewachsen sind, wogegen **Hornfiskrøn** seinen Inselcharakter bewahrt hat.
Ist man gut zu Fuß, so kann man Hornfiskrøn wandernd erreichen, sonst aber kann man den Bus nehmen oder ein Pferd leihen und den Ausflug auf dem Pferderücken oder im Pferdewagen machen. Hier draußen, wo sich Læsøs Tierleben entfaltet, wo Hasen einen überall neugierig beäugen, herrscht eine besondere Atmosphäre. Es gibt auch Rehe und Füchse; dagegen ist die Kreuzotter ein seltener Gast. Das Vogelleben ist besonders in der Zugzeit in seinem Artenreichtum einzigartig. Die Insel wird u. a. von Reihern und Kranichen besucht. In der Brutzeit kann man unter den vielen Möwenarten u. a. Mantelmöwe, Raubmöwe sowie Brachvogel und Säbelschnäbler finden. Man kann hier draußen auch Greifvögeln begegnen, und die Eidergänse sind bei ihrer Wanderung über die niedrigen Strandwiesen unübersehbar.
Auf Rønnerne wachsen die dichtblühenden Strandnelken, die sonst in Dänemark außer im Marschland selten sind, hier aber stehen sie entlang der ganzen Südküste. Auf der „Hauptstraße" über Kringlerøn kommt man am berühmten **Pigesten** vorbei, einem riesigen, freistehenden Feldsteinblock, auf den sich der Sage nach ein Mädchen einmal vor einem rasenden Stier gerettet hat – eine andere Sage berichtet, daß sie hier vor der rasenden See Zuflucht suchte.
Bevor Dänemarks erstes Feuerschiff 1852 an der Læsø Fahrrinne verankert und der Leuchtturm auf Nordre Rønner errichtet wurde, lebten die Bewohner Læsøs genau wie die Anholter schlicht und einfach von Strandungen, die insbesondere die Amtspersonen der Insel bereicherten. Doch im großen und ganzen profitierten alle auf der Insel von den Strandungen.
Vor vielen der Höfe stehen noch Fahnenstangen. Das ist auch im übrigen Dänemark so, doch auf Læsø heißen sie Windstangen. Sie tragen eine Windfahne, die zeigt, wo auflandiger Wind weht und wo ruhige See herrscht. Bei entsprechender Wetterlage gab dies die Richtung an, die alte Læsøbewohner mit ihrem Fernglas

absuchten, oft oben vom Dachfirst ihres Hauses aus. Dort konnten sie ein Auge darauf haben, ob auf der Windstange des Bergungsleiters ein Signal gesetzt war. War das der Fall, so galt es, gleich aufzubrechen und sich einen Teil des Bergelohnes sowie des Strandgutes und Treibholzes zu sichern, das oft in großen Mengen an Land gespült wurde. Daher kann es wohl auch niemanden verwundern, daß es im Volksmund hieß, auf Læsø brauche man nur Nägel zu kaufen, um ein Haus zu bauen.

Einen Beweis für diese Behauptung findet man zwei Kilometer nordöstlich von Byrum im **Museumsgård**, wo die Fußböden aus Decksplanken und die Türen von angespülten Hölzern stammen. Der Hof ist ein typischer Læsøhof, vor ungefähr 300 Jahren erbaut, mit Lehmwänden und den so charakteristischen Tangdächern, die man an keinem anderen Ort im Lande findet. Die Bewohner Læsøs haben Tang zum Decken ihrer Dächer benutzt, weil die Inselbauern das Stroh für diese Zwecke nicht erübrigen konnten, denn das Vieh sollte das wenige bekommen, was zur Verfügung stand. Aber auch der Mangel an Brennstoff hat zu dieser Bauweise beigetragen. Man ließ den Tang fast ganz auf die Erde herabhängen; nur die Fenster und Türen blieben frei. Das hielt die Wärme, und der Mangel an Heizmaterial ist auch die Erklärung dafür, daß die Decken in den Stuben so niedrig

Der Museumshof von Vesterø

sind. Je weniger Raum, desto weniger brauchte man zu heizen.
Læsø Hjemstavnsgård, wie er auch genannt wird, enthält Sammlungen persönlichen Besitztums verstorbener Læsøbewohner, darunter Möbel, Gebrauchsgegenstände und Schmuck.
Die Insel erhielt ihren Namen von dem siebenköpfigen Meergott Ægir, auch Læ genannt, der der Sage nach seinen Hauptsitz auf der Insel hatte. Doch die Begebenheit, auf die Læsøs Bewohner den meisten Wert legen, ist die Sage von Königin Margrethes Strandung auf Læsø, nach der sie zum Dank für ihre Rettung den Læsøfrauen ihre schöne Nationaltracht schenkte.

Von Vesterø nach Østerby

Der direkte Schlag nach Osten vor der Küste Læsøs ist wegen des Rønner-Revs und Nordre Rønner nicht möglich. Man steuert zuerst in der Richtfeuerlinie des Hafens Vesterø, bis man die 6-Meter-Linie erreicht hat. Mit Nordkurs hält man auf die Kardinaltonne West vor Rønner-Rev zu, von der ein deutlicher Bogen nach Nord und dann Osten auf die Kardinaltonne Nord gesteuert wird. Nun kann man mit ostsüdöstlichem Kurs zum Hafen Østerby segeln.

Østerby

Diese Anlage mit 200 Liegeplätzen ist der größere der beiden Häfen der Insel, mit einer Fischereiflotte von etwa 60 Kuttern. Die Fischer haben mehr Ruhe zum Arbeiten bekommen, seit der neue Yachthafen 1983 eingeweiht wurde. Der Yachthafen, der durch eine Zufahrt vor der alten Westmole mit dem Fischereihafen verbunden ist, liegt angenehm im Schutze einer vier Meter hohen Mole und in unmittelbarer Nähe eines wunderschönen Badestrandes. Gastsegler können das erste Becken im Neuen Hafen, Brücke 1 und 2, benutzen.

- Telefon
- Wasser
- Lebensmittel
- Benzin/Diesel
- E-Anschluß
- Hafenmeister: Tel. 98 49 80 27
- Fahrradverleih
- Nächste Tourist-Information: Vesterø Havn, Tel. 98 49 92 42

Die Umgebung

Von Østerby aus ist es zu empfohlen, bis zu Læsøs östlichstem Punkt, Danzigmand, zu wandern. Der Name der hohen, grasbedeckten Steilküste ist darauf zurückzuführen, daß ein Schiff aus Danzig hier lange Zeit gestrandet lag. Es ist zwar weit zu laufen, doch der herrliche Badestrand an der Nordküste kann dort draußen so richtig genossen werden.

Von Østerby nach Frederikshavn

Die Fahrt zurück an die Ostküste Jütlands führt wieder nördlich um **Nordre Rønner** herum, einige unzugängliche, flache Inseln und Untiefen nördlich von Læsø. Das 3,5 Seemeilen lange Rønner-Rev mit nur 0,3 Meter Wassertiefe verbindet Nordre Rønner mit Læsø. Langholm, Spirholm, Store und Lille Stenholm, Borfeld sowie einige andere Eilande sind von einer Unmenge von Steinen bedeckt und umgeben. Trotzdem findet man an dieser öden Stätte einige Häuser und einen Leuchtturm. Die Inseln sind heute unbewohnt und wegen der Untiefen schwer anzulaufen. Dies machen sich seltene Vogelarten natürlich zunutze.
Hat man Nordre Rønner passiert, folgt eine Entfernung von etwa 14 Seemeilen über offene See, also durch Læsø

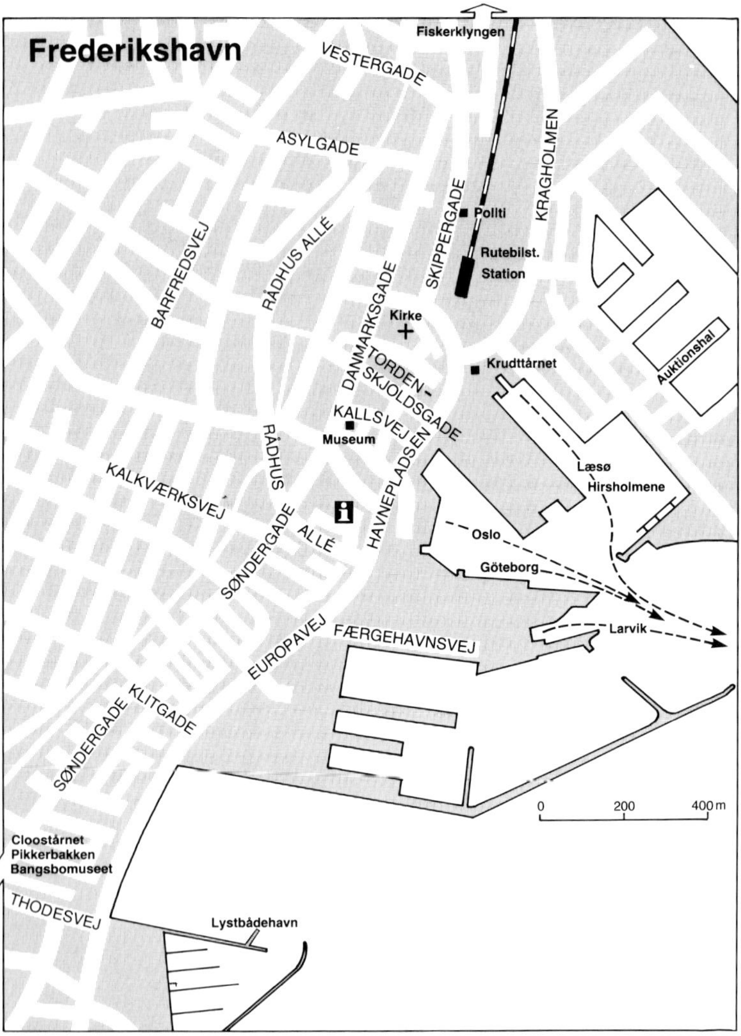

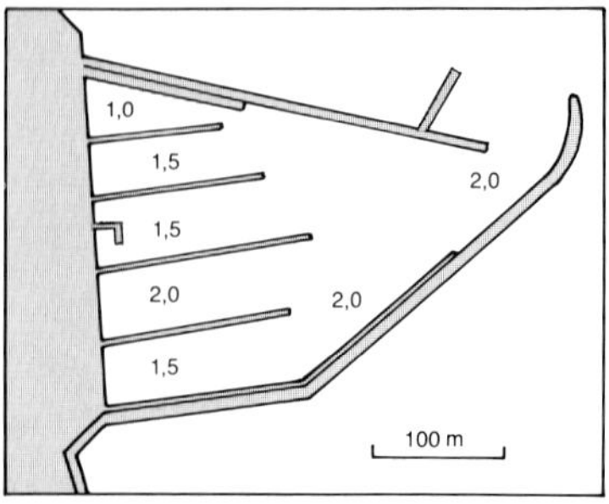

Rende, bevor man den Frederikshavn Seesporthafen, gleich südlich des großen, lebhaften Fähr-, Handels- und Marinehafens, ansteuern kann.

Frederikshavn Seesporthafen

Gäste dürfen nur diesen Yachthafen anlaufen. Der Staatshafen, 0,3 Seemeilen weiter nördlich, ist Handelsschiffen und Fähren vorbehalten. Es gibt hier 350 Liegeplätze mit 2,0 Meter Wassertiefe zwischen den südlichen Stegen und 1,50 Meter an den anderen. Hier liegt man zwar 1,5 Kilometer vom Stadtzentrum entfernt, dafür aber ohne den Lärm und Streß der Berufsschiffahrt.

- Telefon
- Wasser
- Lebensmittel
- Diesel
- E-Anschluß
- Hafenmeister: Tel. 98 43 28 56
- Fahrradverleih
- Nächste Tourist-Information: Brotorvet 1, Tel. 98 42 32 66

In der Stadt

Frederikshavn, das frühere Fladstrand, war einmal ein unbedeutendes kleines Fischerdorf. Heute ist Frederikshavn Vendsyssels größte Stadt mit Großindustrie, Schiffswerft und lebhaftem Handel. Die Stadt wimmelt das ganze Jahr über von Schweden und Norwegern auf Einkaufstour. Dies gilt besonders für die Fußgängerzone, die ihr ganz eigenes Gepräge hat und voller Leben ist.

Frederikshavn ist quasi ein Tor Jütlands zur Welt. Von hier aus verkehren Fähren nach Larvik, Frederikstad, Oslo, Göteborg – und Læsø.

Die Stadt ist nicht alt. Sie erhielt recht spät, erst 1818, die Stadtrechte und bekam bei dieser Gelegenheit ihren heutigen Namen, nach Frederik VI. Doch ihre Geschichte geht viel weiter zurück. Damals wie heute hatte der Ort mit seinem geschützten Ankerplatz, abgeschirmt durch Hirsholmene und die kleine, damals befestigte Insel Deget, eine strategische und militärische Bedeutung. Feindliche Schiffe mieden die Gewässer zwischen Hirsholmene und dem heutigen Frederikshavn. Die großflächigen Untiefen und Sände mit weniger als 2 Meter Wassertiefen sind eine natürliche Sperre, so daß selbst die dänischen Kanonenboote während des Englandkrieges der englischen Flotte Paroli bieten konnten. Es gibt auch heute einen großen Marinehafen in Frederikshavn. Und die „Ummelandsfahrer" des Mittelalters – Schiffer, die rund um Jütland herumsegelten – haben sicher auch hinter dieser hohen Küste Schutz gesucht, wenn Sturm aus Westen sie daran hinderte, Skagen zu runden.

Die Fischerei aber ist es, die immer von größter Bedeutung für die Stadt gewesen ist. Daher nannte man damals die heute so berühmten Frederikshavner Schollen Fladstrands-Flundern.

Im **Frederikshavn Kunstmuseum** mit **Exlibrissammlung**, Kallsvej/Danmarksgade, finden jeweils einen Monat lang wechselnde Ausstellungen, vorzugsweise moderner Kunst, statt. Darüber hinaus bietet das Museum feste Ausstellungen der heimischen Künstler Karl Bovin und Elisabeth Skov. Die Hauptattraktion stellt Dänemarks größte Exlibris-Sammlung dar, die 9000 Bucheigentümer-Embleme umfaßt.

Das „Hotel Frederikshavn", Tordenskjoldsgade 14, besitzt eine **Schwimmhalle**, ein großes Freizeitbad auf 1000 Quadratmetern Fläche mit Wasserrutschbahn, Wellenbad, Whirlpools und Strandufer mit Liegestühlen sowie Fitneß-Räumen und Solarium.

Der **Pulverturm** (Krudttårnet), auch Martelloturm genannt, ist das bedeutendste Erinnerungsstück an die alte Zitadelle Fladstrand, und dabei steht er noch nicht einmal auf seinem ursprünglichen Platz. Denn Mitte 1970 wurde der Steinkoloß spektakulär auf Schienen versetzt. Dies war notwendig, damit die Schiffswerft der Stadt erweitert werden konnte. Der massive

Rundturm wurde 1686/87 aus Feldsteinen errichtet. Das niedrige und besonders dekorative Dach ist vermutlich erst Anfang des 19. Jahrhunderts aufgesetzt worden. Ein Museum mit einer militärgeschichtlichen Waffensammlung ist heute in dem Gebäude eingerichtet worden.
Die **Frederikshavn Kirche**, Kirkepladsen, wurde Ende des 19. Jahrhunderts erbaut. Sie nimmt einen markanten Platz im Stadtbild ein, und in der Kirche findet man eine Altartafel, die von dem Skagen-Maler Michael Ancher geschaffen wurde. Das eine der beiden Votivschiffe ist von 1985, und es stellt eines der modernen Schiffe dar, die auf der ansässigen Werft gebaut werden.
Fiskerklyngen ist ein malerischer Stadtteil mit engen Gäßchen und kleinen Fischerhäusern aus dem 18. Jahrhundert, ein Überbleibsel aus dem alten Fladstrand. Tordenskjold benutzte Fladstrand 1712–1717 als Flottenbasis.

Die Umgebung

Das **Bangsbo Museum**, Dronning Margrethesvej, ist im Herrenhof Bangsbo drei Kilometer südwestlich der Stadt eingerichtet. Es handelt sich um einen stattlichen Fachwerkhof, dessen Geschichte bis ins 14. Jahrhundert zurückgeht. Die heutigen Gebäude sind jünger und wurden im 17., 18. und 19. Jahrhundert errichtet. Die Sammlungen geben die Entwicklung der Stadt und ihrer Umgebung von 1600–1900 vor dem Hintergrund des Bauern-, Handels- und Seefahrerlebens wieder und zeichnen zugleich den Weg der Stadt vom Fischerdörfchen zur Hafen- und Industriestadt nach. Es ist auch eine umfassende Seefahrtsabteilung vorhanden, mit dem „Ellingåskib" aus dem 12. Jahrhundert als einem seiner Glanzstücke sowie mit mehreren Galionsfiguren von Schiffen, die an der jütländischen Küste Schiffbruch erlitten.
Am 30. September 1758 strandete das russische Schiff „Pervoj" in der Jammerbucht zwischen Hirtshals und Bulbjerg. Vor einigen Jahren wurde das Wrack gefunden, und seine Ladung sah, nachdem es über 230 Jahre auf dem Meeresgrund gelegen hatte, zum ersten Male wieder das Licht des Tages, u. a. einige Flaschen Wein, deren Inhalt – ein klar funkelnder, rubinroter Portwein Jahrgang 1758 –, anscheinend keinen Schaden genommen hat. Die Flaschen sind nach sorgfältiger Versiegelung im Bangsbo Museum zusammen mit anderen Gegenständen aus dem Wrack ausgestellt worden.
In der Møllehus-Anlage, die sich an den Bangsbopark anschließt, erhebt sich der **Pikkerbakke** auf 71 Meter über dem Meer. Ein steiler, gewundener „Bergweg" führt zum Aussichtsplateau, das eine Aussicht über Frederikshavn und nach Norden über die Kattegatküste bietet.
Cloostårnet, Brønderslevvej, steht vier Kilometer südwestlich in der schönen Umgebung auf dem Flade Bakker. Von diesem 60 Meter hohen Aussichtsturm, auf dessen oberster Plattform man sich 160 Meter über dem Meeresspiegel befindet, genießt man eine phantastische Aussicht.

Rønnerhavn

Nicht viele Fahrtensegler kennen diesen neuen Hafen etwa 3000 Meter nördlich des Handelshafens an der

- Telefon
- Wasser
- Lebensmittel
- E-Anschluß
- Hafenmeister: Tel. 98 43 10 88
- Nächste Tourist-Information: Frederikshavn, Tel. 98 42 32 66

Typische alte Häuser in Hirsholm

Küste gegenüber den Hirsholmene in einem Fahrwasser mit vielen Steinen und Untiefen. Dieser große Yachthafen bietet 500 Liegeplätze. Er ist in Verbindung mit einem Campingplatz an Frederikshavns Nordstrand angelegt worden. Der Hafen besitzt 2,7 Meter Wassertiefe, doch die Fahrrinne hinein hält nur 2,3 Meter und neigt zum Versanden.

Von Frederikshavn zu den Hirsholmene

3,5 Seemeilen nordöstlich von Frederikshavn liegt Dänemarks nördlichste Gruppe von Inseln, von denen nur eine bewohnt ist. Sie heißt Hirsholm und ähnelt aus der Entfernung einer Baumgruppe, aus deren Mitte ein Leuchtturm aus grauem Granitgestein herausragt. Die Strände sind mit Feldsteinen übersät, die Wassertiefen davor sind stark variierend. Die beiden Hafenmolen umschließen zwar eine weite Fläche, dafür ist es aber hier sehr flach. Man macht entweder gleich nördlich der Einfahrt auf 3 Meter Wassertiefe fest, oder geht zum besser geeigneten Anleger am Ufer. Die Nordseite gehört dem Postboot, man muß sein Glück also am Kopf oder an der Südseite versuchen.

Hirsholm Havn

Von den natürlichen Gegebenheiten her ist Hirsholm ein einigermaßen guter Naturhafen, der durch die zwei Außenmolen geschützt ist. Die Insel ist Vogelreservat, daher wurde der Zugang stark beschränkt. Wasser und Lebensmittel bekommt man nicht auf der Insel, so daß man Selbstversorger ist.

- Telefon
- Hafenmeister: Tel. 99 20 73 00
- Nächste Tourist-Information: Frederikshavn, Tel. 98 42 32 66

Die Insel

Hirsholmene besteht aus 16 Grasinseln, von denen nur Hirsholm selbst bewohnt ist. Diese Insel ist 800 Meter lang und 300 Meter breit. Viele Seeleute und Fischer, die in der rauhen See zu Tode kamen, haben ihre letzte Ruhestätte auf dem kleinen Friedhof gefunden. Von der Bootsbrücke her kommt man an einer Grabstätte vorbei, die letzte Ruhestätte für zwei nicht identifizierte, an Land geschwemmte Wasserleichen ist. „Unbekannt den Menschen, nur von Gott gekannt. 27. Juli 1927“ steht auf einem der verwitterten Grabkreuze.

Mitten auf der Insel liegt „das Dorf“, das einst sogar – in einem der Häuser untergebracht – eine Schule hatte. Etwa zehn Menschen gehören der kleinen Gemeinde an, denn die meisten der kleinen gelben Häuser sind nur im Sommerhalbjahr bewohnt. Doch die Insel hat das Glück, frei von Verkehr zu sein. Nur Fußgänger sind in den stillen, grasbewachsenen Gäßchen zu finden. Ein Schild an der Brücke weist darauf hin, daß Hunde und Katzen nicht nach Hirsholm mitgenommen werden dürfen.

Der Leuchtturmwärter ist die oberste Amtsperson auf den Inseln, die dem Verteidigungsministerium unterstehen. Der erste Leuchtturm wurde 1838 auf Hirsholm errichtet; man sieht ihn noch als einen reizvollen Aussichtsturm auf dem Wohnhaus des Leuchtturmwärters. Der jetzige Leuchtturm wurde 1886 auf dem höchsten Punkt der Insel, dem sechs Meter hohen Ørnebjerg, errichtet; er wurde aus Steinen von Hirsholm erbaut.

Die Seekarte zeigt auch das Symbol für eine Kirche, doch die ist so unauffällig, daß etliche Touristen sie überhaupt nicht entdecken. Das Pastorat wurde 1921 nach einem starken Bevölkerungsrückgang aufgehoben.

Die Kirche wurde um 1540 gebaut, und der Kirchenraum, bei dem Schiff und Chor eine Einheit bilden, weist eine so niedrige Decke auf, daß man die Deckenbalken mit den Händen erreichen kann, und man muß um die Votivschiffe herumgehen, um nicht mit dem Kopf an sie zu stoßen.

Ein kleiner Pfad schlängelt sich um die Insel herum, ein Ausflug von etwa zehn Minuten, größer ist die Insel nicht. Nach Norden hin wird der Gürtel von Geröll plötzlich durch einen kleinen Sandstrand, Hirsholm Riviera, unterbrochen, ein beliebtes Ausflugsziel für die Bewohner von Frederikshavn, die auf eigenem Kiel oder mit dem Postboot kommen, das dreimal wöchentlich fährt. Man muß auch damit zurückfahren, wenn man nicht selbst ein Boot dabeihat.

Die übrigen Inseln sind als Naturschutzgebiet ausgewiesen, zu dem der Zugang nicht gestattet ist, und es ist dort streng untersagt, Pflanzen zu pflücken.

Von Hirsholm nach Strandby

Nach diesem Abstecher ins Kattegat hinaus liegt das nächste Ziel wieder an der Ostküste Jütlands. Der Kurs führt zuerst aus dem Hafen Hirsholm hinaus nach Süden, weiter nach Osten, um dann einen weiten Bogen nach Norden um die Hirsholmene und die vorgelagerten Revs herum zu beschreiben, zum großen Fischereihafen

Strandby

In diesem geschäftigen Fischereihafen gibt es nur wenige freie Plätze für Gastsegler am Schwimmsteg im Mittelhafen. Die anderen Becken dürfen nur nach Anweisung des Hafenmeisters benutzt werden. Die Tiefe liegt zwischen 3 und 4 Metern.

- Telefon
- Wasser
- Lebensmittel
- Diesel
- E-Anschluß
- Hafenmeister: Tel. 98 48 20 42
- Nächste Tourist-Information: Frederikshavn, Tel. 98 42 32 66

In der Stadt

Strandby ist an sich ein idyllisches und unberührtes Fischerdorf mit viel Atmosphäre und einer neuen **Kirche**, Mitte der 60er Jahre unseres Jahrhunderts erbaut. Es ist ein moderner Bau mit einem ovalen Grundriß und einem Satteldach. Dem Architekten J. Blegvad aus Ålborg ist es gelungen, sein Bauwerk harmonisch in das Fischerdörfchen einzufügen.

Von Strandby nach Ålbæk

Im Innern der allem Augenschein nach einsamen Ålbæk Bugt liegt Ålbæk, der letzte Hafen an der jütländischen Ostküste vor Skagen. Zu Zeiten der Windjammer wurde die Bucht als Ankerplatz benutzt, bot sie doch mit ihren beträchtlichen Wassertiefen bis dicht unter die Küste Schutz vor Westwind. So wartete man hier auf gutes Wetter, um Skagen runden zu können.

Ålbæk

Dieser kleine Fischereihafen mit 60 Liegeplätzen und einer Wassertiefe von 1,50 Meter bietet sich für viele kleinere Fahrtenyachten als eine gemütliche Alternative zum großen Bruder Skagen an, das in der Saison sehr begehrt ist. Unmittelbar am Hafen, der etwa einen Kilometer von Ålbæk By entfernt liegt, findet man einige der schönsten Badestrände des Landes. In der Ortschaft steht der „Ålbæk Gammel Kro", der für seine gute Küche bekannt ist. Sein Ursprung läßt sich bis auf das Jahr 1818 zurückverfolgen.

- Telefon
- Wasser
- Lebensmittel
- E-Anschluß
- Fahrradverleih
- Hafenmeister: Tel. 98 48 89 80
- Nächste Tourist-Information: Stationsvej 1, Tel. 98 48 81 50

Die Umgebung

Viele Sportbootfahrer unternehmen von hier Ausflüge über Land nach **Råbjerg Mile**, fünf Kilometer nordwestlich von Ålbæk. Dies ist eine bemerkenswert große Wanderdüne von bis zu 40 Metern Höhe. Sie verlagert sich jedes Jahr knapp zehn Meter nach Osten und läßt unfruchtbares Land hinter sich. Man kann dieses Gebiet nur zu Fuß erreichen. In den Kindertagen des dänischen Films wurden viele Western in dieser Umgebung gedreht.

Von Ålbæk nach Skagen

Etwa neun Seemeilen nördlich Ålbæks liegt Skagen. Ein Labyrinth von Stellnetzen steht dicht an dicht in dieser Bucht, so daß man gezwungen sein kann, bis zu drei Seemeilen hinaus auf See zu segeln, um dieser Gefahr auszuweichen.

Skagen

Skagen ist ein großer Fischerei- und Industriehafen. Die meisten Gäste benutzen das Becken zwischen Gamle Pier und Pier 1 am Fuße der rot-weißen, zweistöckigen Lagerhäuser, die den Hafen so charakteristisch prägen. Man kann hier Fisch kaufen, und es gibt auch ein Fischrestaurant mit ge-

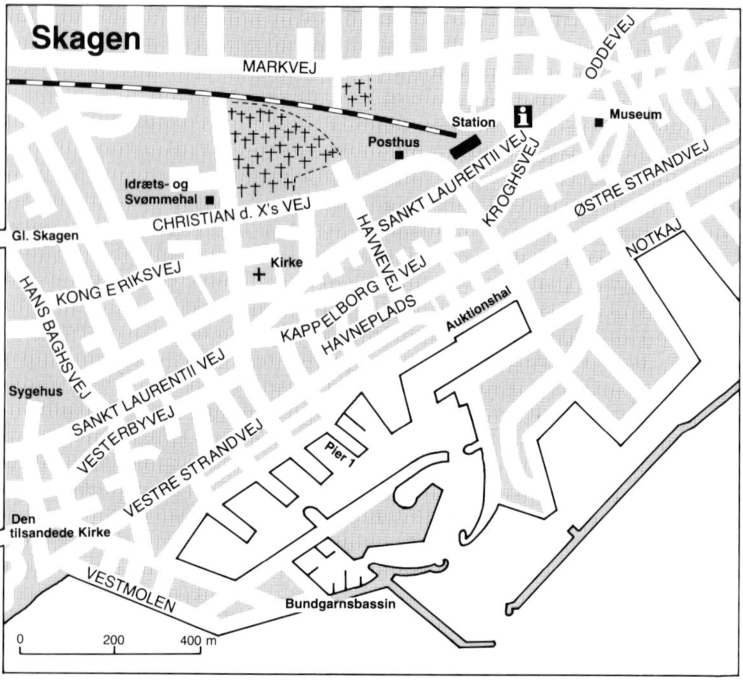

mütlichen Räumlichkeiten, manchmal mit Kabarettunterhaltung beim Essen. Eventuell sind auch freie Plätze an den Stegen des Segelclubs im Becken der Stellnetzfischer gleich backbords der Einfahrt in den inneren Hafenbereich vorhanden. Das Clubhaus mit Duschen, Toilette und Telefon steht ebenfalls hier. Es ist hier friedlicher als vor den Fischerhäusern, aber der Fußweg in die Stadt ist dafür auch weiter.

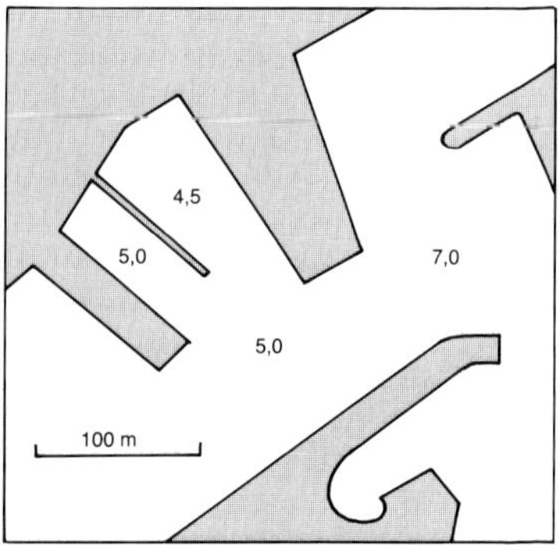

- Telefon
- Wasser
- Lebensmittel
- Benzin/Diesel
- E-Anschluß
- Fahrradverleih
- Hafenmeister: Tel. 98 44 13 46
- Nächste Tourist-Information: Sct. Laurentiivej 18, Tel. 98 44 13 77

Das Erwerbsleben ist vom Hafen und der Fischerei geprägt und umfaßt über die Verarbeitungsindustrie hinaus eine Reihe von Serviceunternehmen wie Maschinenwerkstätten, Eisfabriken, Netzknüpfereien, Kistenfabriken, Segelmachereien und Schiffbaubetriebe.

In der Stadt

Die meisten wissen, wo Skagen liegt, doch die wenigsten machen sich klar, daß die Landspitze Grenen nach Osten weist und die Stadt Skagen auf der Südseite von Skagens Odde liegt. Der Blick aus dem Hafen hinaus geht also in Richtung Seeland. Auf der anderen Seite der Odde liegt Gammel Skagen oder Højen, wohin die meisten Touristen strömen.
Heute besteht Skagen mit seinen 14000 Einwohnern aus den idyllischen Stadtteilen Østerby, Kappelborg und Vesterby sowie dem moderneren Nordby, wozu noch Gl. Skagen auf der Skagerrak-Seite kommt.
Die gemütliche Stadt wird von alten, gelbverputzten Häusern mit roten Ziegeldächern geprägt, die mit weißem Mörtel an den Giebeln verstärkt sind, damit die Steine nicht in den Winterstürmen heruntergeweht werden.
Skagen bietet über die großartige Natur, die schönen Badestrände und das muntere Leben im Hafen hinaus, das wahrscheinlich die größte Anziehungskraft auf die Touristen ausübt, viele Sehenswürdigkeiten.
Das **Skagen Museum**, Brøndumsvej 4, steht in dem alten Gasthausgarten bei „Brøndums Hotel". Ein Gartenhaus, das eine Zeitlang als Wohnsitz für das jungverheiratete Paar Anna und Michael Ancher diente, bildet einen Teil der Museumsanlage.
Die junge und moderne Kunst in den 80er Jahren des 19. Jahrhunderts ist unlöslich mit Skagen verbunden, denn hierher kamen alle Künstler, welche die französische Freiluftmalerei nach Skandinavien brachten: Krøyer, Tuxen, Viggo Johansen, Ancher und Locher aus Dänemark, Thaulow und Krogh aus Norwegen und Björck aus Schweden. In Skagen fanden sie das helle Licht, die klare Luft, die eigentümlichen Abendstimmungen und die hellen Nächte. Unter der einheimischen Fischerbevölkerung fanden die Künstler einige „freundlich gesonnene Eingeborene", die bereitwillig Modell für die Darstellungen des harten Lebens der Fischer im Kampf gegen die Natur standen: „Der Ertrunkene", „Das Ruderboot wird zu Wasser gelassen", „Eine Strandung" usw.
Eine besondere Sehenswürdigkeit ist Brøndums Speisesaal, den der Hotelbesitzer Degn Brøndum, Anna Anchers Bruder, dem Museum schenkte. Die Paneele enthalten Bilder aller nordischen Künstler dieser Periode. Heute besitzt das Skagen Museum etwa tausend Gemälde, Zeichnungen, Skulpturen und Kunsthandwerk. Das Museum ist der Ort, wo die Werke der Skagen-Maler am besten, in ihrem wahren Zusammenhang mit dem Licht und der Natur dieser Landschaft, erlebt werden können.
Michael und Anna Anchers Haus, Markvej 2. Das lange, niedrige Haus wurde 1884 von Anna und Michael Ancher gekauft. Die Anbauten wurden 1913/14 errichtet, geschaffen von dem Architekten Ulrik Plesner. Nach dem Tode der Tochter des Künstlerpaares, der Malerin Helga Ancher, im Jahre 1964, wurde eine behutsame Restaurierung des Hauses vorgenommen, die in gelungener Weise die Atmosphäre des berühmten Künstlerheims bewahrt hat. Es ist heute als Museum den Besuchern geöffnet.
Das **Rathaus**, Sct. Laurentiivej 87, wurde 1966–1968 von dem Architekten Ejnar Borg erbaut: schöne, unkonventionelle Architektur, die der Umwelt sorgfältig angepaßt ist.
Das **Drachmanns Haus**, Hans Baghsvej 21, wurde 1828 errichtet. Der Dichter und Maler Holger Drachmann (1846–1908) war ein häufiger Gast in Skagen. Er kaufte das Haus 1902 und fügte den großen Atelierraum hinzu. „Villa Pax" wurde das Haus genannt, und hier verbrachte Holger Drachmann seine letzten Jah-

re, umgeben von den vielen Gemälden, die man heute noch in dem Gebäude besichtigen kann. 1911 wurde Villa Pax für das Publikum als Gedenkstätte für Holger Drachmann geöffnet.

Skagens Fortidsminder, P. K. Nielsensvej, ist ein Freiluftmuseum, das u. a. das Haus eines reichen und das eines armen Fischers aus dem 19. Jahrhundert, eine Windmühle, ein Strandungsmuseum, ein Fischerei- und ein regionalgeschichtliches Museum umfaßt, ferner eine Rettungsstation mit einer einmaligen Medaillensammlung.

Die **Skagen Kirche** steht fast genau in der Stadtmitte, umgeben von einem kleinen Park. Sie ersetzte die „versandete Kirche".

Die Umgebung

Die **versandete Kirche** steht in einer Düne zwei bis drei Kilometer südwestlich von Skagen. Sie ist, wie schon erwähnt, Skagens alte Kirche und erinnert heute an die zerstörende Macht der Sandstürme vor einigen hundert Jahren. Während das sehr langgestreckte gotische Kirchenschiff 1810 abgebrochen wurde, ließ man ihren mächtigen Turm stehen, damit er als Landmarke dienen konnte.

Es sind etwa 4,5 Kilometer zu Fuß hinaus nach **Grenen**, Skagen Oddes äußerer Spitze, oder, richtiger gesagt, der äußeren sichtbaren Spitze, denn ein Rev setzt sich über zwei Seemeilen unter Wasser fort und scheidet die beiden Meere Skagerrak und Kattegat. Form und Richtung der Spitze ändern sich ständig wegen der stets wechselnden Wellenfronten.

Es gibt einen Weg hinaus zum Leuchtturm, wohin man entweder im Auto oder mit dem Fahrrad gelangen kann, doch das letzte Stück muß man dann zu Fuß fortsetzen oder mit dem Traktorzug „Sandormen" (Sandwurm) fahren. Von

Die versandete Kirche steht 2 bis 3 km südwestlich von Skagen

dem **grauen Leuchtturm**, wie er genannt wird, überblickt man die gesamte Landspitze, die überwiegend aus Heide-, Dünen- und Strandlandschaft besteht. Vereinzelt liegen Teiche und kleine Wiesen in den Mulden zwischen den Strandwällen, aus denen Grenen ursprünglich entstanden ist.

Im Laufe der Zeit ist Skagen Standort für alle Arten von Leuchtfeuern in Dänemark gewesen, und Skagens Profil wird durch deren fünf geprägt, von denen die beiden letztgenannten immer noch in Betrieb sind.

Das **Papegøjefyr** (Papageienfeuer) war das erste, dessen Errichtung Skagen 1560 auferlegt wurde.

Das **Vippefyr** (Wippfeuer) löste dieses 1696 ab. Ein Nachbau steht auf dem Fyrbakke (Feuerhügel) in Østerby, und das Feuer wird jedes Jahr am Sonnwendabend angezündet.

Det hvide Fyr („Der weiße Mann") wurde 1747 errichtet und war der erste gemauerte Turm, doch er unterschied sich mit seinem Feuerkorb an der Spitze im Prinzip nicht von seinem Vorgänger.

Det grå Fyr („Der graue Mann"), erbaut 1858, ist Dänemarks höchster Leuchtturm, und er wurde seinerzeit mit modernster Technik ausgestattet. Hat man die 210 Stufen bewältigt, steht man auf einem großartigen Aussichtspunkt.

Der schlanke, hohe Leuchtturm **Skagen Vest** wurde 1956 als Ersatz für den abgerissenen Leuchtturm Højen errichtet, der 1892 erbaut worden war.

Auf Grenen findet man auch ein Museum, **Grenen Museum**, das sich der neueren Kunst widmet und die übrigen Museen in Skagen durch wechselnde Gastausstellungen ergänzt.

Holger Drachmanns Grab liegt einsam draußen mitten in den Dünen.

Falls Fahrräder einen Teil der Bootsausrüstung darstellen, dann sei eine **Radtour** durch eine ganz besondere Landschaft, Hulsig Hede, empfohlen. Sie läßt sich ganz zivilisiert an, denn es ist ein gekennzeichneter Natur- und Fahrradweg durch das Gebiet zwischen Skagen und Hulsig angelegt worden. Die Strecke schlängelt sich durch Anpflanzungen und Heidegebiet, beherrscht durch die Flora und Fauna des Sandes. Auf der Tour durch Hulsig Hede wird man wahrnehmen, welche Katastrophe der Flugsand bedeutete, der Sandsturm, der im 17. und 18. Jahrhundert die Felder und Höfe bedeckte, über die man hinwegfährt.

Von Skagen nach Hirtshals

Mit einer gewissen Spannung setzt man zum ersten Mal die Fahrt an Grenen vorbei und weiter ins Skagerrak fort. Der Kurs vom Hafen Skagen führt erst einmal nach Osten von der Küste weg, damit die Landspitze Grenen und Skagens Rev östlich der Kardinaltonnen Ost sowie Nord gerundet werden können. Hat man die letztgenannte passiert, setzt man den Kurs auf die Kardinaltonne West nordwestlich vor dem Leuchtturm Skagen West ab. Nun beginnt der etwa 25 Seemeilen lange Törnabschnitt durch die Tannis Bugt nach

Hirtshals Fischereihafen

Will man das Gedränge mit anderen Sportbooten vermeiden, so ist Hirtshals zu empfehlen, denn nur wenige Yachten legen hier an. Hier liegen in der Regel eine Reihe größerer ausländischer und nur einzelne dänische Yachten auf Hochseetörn. Der Hafen ist ein großer Fischereihafen mit sieben Becken. Im Hafengebiet stehen Lagerhäuser, Auktionshallen und die Betriebe der Fischverarbeitung, die

Der 35 m hohe Leuchtturm Hirtshals

sich der Fänge annehmen, die von den Kuttern angelandet werden. Für Sportboote ist eigentlich wenig Platz vorgesehen, und Gastsegler dürfen den Hafen nur nach vorheriger Erlaubnis durch die Hafenwacht anlaufen, die rund um die Uhr über UKW-Kanal 14 bzw. 16 Plätze anweist. Die Wassertiefe beträgt in der Einfahrt 7 Meter und am Kai 4,7 Meter. Von Hirtshals bestehen Fährverbindungen nach Kristianssand, Stavanger und Bergen.

- Telefon
- Wasser
- Lebensmittel
- Diesel
- Hafenmeister: Tel. 98 94 14 22
- Nächste Tourist-Information: Vestergade 32, Tel. 98 94 22 20

In der Stadt

Ehe der Bau des Hafens 1919 in Angriff genommen wurde, war Hirtshals nur ein kleines Fischerdorf mit einigen wenigen Fischerhäusern, einem einfachen Krämerladen und einer bescheidenen Schutzmole. Es handelt sich also um eine junge Stadt, deren Häuser in der Mehrzahl erst nach 1925 in Zusammenhang mit dem neuen Hafen und den neuen Eisenbahnverbindungen nach Hjørring gebaut wurden.

Das **Nordseemuseum**, Willemoesvej, ist Europas größtes freistehendes Aquarium. Der Blick des Besuchers fällt sofort auf das beeindruckende achteckige Aquarium, das einem Gewimmel von Fischen als Tummelplatz dient. Das Aquarium enthält 120 000 Liter Salzwasser. In den anderen Aquarien, die naturgetreue Nachbildungen der Umwelt im Meer darstellen, kann man mehr als 70 verschiedene Fischarten und Meerestiere betrachten. In dem großen Außenbekken tummeln sich Seehunde elegant in ihrer „natürlichen“ Umgebung mit Steinformationen und Meeresstrand. Man kann die Tiere sowohl von den Beckenrändern als auch durch Fenster in der Beckenwand sehen.

Das **Hirtshals Museum**, Vanggårdsgade 10, ist in dem „karierten Haus“ untergebracht, das ungefähr 1880 aus Feldsteinen erbaut wurde. Es enthält eine Spezialsammlung über Fischereiwesen und ein historisches Bildarchiv.

Der **Leuchtturm Hirtshals** wurde 1862 errichtet und ist 35 Meter hoch. Es besteht Zugang zur Kuppel des Leuchtturms, von wo aus man in einer Höhe von 57 Metern über dem Meer weit über Land und See blicken kann. Hirtshals ist auch bekannt für seine **Badestrände**, die sich kilometerweit nach Süden und Norden erstrecken.

Von Hirtshals nach Hanstholm

Die Strecke über die weite offene Jammerbugt ist 52 Seemeilen lang, so daß es ein Seetörn mit langen, dahinrollenden Wellen wird. Bald verschwinden die Steilküsten bei Hirtshals mit dem graugrün schimmernden Strandhafer, den hellen Abhängen und dem weißen Strand davor. Danach ist man mehrere Stunden lang der Einsamkeit überlassen, nur vereinzelt kommt ein Fischkutter in Sicht, doch das Segeln in der Nordsee ist nicht unbedingt rauher als im Kattegat. Bei frischer Brise sind die Wellen nur größer, denn sie haben hier einen längeren Anlauf. Bei gutem Wetter dagegen ist die Nordsee mit ihrer langen, ruhigen Dünung schlichtweg angenehmer zu segeln.

Hanstholm Fischereihafen

Dies ist ein staatlicher Hafen mit enorm hohen Außenmolen – eine davon acht bis zehn Meter hoch –, so daß die Segler in einen wirklich geschützten Bereich kommen. Da es sich um einen großen Fischereihafen handelt, in den Stahltrawler rund um die Uhr ein- oder auslaufen, tut man gut daran, das Hafenbüro über UKW-Kanal 12, 13 oder 16 zu rufen. Der Hafenkapitän sitzt hoch oben im dritten Stock seines Gebäudes und kann die Yachten warnen, die nicht über die Molen hinwegsehen können. Er weist auch den Liegeplatz an. Da so wenige Sportboote einlaufen, ist für diese kein spezielles Becken vorhanden. Der Hafen ist nur auf Fischerei eingerichtet, und so sind z.B. Duschen nur für Herren vorhanden. Yachten zahlen kein Hafengeld, werden jedoch unter dem Namen des Skippers und des Bootes sowie mit Angabe des nächsten Zielhafens registriert. „Dies soll eine eventuelle spätere Suche erleichtern", sagt der Hafenkapitän.

- Telefon
- Wasser
- Lebensmittel
- Benzin/Diesel
- E-Anschluß
- Hafenmeister: Tel. 97 96 18 33
- Fahrradverleih
- Nächste Tourist-Information: Centervej, Tel. 97 96 12 19

In der Stadt

In Hanstholm gibt es viel zu sehen. Im Hafen ist ständig Betrieb, und jeden Tag, ausgenommen Samstag und Sonntag, kann man um 7.00 Uhr die **Fischauktion** miterleben.
Wahrzeichen der Stadt ist nicht die Kirche, die niedrig und turmlos ist, sondern ein 23 Meter hoher Leuchtturm, 1843 errichtet. Dessen Feuer leuchtet in 65 Meter Höhe über das Meer hinaus. Neben dem Leuchtturm steht **Hansteds altes Rettungshaus**, in dem die Geschichte des Rettungswesens in Fotos und Schaubildern dokumentiert ist. Außerdem gibt es hier eine naturhistorische Ausstellung, die das reiche Vogel-, Tier- und Pflanzenleben der Umgebung zeigt. Und unterhalb des Leuchtturms liegt das **Reservat**, ein 3900 Hektar umfassendes Gelände mit Dünen, Heide, kleinen Seen und Sümpfen. Dieses Gebiet ist der Vögel und anderer Tiere wegen geschützt worden, es ist aber gestattet, es zu Fuß oder mit dem Fahrrad zu durchqueren, jedoch nicht in der Brutzeit vom 15. April bis zum 15. Juli.
Hanstholm wurde während des Zweiten Weltkrieges von den deutschen Besatzern zu einer großen Festungsanlage ausgebaut. Es wurden vier Geschützstellungen mit einer Reichweite von 55 Kilometern errichtet, die zusammen mit einer gleichartigen Anlage in Norwegen die Zufahrt in die dänischen Gewässer kontrollieren sollten. Ein Teil dieser Bunker ist heute noch am Strand zu sehen, doch viele in Hanstholm sind geschleift worden.
Das **Hanstholm Geschützstand- und Leuchtturmmuseum** ist im größten der alten deutschen Geschützstände eingerichtet worden, der ebenfalls bei dem Leuchtturm liegt. Hier hat man Material und Fotografien aus der Besatzungszeit gesammelt.
Die **Kirche** hat trotz all ihrer Bescheidenheit zur Seefahrtsgeschichte der Region beigetragen. Sucht man die Südmauer im romanischen Kirchenschiff auf, so findet man hier zwischen den vielen Granitquadern einen einzelnen Stein, in den ein einmastiges Segelschiff eingehauen ist.

Westjütland

Torsminde – Hvide Sande – Ringkøbing – Stavning – Skaven – Bork – Varde – Esbjerg – Fanø – Ribe – Rømø – Højer

Segelt man hinaus in die Nordsee, so muß man andere Vorbereitungen treffen, als man normalerweise gewohnt ist, wenn man von den „geschützten" dänischen Gewässern kommt. Das erste, worauf man achten sollte, ist die öde und rauhe jütländische Westküste, der man bei frischer Sommerbrise nicht zu nahe kommen sollte, wenn diese – wie so häufig – aus den westlichen Quadranten kommt. Was es ebenfalls zu berücksichtigen gilt, ist der regelmäßige Gezeitenstrom, der alle sechs Stunden und zwölf Minuten kentert. Die Stromgeschwindigkeit nimmt zu, je weiter man nach Süden kommt. In Thyborøn beträgt der mittlere Tidenhub nur 0,5 Meter, während er vor Rømø bei 1,8 Meter liegt.
Fast 25 Seemeilen südlich von Thyborøn liegt Torsminde, einer der ersten in der Reihe der Westküstenhäfen.

Torsminde Fischereihafen

Gastsegler sollten am besten die beiden südlichen Stege im Westhafen benutzen, die vor der Schleuse nach Süden abzweigen. Die Entwässerungsschleuse verbindet den Nissum Fjord und die Nordsee. Hinter der Schleuse liegt der Alte Hafen, doch die freie Durchfahrtshöhe zu diesem Hafen beträgt nur 3,0 Meter. Der Tiefgang ist mindestens 2,0 Meter.

- Telefon
- Wasser
- Lebensmittel
- Benzin/Diesel
- E-Anschluß
- Hafenmeister: Tel. 97 49 70 44
- Nächste Tourist-Information: Ulfborg, Tel. 97 49 17 18

In der Stadt

Torsminde ist eine Fischerstadt, die sich um die Schleuse herum mitten auf einer schmalen, etwa 25 Kilometer langen Landzunge zwischen Nissum Fjord und Nordsee entwickelt hat. Die Schleuse ist sowohl technisch als auch architektonisch so etwas wie eine Sehenswürdigkeit, und auch die **Torsminde Kirche** ist nicht zu verachten; sie ist in dem früheren Rettungsbootshaus der Stadt eingerichtet worden.
Etwas südlich der Stadt sieht man einen Gedenkstein, der an eine Strandung am Weihnachtsabend 1811 erinnern soll, als zwei britische Linienschiffe, „Defence" und „St. George", vor dem Fjaltring Strand auf Grund liefen. Fast alle Besatzungsmitglieder, insgesamt 1351 Mann, fanden in den eiskalten Wogen den Tod. Die Leichen, die nach und nach an Land trieben, wurden in den Dünen begraben. Allein auf der Strecke südlich von Nymindegab spülte das Meer 80 Leichen an das Ufer. Im Volksmund wurden die vielen Dünen, in denen man die toten Engländer begrub, mit dem düsteren Namen **Dødemandsbjergene** belegt. Inzwischen wurde in Torsminde ein **Strandungsmuseum** eröffnet. Allein von der „St. George" sind ungefähr 4000 Gegenstände geborgen worden, die in diesem neuen Strandungsmuseum erhalten werden.

Die Umgebung

Sollte es die Durchfahrtshöhe bei gelegtem Mast zulassen, so kann man in den Nissum Fjord einlaufen, der durch die Landzunge Bøvling Klit vom Meer abgeschirmt ist. Hier gibt es Heide, fischreiche Gewässer und ein reiches

Vogelleben. Alles dies vereint sich zu einer ganz einzigartigen dänischen Naturlandschaft, die gleichzeitig rauh und milde ist.
In Felsted Kog, dem südöstlichen Teil des Fjordes, und im Bøvling Fjord nach Norden zu sind Vogelschutzgebiete, von denen Segler mindestens 0,5 Seemeilen Abstand halten sollen.

Von Torsminde nach Hvide Sande

23 Seemeilen südlich von Torsminde liegt Hvide Sande, das die Einfahrt in den Ringkøbing Fjord bildet. Von der See aus, mit nur wenigen Seemeilen Entfernung betrachtet, bietet die Küste nicht viele Nuancen. Die Küstenlinie fließt in einem langen Sandstrand zusammen, und dahinter erstrecken sich Dünen, die mit Seegras bewachsen sind. An exponierten Stellen markieren Baken mit verschiedenen Toppzeichen die Küstenlinie.

Hvide Sande

Dies ist ein großer Fischereihafen. Westlich vor der Entwässerungsschleuse können Gastsegler freie Plätze im Nordhafen bekommen. Die Durchfahrtsschleuse in den Ringkøbing Fjord hinein liegt am Ende des Südhafens und kann rund um die Uhr kostenlos benutzt werden. Die Mindesttiefe beträgt 3,5 Meter. Um zum Yachthafen nordöstlich hinter der Entwässerungsschleuse im Ringkøbing

- Telefon
- Wasser
- Lebensmittel
- Benzin/Diesel
- E-Anschluß
- Hafenmeister: Tel. 97 31 16 33
- Fahrradverleih
- Nächste Tourist-Information: Troldbjergvej 4, Tel. 97 31 14 84

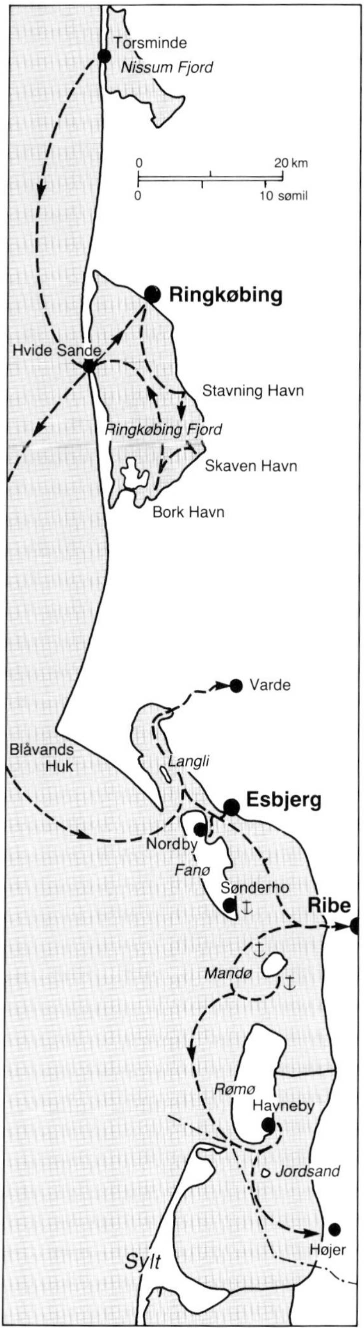

Fjord zu gelangen, der hier „Æ gammel Havn“ genannt wird, muß man die Durchfahrtsschleuse benutzen. Im Hafenbecken ist Platz für 100 Boote, und die Wassertiefe beträgt 1,6 Meter. Das gemütliche kleine Clubhaus der Hvide-Sande-Segler steht an der Einfahrt.

In der Stadt

Mitten auf Holmsland Klit, dem 35 Kilometer langen und bis zu 2,5 Kilometer breiten Landstreifen zwischen dem Ringkøbing Fjord und der Nordsee, liegt die Stadt Hvide Sande. Sie hat sich erst spät nach der Fertigstellung von Kanal und Hafen 1931 entwickelt. Die Stadt erhielt 1954 eine eigene Kirche, und die Gemeinde umfaßt die ganze langgestreckte Landzunge.

Von Hvide Sande nach Ringkøbing

Segelt man das erste Mal in den Ringkøbing Fjord, ist es sicher interessant, das Gewässer näher zu erforschen, und wenn die West-Brise stärker auffrischt, kann man in einem der vier Häfen des Fjords Schutz suchen. Da man die tiefste Stelle mit nur drei Metern angibt, entsteht leicht eine unangenehme See. Eine 20 Meter breite und 0,6 Seemeilen lange, gut gekennzeichnete Fahrrinne führt von Hvide Sande über das Nordre Dyb direkt zum Hafen von

Ringkøbing

Dies ist ein Fischerei- und Werfthafen sowie ein moderner Yachthafen. Am zentralsten liegt man im Alten Hafen nordöstlich des Yachthafens. Die Stadt ist nicht gerade überlaufen von segelnden Touristen, so daß niemals Platzmangel herrscht. Das liegt wohl besonders daran, daß der Weg nach Ringkøbing nur von der Nordsee aus erfolgen kann. Die Mindesttiefe beträgt 2,8 Meter in der Zufahrt, 2,5 Meter im Alten Hafen und 2,0 Meter im Yachthafen.

In der Stadt

Ringkøbing ist eine moderne Stadt, die viel von ihrem ursprünglichen Gepräge bewahrt hat. Dies gilt besonders für den alten Stadtkern, u. a. für **Torvet 18** und **20**, wo das „Hotel Ringkøbing“ und der alte Bürgermeisterhof stehen. Auf dem Marktplatz steht außerdem eine Rekonstruktion der alten **Stadtpumpe** und ein **Standbild** des früheren Ministerpräsidenten I. C. Christensen, auf dem **Museumsplatz** findet man eine Bronzestatue des Grönlandforschers Mylius-Erichsen.

Das **Ringkøbing Museum** ist ein Stadt- und Heimatmuseum, 1908 gegründet und in einer Villa aus dem Jahre 1922 mit einem neueren Anbau eingerichtet. Das Museum ist für zwei Dinge bekannt: einige schmucke Ga-

Der Hafen von Hvide Sande mit dem Clubhaus

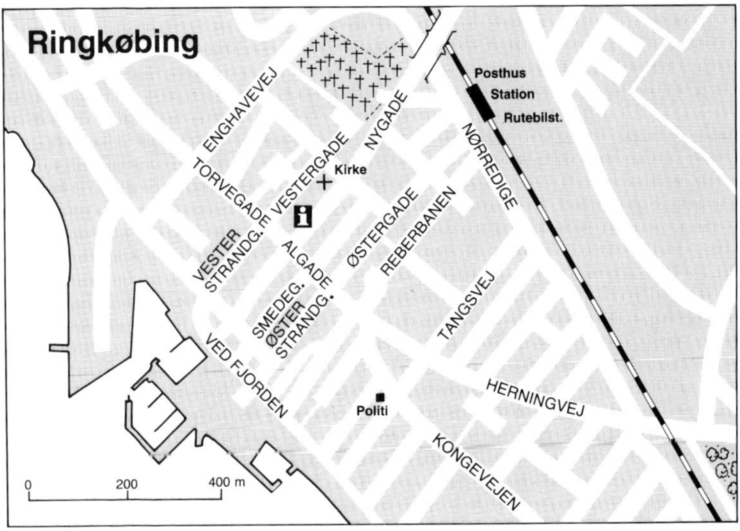

lionsfiguren, bei denen eine große Figur die anderen überschattet. Es ist die einzige erhaltene Galionsfigur aus dem 18. Jahrhundert in dieser Größenordnung. Sie wurde an den Strand getrieben und stand viele Jahre im Garten eines einheimischen Bauern, bis sie in den 30er Jahren ins Museum kam.

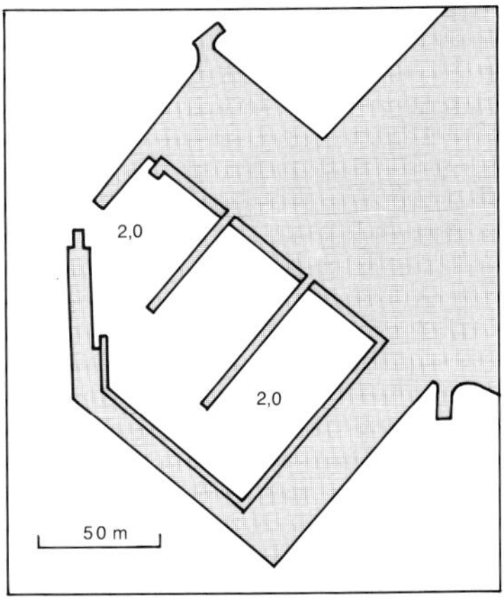

Ein etwas anderes Objekt ist die Kuriosität des Museums, ein **Keuschheitsgürtel**, auch Frauenzimmerschloß genannt. Der Gürtel stammt aus Falstergård bei Skjern und datiert vermutlich aus der Zeit um 1600. Er wurde möglicherweise damals im Zusammenhang mit einem Strafverfahren gegen den Gutsherrn auf Herningsholm beschlagnahmt.

Die **Kirche** ist das einzige Gebäude, das aus der ältesten Zeit der Stadt bewahrt ist.

Der Keuschheitsgürtel im Ringkøbing Museum

Von Ringkøbing nach Stavning

Beim Verlassen des Hafens von Ringkøbing bleibt man zunächst in der Fahrrinne. Nach Passieren der rotweißen Ansteuerungstonne dreht man nach Süden und läßt die langgestreckte Sandinsel, das Schutzgebiet Klægbanke, an Backbord. Weiter südöstlich davon zweigt eine 0,9 Meter tiefe, bezeichnete Fahrrinne über Stavning Grund nach Nordosten ab, an deren Ende ein Minihafen liegt

Stavning Fischerei- und Yachthafen

Der Stavning Yachthafen liegt im Hafenschlauch vor dem kleinen Fischereihafen, und in beiden beträgt die Wassertiefe nur etwa 1,2 Meter, was ja die Besucherzahl begrenzt. Der Hafen zeichnet sich durch seine Lage in sehr schöner Natur aus, und die Umgebung ist typisch für Westjütland mit schilfgesäumten Ufern, großen, weiten Flächen und einem reichen Vogelleben. Doch hier kann es auch rauh sein, wenn der Sturm aus Westen über Meer und Fjord heult.

- Wasser
- E-Anschluß
- Hafenmeister: Tel. 97 36 91 87
- Nächste Tourist-Information: Skjern, Tel. 97 35 18 55

Die Umgebung

Die **Kirche** ist für die Größe des Ortes recht ansehnlich. Sie ist von alten Mauern mit Pforten umgeben, und an allen Eingängen sind Viehroste angebracht, die aus alten Tagen stammen, als man auf diese Weise Schweine und Rinder davon abhalten wollte, in den Friedhof einzudringen und hier Zerstörungen anzurichten.

Auf dem Flugplatz Stavning, vier Kilometer entfernt, befindet sich die **Dansk Veteranflysamling**, wo die Oldtimer der Lüfte ausgestellt werden, alte Fotos ergänzen die Eindrücke aus der Geschichte der Fliegerei und berichten über die rasante Entwicklung dieser Fortbewegungsart.

Von Stavning nach Skaven

Zunächst muß man die schmale Fahrrinne zurücksegeln, um die flachen Gewässer zu meiden, die diese Küste prägten. Danach setzt man den Kurs einige wenige Seemeilen nach Süden auf die rot-weiße Tonne am Beginn einer Fahrrinne ab, die in einen neuen, privaten Yachthafen hineinführt, der in einem Ferienhausgebiet liegt.

Skaven/Skavenhus Strand

Es gibt hier 140 Liegeplätze, doch leider beträgt die Wassertiefe in der Fahrrinne und dem Hafenbecken nur 1,0 Meter. Die Umgebung bietet schöne Natur und ist reich an Vögeln, doch auch recht isoliert, abgesehen von den Sommerhausgästen. Der Skaven Bootsclub nennt sein neues Clubhaus im Hafengebiet „Rødhaette“ (Rotkäppchen).

- Telefon
- Wasser
- Lebensmittel
- E-Anschluß
- Hafenmeister: Tel. 97 37 40 69
- Nächste Tourist-Information: Tarm, Tel. 97 37 18 28

Von Skaven nach Bork

Im südlichen Zipfel des Ringkøbing Fjords liegt der Hafen von Bork. Wenige Seemeilen nordöstlich davor passiert man den sehr kleinen Fischerei- und Jollenhafen **Hemmet**. Die Zufahrtsrinne ist mit Pricken markiert, und seine Mindesttiefe beträgt 0,7 Meter. Bork liegt bei Nymindegab, wo der Fjord früher einmal eine Verbindung zur Nordsee besaß.

Bork

Hier findet man einen großen Fischerei- und Yachthafen mit 250 Liegeplätzen auf Wassertiefen zwischen 1,1 und 1,8 Metern. Der Hafen von Bork gehört praktisch zu einem Ferienzentrum mit Kaipromenade, gesäumt von „Skagenhäusern“, in denen viele elegante Geschäfte untergebracht sind; u. a. Sport-Boutique, Surfschule, Münzwaschsalon, Hafencafé, Hotel und Restaurant. Man kann hier schon von einem starken Kontrast zu den übrigen Fjordhäfen sprechen.

- Telefon
- Wasser
- Lebensmittel
- Benzin/Diesel
- E-Anschluß
- Hafenmeister: Tel. 75 28 02 46
- Fahrradverleih
- Nächste Tourist-Information: Tarm, Tel. 97 37 18 28

Die Umgebung

Tipperne und **Værnengene** (4 Kilometer) sind durch Sandablagerungen und Marschlandbildung entstanden. Tipperne und die umgebenden Gewässer sind ein sehr wertvolles Vogelschutzgebiet für Möwen, Seeschwalben, Stelzvögel, Enten, Gänse und Schwäne. Um den Vögeln die notwendige Ruhe zu sichern, besteht das ganze Jahr über Jagd- und Fischereiverbot sowie ein Befahrensverbot. Für Interessierte ist der Zugang zu Tipperne jeden Sonntag in der Zeit vom 1. April bis zum 31. August von 5.00 bis

10.00 Uhr frei, ferner vom 1. September bis zum 31. März von 10.00 bis 12.00 Uhr – jedoch nie vor Sonnenaufgang. Hier besteht auch die Möglichkeit, den Vogelturm zu besteigen, das Minimuseum zu besichtigen und einen Naturpfad entlangzuwandern.

Værnengene besteht aus saftigen Wiesen, wo auch eine beachtliche Vogelwelt lebt, die man u. a. auf dem Weg nach Tipperne beobachten kann.

Von Bork nach Varde

Der Törn zum nächsten Hafen wird etwas länger werden, verglichen mit den vorher beschriebenen Hüpfern von Hafen zu Hafen. Bevor man die Schleuse in Hvide Sande wieder erreicht, sollte man in angemessener Form auf die Vogelwelt im südlichen Teil des Ringkøbing Fjords Rücksicht nehmen, indem man mindestens einen Abstand von einer Seemeile zu Værnengene hält.

Von Hvide Sande aus folgt ein Törn auf offener See über 28 Seemeilen zum westlichsten Punkt Jütlands, Blåvandshuk, die man in einem Abstand von mindestens fünf Seemeilen von der Küste passieren sollte. Hier führt das gut markierte Fahrwasser Slusen durch Horns Rev, das sich etwa 19 Seemeilen nach Westen von der Küste aus erstreckt. Von Blåvandshuk bis zur roten Leuchttonne bzw. der

Kardinaltonne Nord am Grådyb, der Einfahrt u. a. nach Esbjerg, sind es zwölf Seemeilen. Weitere fünf Seemeilen sind es in diesem Fahrwasser, bis man Fanø und Skallingen querab hat und ruhigere See erreicht. Die Gezeiten setzen mit bis zu zwei Knoten durch das Grådyb quer zur Fahrrinne. Große Schiffe können Sog verursachen, und unberechenbare Windverhältnisse erschweren die Fahrt in den engen Rinnen. Man muß daher auf diese großen Schiffe Rücksicht nehmen, die gezwungen sind, sich sehr genau an die Fahrrinnen zu halten. Auslaufende Schiffe müssen auf einfahrende warten.

Trotz alledem ist es möglich, in gezeitenabhängigen Gewässern zu segeln, aber nicht mit jedem Boot und auch nicht einfach irgendwann. Von der Ho Bugt nördlich von Esbjerg durch die Deutsche Bucht und weiter südlich bis nach Den Helder in den Niederlanden ist die Nordseeküste ein eigenes Gewässer mit einem einmaligen Charakter. Ein Meer, in dem man bei Ebbe waten kann, daher der Name Vadehavet im Dänischen, Wattenmeer im Deutschen. Ein Törn durch die geschützten Wattengewässer wird also von den Gezeiten bestimmt. Wenn der mittlere Tidenhub bei etwa 1,5 Metern liegt, ist es selbstverständlich von Bedeutung, ob eine Fahrrinne 0,5 oder 2,0 Meter Wasser hält. Deshalb ist eine Gezeitentafel ein unentbehrliches Hilfsmittel an Bord, und der Törn muß danach geplant werden, auch im Hinblick auf die Stromverhältnisse. Hjerting Løb ist mit grünen und roten Tonnen mit Toppzeichen, Kardinaltonnen und Pricken bezeichnet und führt nach Norden in die Ho Bugt zwischen der Festlandküste und Langli, der nördlichsten von Dänemarks fünf Nordseeinseln.

Auf dem 85 Hektar großen **Langli** stehen zwei Häuser, doch es wohnt niemand ständig auf der Insel. Zwei Männer sind bei der Naturschutzbehörde angestellt, um die Vögel rund um die Insel bei Hoch- und Niedrigwasser zu zählen und darauf aufzupassen, daß keine ungebetenen Gäste kommen. In einem Gebiet östlich der Insel sowie auf der Insel selbst ist der Zutritt verboten, außer in der Zeit vom 16. Juli bis zum 15. September.

Es gibt hier ein reiches Vogelleben, doch auch der Hase ist auf der Insel heimisch, und der Fuchs kommt bei

Die Anleger am Flußufer von Varde

Niedrigwasser von Skallingen herüber. Einige der Tiere richten ganz einfach ihren Tagesrhythmus nach den Gezeiten aus. Sie warten bei Nyeng auf Ebbe, waten zur Insel hinüber, finden etwas Eßbares und laufen beim nächsten Niedrigwasser zurück nach Skallingen. Auch Seehunde kann man aus der Distanz auf Langli Sand beobachten.

Im Norden der Ho Bugt mündet der Varde-Fluß mit seinem offenen Mini-Delta. Der Fluß verbindet die Ho Bugt mit Vardes kleinem Hafen mitten in der Stadt. Der Wasserstand in dem vierzehn Seemeilen langen Flußlauf ist nicht durch Schleusen geregelt, und nur Boote mit Tiefgang bis zu 1 Meter und einer Masthöhe unter 3 Metern können ganz hineinfahren in den Hafen von

Varde

Eigentlich sind es wohl die wenigsten, die Varde, das ein gutes Stück im Landesinneren liegt, mit der Vorstellung von einem Hafen verbinden. Doch es gibt hier sowohl einen Segelclub als auch Hafenanlagen an den Flußufern, sogar bis ganz hinein in den Stadtkern. Am 170 Meter langen Bollwerk befindet sich eine Reihe kleiner Anleger.

- Telefon
- Wasser
- Lebensmittel
- Benzin/Diesel
- E-Anschluß
- Hafenmeister: Tel. 75 22 39 07
- Fahrradverleih
- Nächste Tourist-Information: Torvet 5, Tel. 75 22 32 22

In der Stadt

Varde hat mit seiner günstigen Lage an einem wichtigen Verkehrsknotenpunkt und seiner zentralen Position in einem ausgedehnten Hinterland schon immer eine große Bedeutung als Handelsstadt gehabt, und auch im heutigen Varde mit seinen 18 000 Einwohnern ist der Geist der Vergangenheit noch lebendig, was mehrere alte Gebäude, u. a. die **St. Jacob Kirche**, sowie gemütliche alte Handelshäuser bezeugen.

Das **Varde Museum**, Lundvej 4, ist in einem dreiflügeligen Gebäude im alten Varde-Stil eingerichtet. In den 32 Räumen sind Sammlungen u. a. von Möbeln verschiedener Stilarten, Gebrauchsgegenstände, Textilien aus der Region, Jütentöpfe (schwarzirdene Töpfe) und Gemälde älterer Sammlungen einheimischer westjütländischer Motive, ausgeführt durch den Maler Chr. Lyngbo, ausgestellt.

Die **Mini-Stadt** in Varde, eine Miniaturausgabe des alten Varde, das es in natura wegen des unachtsamen Umgangs der Einwohner mit offenem Feuer in alten Zeiten nicht mehr gibt, findet sich in der Arnbjerganlage. In handwerklich exakt hergestellten Miniaturen wurde Varde im Größenverhältnis 1:10 so wieder erschaffen, wie es etwa im Jahre 1800 aussah.

Das **Varde Sommerland**, Gjellerupvej 49, ist ein gigantischer Spielplatz mit allen Finessen für die ganze Familie. Ist erst einmal der Eintritt bezahlt, so sind alle Herrlichkeiten kostenlos, u. a. Rutschbahnen, Schwebebahnen, Bowling, Minigolf, Schießstände, Hüpfburgen, Mondautos, Ponyreiten, Seen mit Ruderbooten und Kanus.

Von Varde nach Esbjerg

Es ist absolut nicht eintönig, den Fluß entlang zurückzusegeln, denn der Eindruck ändert sich ständig, das Wasser steigt und fällt mit den Gezeiten in der Bucht. Flußsegeln verlangt, daß man dem natürlichen Stromverlauf folgt und niemals eine Kurve schneidet.

Wenn die Gezeitentafel richtig angewendet wird (z. B. Start in Varde zwei Stunden vor Hochwasser), ist die Navigation flußabwärts in die Ho Bugt und weiter durch das bezeichnete Hjerting Løb problemlos. Bleibt der Lilko Sand an Backbord, so erreicht man

Esbjerg

Die Ansteuerung erscheint insbesondere nachts auf den ersten Blick etwas verwirrend, diese leitet aber die großen Schiffe in einen der vier verschiedenen Bereiche dieses Industrie-, Handels-, Fischerei- und Fährhafens. Am besten nimmt man vorher über UKW-Kanal 12, 13 bzw. 16 Kontakt mit dem Hafenmeister wegen eines Liegeplatzes auf. Normalerweise wird man in den etwas abseits gelegenen Trafikhavn (Handelshafen) an die Stege für Yachten im südwestlichen Beckenbereich gewiesen.

- Telefon
- Wasser
- Lebensmittel
- Benzin/Diesel
- E-Anschluß
- Hafenmeister: Tel. 75 12 92 00
- Nächste Tourist-Information: Skolegade 33, Tel. 75 12 55 99

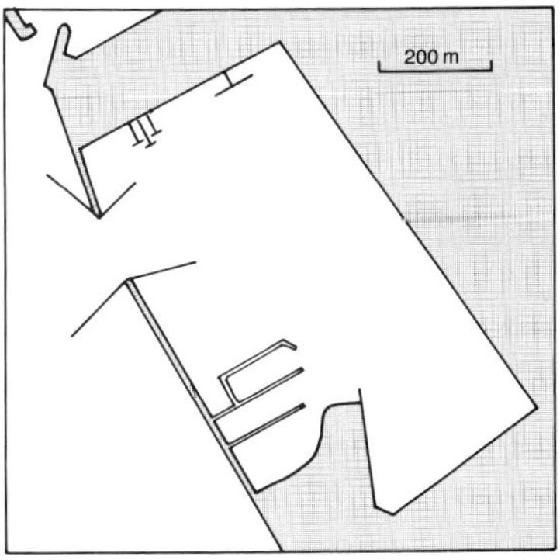

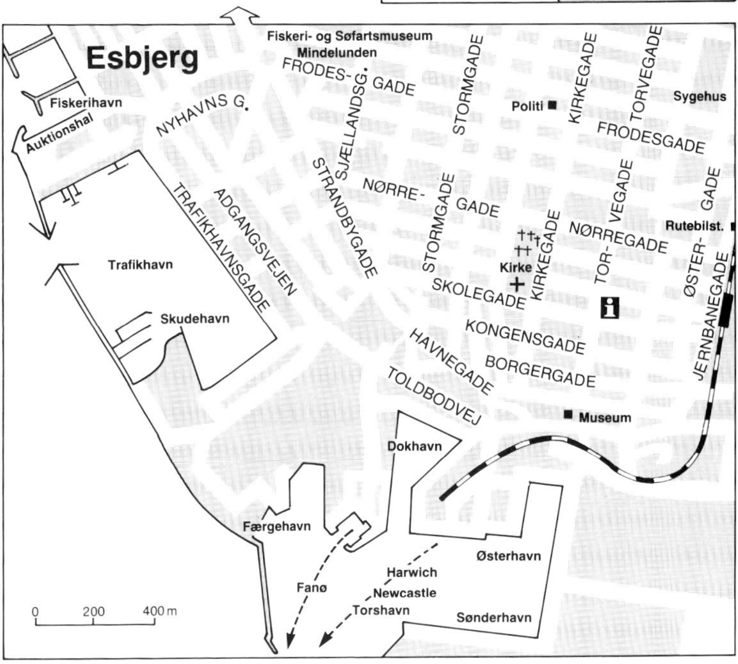

In der Stadt

Esbjerg ist eine junge Stadt mit Stadtrechten seit 1898. Als Dänemark im Frieden von 1864 Südschleswig und damit auch den Westküstenhafen Husum verlor, wurde beschlossen, den Hafen Esbjerg anzulegen. Er wurde 1874 eröffnet, und nachdem eine Bahnverbindung existierte, wuchs Esbjergs Bedeutung als Ausfuhr- und Fischereihafen, so daß es heute die fünftgrößte Stadt des Landes ist.

Es ist sehr unterhaltsam, bei einer **Fischauktion** im Fischereihafen dabeizusein, dessen Auktionshalle mit 225 Metern Länge die größte in Nordeuropa ist. Hier herrscht ein buntes Volksgewimmel bei den Auktionen, die an Werktagen jeden Morgen um 7.00 Uhr stattfinden.

Der 1962 eingeweihte **Kunstpavillon** in der Havnegade ist ein Museum für moderne dänische Kunst, u.a. mit einer vortrefflichen Sammlung von Gemälden und Skulpturen führender dänischer Künstler. Einen effektvollen Hintergrund für das Ausstellungsgebäude bildet Esbjergs sehr eigenwilliger **Wasserturm** von 1897; mit seinen lustigen Erkertürmen erinnert er fast an eine Burg am Rhein.

Das **Buchdruckereimuseum**, Borgergade 6, zeigt eine mittelgroße dänische Buchdruckerei und beleuchtet die 500jährige Geschichte dieses Handwerks.

Das **Esbjerg Museum**, Nørregade 25, legt das Hauptgewicht auf die Geschichte der Stadt Esbjerg, gibt einen Einblick in alte Haushalte und Werkstätten.

Der Kutter im Fischerei- und Seefahrtsmuseum in Esbjerg

Die Seehunde im großen Salzwasserbecken im Fischerei- und Seefahrtsmuseum Esbjerg

Das **Fischerei- und Seefahrtsmuseum**, Tarphagevej, berichtet über Leben und Arbeit der Fischer, ihre Geräte, Fangmethoden und Schiffe, sowie über die Entwicklung von der Jollenfischerei an der offenen Küste zum modernen Fischereihafen. Ein richtiger Kutter mit all seinen Funktionen steht den Besuchern offen. Große Modelle illustrieren die vielen Boots- und Schiffstypen, die Fischerdörfchen der Westküste und den arktischen Walfang.

Bei Erscheinen dieses Buches wird noch an einer großen Erweiterung des Museums um 11000 Quadratmeter gearbeitet. Es soll eine Freiluftausstellung auf dem Gelände in unmittelbarem Anschluß an die schon vorhandenen Ausstellungshallen des Museums eingerichtet werden. Es ist daran gedacht, einen Hafen, jedoch ohne Wasser, mit Kaianlagen und Schiffen zu erstellen. Im Hafenbereich sollen Geräteschuppen, eine Segelmacherei sowie eine Reepschlägerei entstehen. Das Museum will auch einen freigelegten Bunker aus dem Zweiten Weltkrieg hierher überführen, von denen es so viele an der Westküste gibt – große Pläne für die kommenden Jahre.

Im gleichen Museum befinden sich auch 25 **Salzwasseraquarien** mit insgesamt 100000 Litern Meerwasser. Der Besucher kann dort einen breiten Ausschnitt aus dem Tierleben in den dänischen Gewässern – teils die Fische, die der Fischer fängt, teils die Tiere, die die Fische selbst fressen – beobachten. Das 500000 Liter große Außenbecken, wo etwa zehn verspielte Seehunde sowohl über als auch unter Wasser betrachtet werden können, letzteres durch einige große Panoramafenster, vervollständigt dieses bemerkenswerte Museum.

Von Esbjerg nach Fanø

Es ist nicht weit bis nach Nordby auf Fanø, doch man ist gezwungen, der gewundenen Fahrrinne zu folgen, und dadurch wird die Entfernung fast verdoppelt. Südlich des Fähranlegers auf Fanø liegt der kleine Hafenkai an der Langlinie. Etwa 400 Meter weiter südlich davon öffnet sich der

Nordby Yachthafen

Wer in diesen neuausgestatteten Yachthafen will, hält sich mit 164,1° in der Richtbakenlinie. Man strebt an, Zufahrt und Hafen 2,5 Meter tief zu halten, aber Wind und Gezeiten haben auf die Wassertiefen hier sehr starken Einfluß – es kann also erheblich weniger sein. Die Schwimmstege bieten etwa 70 Yachten Platz.

- Telefon
- Wasser
- Lebensmittel
- E-Anschluß
- Hafenmeister: Tel. 75 16 31 00
- Fahrradverleih
- Nächste Tourist-Information: Havnepladsen, Tel. 75 16 26 00

In der Stadt

Trotz eines massiven Touristenstromes im Sommer lebt das Idyll noch stellenweise in den verwinkelten Straßen und Gäßchen der alten Schifferstadt. Gemütliche Lotsenhäuser, hundertjährige Fachwerkhäuser und ein älteres Navigationsschulgebäude tragen dazu bei, daß die Stadt ihr Gepräge bewahrt hat.

Das **Fanø Museum**, Skolevej 1, ist in einem typischen, 200 Jahre alten Schifferheim zu Hause und enthält Schiffsmodelle, Gemälde und Zeichnungen sowie Gegenstände, die von den Seeleuten von ihren Reisen über die Meere mitgebracht wurden.

Die **Schiffs- und Trachtenausstellung**, Hovedgaden 26, bietet Schiffsmodelle und eine Reederstube, wie sie zur Zeit der Segelschiffe aussah, und dazu noch eine einzigartige Sammlung originaler Fanøtrachten.

Die **Nordby Kirche** wurde 1786 erbaut und zeigt innen und außen typi-

Ein altes Lotsenhaus auf Fanø

sches Rokokogepräge. Der Kirchenraum ist mit fünf einmaligen Votivschiffen geschmückt, unter anderem einer Miniaturausgabe des Kriegsschiffes „Norske Løve“ von 1750. An der Langlinie vor dem Schifferhaus steht eine Säule mit den Flutmarken der Insel. Sie ist mit fünf Strichen markiert, wann das Wasser meterhoch in der Stadt gestanden hat. Das war 1909, 1928, 1968, 1976 und 1981.

Die Insel

Fanøs Geschichte vor der 160 Jahre währenden Epoche, in der es eine große Segelschiffsflotte beherbergte, handelt von Sandstürmen, zerstörten Feldern, Sturmflut und Armut.
Der König ließ 1741 Besitztümer des Vorwerkes Ribehus, darunter die Inseln Fanø und Mandø, zur Versteigerung kommen. Die armen Einwohner, die bis zu diesem Zeitpunkt als Fischer oder mit einer kümmerlichen Landwirtschaft ihr Leben gefristet hatten, schickten Abgesandte nach Ribe, um für ihre Insel ein Gebot abzugeben. Ganz ohne Mittel waren sie nicht, denn die jungen Männer von der Insel hatten schon seit längerem in den Niederlanden angeheuert, u. a. auf Walfangbooten.
In Ribe erhielten die Abgesandten aus Fanø den Zuschlag für die Insel – nach der Überlieferung nicht ohne List. Man bestach nämlich den Rathausbeamten dafür, daß er die Rathausuhr eine Stunde vorstellte, wodurch man einen gefährlichen Mitbieter, den Gutsherrn auf Trøjborg, zum Narren machte, der ein berüchtigter Leuteschinder war. Als er zur Auktion kam, war diese schon vorbei. Der Stiftsamtmann Gabel, der die Auktion leitete, mißverstand außerdem noch die Gebote, so daß er die Insel mit Strand- und Jagdrechten verkaufte, womit die Abgesandten der Insel nicht gerechnet hatten.
Fanøs Bewohner bekamen ihre Insel, und Christian VI. unterschrieb am 19. Dezember 1741 die königliche Urkunde über den Besitzwechsel, die seitdem als „Fanøs Freiheitsbrief“ bezeichnet wird.

Sønderho

Wenn man Lust auf eine Fahrradtour von je zwölf Kilometern hin und zurück hat, gelangt man zu einem Schifferdörfchen, das noch gemütlicher und typischer ist als Nordby. Dies ist Sønderho an Fanøs Südende, das zu Recht für seine wohlerhaltenen Häuser mit ihren malerischen Eingangspartien berühmt ist. Sønderho läßt sich, was seinen Baustil angeht, mit Dragør oder Marstal vergleichen. Die 200 strohgedeckten Häuser des Dorfes stehen reihenförmig angeordnet in ost-westlicher Richtung, um sich so vor den Westwinden zu schützen. Sie ähneln einer Flotte, die im Schutz der Dünen vor Anker liegt.
Der **Krogård**, der heute immer noch als Kro benutzt wird, kann seine Geschichte bis auf das Jahr 1722 zurückführen, in dem er in einem Pachtbrief genannt wurde. Damals waren die Gebäude neu errichtet worden. Von der Inneneinrichtung ist die Gaststube erwähnenswert, die barocke Türfüllungen und Kacheln an den Wänden aufweist. **Hannes Haus,** Skolevej 10, ist ein bescheidenes, aber nicht armseliges Sønderho-Wohnhaus aus der Zeit, als Fanø Heimat einer großen Segelschiffsflotte war. „Fonden Gamle Sønderho“ kaufte 1965 für einen fast symbolischen Betrag das Haus von der Schneiderin Karen Sørensen. Sie und ihre Mutter, Hanne Sørensen, hatten bis zu dieser Zeit fast einhundert Jahre ohne nennenswerte Veränderungen an der Einrichtung und Ausstattung des Hauses dort gelebt.
Die **Kirche** wurde 1782 als Ersatz für eine alte verfallene Fachwerkkirche erbaut. Der Kirchenraum ist wie ein

Versammlungssaal mit einer Balkendecke und einer einzelnen Reihe Stützpfeiler in der Mitte ausgestaltet. Auf dem Friedhof steht das **Seefahrtsdenkmal** einer Fanøfrau, die von einer Düne über das Meer hinausspäht. An dem Denkmal kann man lesen: „Sønderho war einst Heimat für Dänemarks größte Segelschiffsflotte, deren Schiffe auf allen Meeren bekannt waren. Über 500 Seeleute kehrten niemals zurück. 1825 wurden 40 Frauen Witwen und 100 Kinder vaterlos."

Die Fahrradtour zurück nach Nordby kann man auf dem Weststrand unternehmen, vorbei an Ringby Strand bis zum Fanø Bad mit dem nostalgischen Kurhotel „Kongen af Danmark". Als Kontrast steht heute daneben das neue „Hotel Nordsee". Am Strand begegnet man häufig Strandseglern, die, je nach Windstärke, eine ganz beachtliche Geschwindigkeit erreichen können.

Ja, man kann schnell sein Herz an diese wunderschöne Insel verlieren. Ein einziger Besuch genügt, um zum Inselfan von Fanø zu werden!

Von Nordby nach Ribe

Der Törn von Fanø nach Ribe erfordert schon gewisse Ortskenntnisse, da der größte Teil dieses Reviers bei Ebbe trocken fällt. Üblicherweise startet man zwei Stunden vor Hochwasser; an schwierigen Stellen wartet man bei Grundberührung nur etwa fünf bis zehn Minuten, dann wird das Boot wieder hochgehoben.

Gleich südlich des Hafens von Esbjerg führen einige Überlandleitungen in einer Höhe von 6,7 Metern über das Fahrwasser hinweg, die drei Pfeiler sind befeuert. Am schwierigsten ist das Wattenhoch hinter Fanø zu passieren; hier treffen nämlich das von Norden und das von Süden kommende Hochwasser aufeinander. Es herrscht keine nennenswerte Strömung, daher bleibt der Sand wie eine Barre quer im Priel liegen. Das bezeichnete Wattfahrwasser ändert seinen Lauf ständig. Kann man nördlich Vese Banke noch mit 0,9 Meter Tiefe rechnen, muß man südlich im Kelding Lo von 0,6 Meter ausgehen. Das tiefe Knudedyb windet sich nun aus Westen in dieses Revier: Im Norden bleiben die Südspitze von Fanø und der Keldsand und im Süden die Insel Mandø liegen.

Ein abzweigendes Fahrwasser, der Ribe Strøm, mündet im bezeichneten Ribe Løb, das nun zum 0,4 Meter tiefen Flüßchen Ribe Å führt. Gleich an der Mündung wartet die 1,25 Meter tiefe

Kammerschleuse

Den Schleusenwärter kann man telefonisch unter 75 42 07 97 nach Bedienung fragen. Bei einer Durchfahrtshöhe von über 3 Metern muß dann auch die folgende Drehbrücke geöffnet werden, beide Vorgänge sind leider nicht kostenlos. Die Gebühren werden aufgeteilt, wenn mehrere Boote gleichzeitig durchfahren. Möchte man, daß die Schleuse geöffnet wird, so macht man an den Landungsbrücken fest, an denen bei Hochwasser mindestens 1,25 Meter Tiefe ist, und sucht hier den Schleusenwärter auf.

Von der Kammerschleuse sind es drei Seemeilen in die Stadt auf dem gewundenen Lauf des Ribe Å. Hier gilt, daß nur Boote mit Tiefgang bis zu 1,0 Meter und Masthöhe unter 3 Metern die Schiffsbrücke im Zentrum von Ribe oder den kleinen Bootshafen am Rande der Stadt anlaufen können.

Ribe Bootshafen

Die Schiffsbrücke am Ufer des Flusses ist der Hafen der Stadt. Heute legen hier nur Yachten und das Ausflugsboot „Ribehus" an, das von Mai bis September durch die Marschlandschaft hinaus zur Kammerschleuse und ins Wattenmeer hinausfährt – eine Tour, die in jeder Richtung 45 Minuten dauert. Gegenüber dem Gasthaus „Seehund“ steht der Nachbau eines alten Ewers, flachbödig und mit großen Seitenschwertern, ein richtiges Schiff zum Anschauen. „Johanne Dan“ heißt dieser Segler. Im Bootshafen gibt es ein Clubhaus, Toiletten und Duschen.

- Telefon
- Wasser
- Lebensmittel
- Benzin/Diesel
- E-Anschluß
- Hafenmeister: Tel. 75 42 07 95
- Fahrradverleih
- Nächste Tourist-Information: Torvet 3–5, Tel. 75 42 15 00

In der Stadt

An der Schiffsbrücke, etwa hundert Meter nördlich der „Johanne Dan“, steht eine **Säule mit Flutmarken**. Die schlimmsten Katastrophen in Ribes Geschichte sind auf dieser Säule gekennzeichnet, deren oberster Ring, gut sechs Meter über dem normalen Wasserstand, eine Sturmflut markiert, die 1634 viele Höfe und Häuser fortspülte und mehrere tausend Menschen ertränkte. Noch 1976 mußten gefährdete Gebäude bei einer drohenden Sturmflut evakuiert werden.

Ribe ist eine ehrwürdige Stadt, die älteste Dänemarks, in der bis weit zurück in die Wikingerzeit ein reges wirtschaftliches Leben blühte. Hier war es, wo der Adel und die Großen des Landes Wein, Kleidung und andere Güter kauften, die von Süden und Westen mit dem Schiff hierher gebracht wurden. Diese Bedeutung als Handelshafen des Reiches behielt der Ort bis ins 17. Jahrhundert hinein bei.

Dann folgte ein langer Zeitraum mit ständigem Rückgang. Ganz schlimm wurde es nach dem Krieg gegen die Preußen 1864, als die Stadt ihr Hinterland südlich des Flusses Konge Å verlor. Gleichzeitig wurden der Hafen

Ribe: Ruhige Liegeplätze an den Ufern des Ribe Å

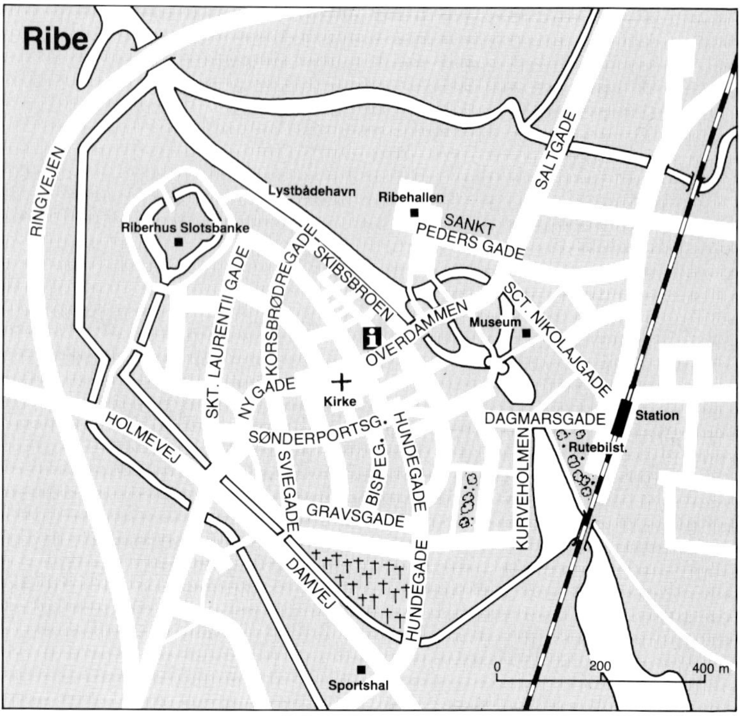

Esbjerg 1874 eingeweiht, und wenn man auch versuchte, die Schiffahrt auf dem Ribe Å mit den flachgehenden Ewern zu fördern, die direkt hinein bis ins Zentrum fahren konnten, reichte dies doch nicht aus, um sich gegen die Konkurrenz zu behaupten.

Die heutige Bedeutung Ribes liegt vor allem in den architektonischen und historischen Zeugnissen. Der Fremdenverkehr hat in der Stadt in den letzten Jahren stark zugenommen, und der Handel wird kräftig durch die vielen Gäste belebt, die die alte Großstadt besuchen, wo man in den gleichen Straßen herumlaufen und die gleichen Gebäude betrachten kann wie die Dänen des Mittelalters.

Im Sommer, vom 1. Mai bis zum 15. September, kann man auch gemeinsam mit dem **Nachtwächter** einen Stadtrundgang unternehmen, der jeden Abend um 22.00 Uhr seine traditionelle Runde durch die gemütlichen alten Straßen absolviert. Da hört man ihn sein Wächterlied singen und lauscht seinen Anmerkungen über die dramatische Geschichte und die vielen Sehenswürdigkeiten auf dem Wege – gewürzt mit heiteren Randbemerkungen. Er beginnt seinen Rundgang von Weis Stue bei Torvet 2 aus.

Als Besucher muß man natürlich den wohlbekannten, 47 Meter hohen und viereckigen Turm des **Doms** besteigen, der aus dem 14. Jahrhundert stammt, eingerichtet als Wach- und Sturmglockenturm der Stadt, mit einer meilenweiten Aussicht über die Marschlandschaft.

Schaut man herab, dann hat man einen schönen Blick über die roten Dächer der Stadt. In der Nachbarschaft des Doms sieht man das Alte Rat-

haus, auf dessen Giebelspitze sich die große Touristenattraktion der Stadt, ein **Storchenpaar** – inzwischen das letzte in Ribe –, eingenistet hat.
Das **Ribe Kunstmuseum**, Sct. Nicolajgade 14, ist in einer Patriziervilla zum Ribe Å hinaus eingerichtet worden. Das Museum besitzt eine glanzvolle Sammlung von Gemälden des Goldenen Zeitalters von Dänemark, u. a. Jens Juel, Købke, Lundbye, und die Skagenmaler sind vertreten durch Michael Ancher und P. S. Krøyer.
Zurück zum Hafen folgt man der Hauptstraße über den Fluß. Diese verläuft auf einem Damm, und mitten zwischen den vielen Läden entdeckt man u. a. eine Wassermühle, Schleusen und noch mehr viele schöne Häuser.

Von Ribe nach Mandø

Zwei Stunden vor Hochwasser ist ein guter Zeitpunkt, von der Kammerschleuse aus durch Ribe Løb und Ribe Strøm zu segeln, so daß der steigende

Der Dom in Ribe

Das Storchenpaar auf der Giebelspitze des alten Rathauses von Ribe

Wasserstand das Boot bei einer eventuellen Grundberührung schnell wieder flottmacht. Bei fallendem Wasserstand liegt man über zwölf Stunden lang fest.
Zunächst hält man auf zwei grüne Stangen an Steuerbord zu, wobei bei mittlerem Hochwasser die Wassertiefe nur 1,40 Meter zwischen der Schleuse und diesen Stangen beträgt. Die Entfernung zur ersten Stange hinaus beträgt 2,1 Seemeilen. Hat man die Stangen passiert, segelt man durch das gut gekennzeichnete Knudedyb wieder hinaus in die Fanø Bugt. Querab der rot-weißen Ansteuerungstonne vor dem Knudedyb dreht man nach Süden und hält auf die beiden roten Tonnen vor dem Juvre Dyb zu. Dieses Fahrwasser windet sich zwischen Sælhunde Banke vor Kore Sand und dem Rømø Flak hindurch. An der Gabelung vor Rejsby Stjært dreht man in das markierte Fahrwasser nach Nordosten. Geschützt vom Kore Sand kann man hier südlich vor Mandø auch gut vor Anker liegen.
Man ist gezwungen, beim Ansteuern von Mandø zu drei Vierteln um die hafenlose Insel herumzusegeln. Eine östliche Umsegelung Mandøs ist nicht möglich, weil es dort, wo der künstliche Låningsvej (Dammweg) vom Festland zur Insel führt, keine ausreichenden Wassertiefen gibt.

Mandø

Eigentlich gehört Mandø nicht in dieses Buch, weil die Insel keinen Hafen besitzt, doch der Törn in diese einmalige Wattenlandschaft ist so ganz anders als alles andere in Dänemark, daß Mandø trotzdem eine Beschreibung verdient.
Hier, östlich der Insel, kann man fast von einem geschützten Naturhafen sprechen, auf jeden Fall bei Ebbe, denn dann bietet der Kore Sand Schutz. Es kann nur geraten werden, am Tage bei klarem Wetter mit guter Sicht hier hineinzusegeln, und nur mit Hilfe einer Seekarte vom Wattenmeer. In enger Nachbarschaft dieses Ankerplatzes liegen der schönste Sandstrand der Insel und herrliche Dünen, welche die Möglichkeit bieten, vollständig ungestört zu baden.
Wegen Mandøs verhältnismäßig östlicher Lage innerhalb der eigentlichen Gezeitengewässer, bei der das Wasser bei Ebbe völlig abläuft, konnte ein Watt- bzw. Dammweg angelegt werden, der über fünf Kilometer vom Deich auf dem Festland zum Deich auf Mandø führt. Er ist nur vier Stunden am Tage trocken. Bis 1978 war dies der einzige Weg, den der Postbus benutzte. Doch jetzt ist ein neuer Weg gebaut worden – der Låningsvej –, der 80 Zentimeter höher ist und genau auf dem Niveau liegt, auf das das auflaufende Wasser ansteigt. Dieser Weg kann 20 Stunden am Tag benutzt werden. Es handelt sich um einen Privatweg, einen Weg bei Notfällen, der mit einem Schlagbaum gesperrt war, zu dem nur die Inselbewohner einen Schlüssel besaßen.
Der Schlagbaumwärter starb vor einigen Jahren, und eine seiner letzten Taten auf dieser Erde war es, zehn Zentimeter des Schlagbaums abzusägen, so daß dieser nicht mehr abgeschlossen werden konnte. Er war ein Gegner der Privatnutzung, und heute fahren nun alle und jeder auf dem Låningsvej. Er ist 1,7 Kilometer länger als der alte Wattweg.
Aus 80 Menschen besteht die kleine, isolierte Inselgemeinde. Isoliert, weil entweder zu geringe Wassertiefen vorhanden sind, um zu ihr zu segeln, oder zu große, um dorthin zu fahren. Mandø ist von einem Deich umgeben, und ein weiterer, der Dorfdeich, ist zwischen dem nördlichen und östlichen Teil der Insel sowie dem Dorf gebaut worden, das auf der Westseite im Schutze einer Dünenkette liegt, deren

Die 1860 erbaute Windmühle von Mandø, rechts auf dem Haus ein Storchennest

höchster Punkt sich bis auf zwölf Meter erhebt.

Die Sturmflut im November 1981 durchbrach sowohl den Dorfdeich als auch den Meerdeich. Die ganze Insel wurde überschwemmt, und 17 Stück Vieh und 199 Schafe ertranken, doch es war kein Menschenleben zu beklagen. Nur das Dorf, das hoch hinter den Dünen lag, wurde verschont, doch die beiden Einzelgehöfte wurden ebenso wie die drei Siedlungshäuser außerhalb des Dorfdeiches schwer beschädigt.

Sturmfluten sind jedoch ein Risiko, mit dessen Eintreffen in gewissen Abständen jeder Marschbewohner rechnen muß. Bei der alten Rettungsstation steht eine **Säule mit Flutmarken**. An der Spitze ist eine Kennzeichnung für die berüchtigte Flut von 1634 angebracht, und der Novembersturm von 1981 erreicht einen guten zweiten Platz.

In dem Dorf wurde die kleine **Kirche** in ihrer heutigen Form 1727 errichtet. Die Rentiergeweihe, die als Kleiderhaken an der Südwand der Kirche Verwendung gefunden haben, wurden im Meer westlich von Mandø gefunden. Man schätzt ihr Alter auf 10 000 Jahre.

Die **Windmühle** im Norden des Dorfes wurde etwa 1860 erbaut. Es gibt auch einen gemütlichen Kro auf der kleinen Insel. Das **Museum**, das Mandøhuset heißt, stammt von etwa 1831 und hat sich seitdem in Stil und Einrichtung nicht verändert. Es ist das Wohnhaus eines Schiffers zu Zeiten der Segelschiffahrt vor 100 Jahren.

An keinem anderen Ort in Dänemark leben so viele verschiedene Vogelarten wie auf Mandø. Man kann sie außerdem aus nächster Nähe in der großen ornithologischen Sammlung studieren, die sich in **Stefan Jørgensens Haus** befindet. Es ist eine große Privatsammlung, die aus ungefähr 30 Vögeln – und anderen Tieren – besteht, die auf Mandø gefunden worden sind. Die Vögel sind in einem Raum ausgestellt, wo man versucht hat, Mandøs Natur nachzubilden.

Von Mandø nach Rømø Havn

Will man den Segeltörn fortsetzen, dann muß man bis zu dem obligatorischen Augenblick, zwei Stunden vor Hochwasser, warten, damit man genug Zeit hat, aus der Sackgasse des Juvre Dybs herauszufinden.
Das bezeichnete Fahrwasser windet sich nun nach Südwesten, südlich um Kore Sand herum, bis man die beiden roten Tonnen vor Juvre Dyb wieder erreicht hat. Mit südlichem Kurs hält man nun auf die neun Seemeilen entfernte rot-weiße Ansteuerungstonne Lister Tief zu. Der Kurs führt nun durch das gut bezeichnete Lister Tief nach OSO. Spätestens an der gelben Grenztonne G 1 sollte man den Kurs in das nach Nordosten abzweigende Rømø Dyb absetzen. Herum um die Südspitze der Insel segelt man in diesem gut markierten Fahrwasser bis zur Einfahrt von

Rømø Havn

Der Hafen ist ziemlich neu, seine Einweihung fand im Mai 1964 statt, und er dient in erster Linie als Fischereihafen, aber auch als „Sprit"-Fährhafen nach List auf Sylt. Das Becken innerhalb der nördlichen Außenmole ist während der Saison vom 1. April bis zum 1. November Sportbooten vorbehalten. An den Schwimmstegen gibt es etwa 50 Plätze, wobei alle freien Plätze von Gästen benutzt werden können. Dagegen dürfen die übrigen Kais nicht angesteuert werden, weil diese für die Fischer reserviert sind.

- Telefon
- Wasser
- Lebensmittel
- Diesel
- Hafenmeister: Tel. 74 75 52 45
- Fahrradverleih
- Nächste Tourist-Information: Havnebyvej 30, Kongsmark, Tel. 74 75 51 30

Die Schifferkirche St. Clemens auf Rømø

Die Insel

Auf dem höchsten Punkt der Insel kann man heute **zwei Kanonen** sehen, die aus dem Lister Tief geborgen worden sind. Diese Kanonen stammen aus der Schlacht im Lister Tief 1644, als König Christian IV. die schwedische und niederländische Flotte besiegte.
Rømø ist mit seinen zehn Kilometern nach Norden zu bis Juvre zu groß für eine Inselrundwanderung. Hier ist ein Fahrrad angeraten. Die Landstraße nach Westen endet im großen, meerzugewandten **Südstrand**. Hat man den Deich überwunden, so bietet sich eine einzigartige Aussicht über den 3,5 Kilometer breiten Sandstrand, der den Anhängern der Freikörperkultur zum Baden vorbehalten ist.
Einige Kilometer nordwestlich von Havneby am Borrebjergvej liegt das **Rømø Sommerland**, das wie ein echtes Dorf in Minigröße angelegt ist, mit Enten im Dorfteich, Schafen, Ziegen, Kätzchen, Kaninchen und Ponys. Darüber hinaus kann man hier eine Unmenge von spannenden Dingen tun. Es gibt hier Dänemarks längste Wasserrutschbahn und noch andere raffinierte Einrichtungen: eine Seeräuberburg mit Wendeltreppenrutschbahn, ein Nautic Jet und den Himmelexpreß. Ist einmal der Eintritt bezahlt, so können die Kinder alle Einrichtungen kostenlos benutzen.
Man kann auch die Landstraße entlang in nördlicher Richtung fahren. In Kirkeby, gut drei Kilometer nördlich von Havneby, steht Rømøs markante **Schifferkirche St. Clemens**, mit Erinnerungsstücken aus der großen Zeit des Walfangs. Die Kirche beherbergt mehrere schöne Votivschiffe und drei große Kronleuchter, die von den Seefahrern gestiftet worden sind. An mehreren Kirchenstühlen befinden sich Namenszüge; sie stammen aus der Zeit, als der Pastor seine schmalen Einkünfte aufbesserte, indem er das Recht auf Benutzung der Kirchenstühle verkaufte.
Eine interessante Eigenheit des kirchlichen Lebens der Insel ergibt sich daraus, daß der Heiligabend-Gottesdienst am 23. Dezember und nicht, wie im übrigen Teil des Landes, am 24. abgehalten wird. Die Ursache hierfür ist, daß, obwohl die Kirche fast in der Mitte der langen Insel steht, die Bewohner des nördlichen Teiles etwa einen Weg von sieben Kilometern zur Kirche haben. Früher, als man entweder im Pferdewagen fuhr oder zu Fuß ging, war es doch eine beträchtliche Entfernung vom Haus zur Kirche, und oft hatten die Bewohner des Juvre-Gebietes ihre Mühe, rechtzeitig zur Heiligabend-Mahlzeit wieder nach Hause zu kommen, weshalb man sich darauf einigte, den Heiligabend-Gottesdienst am 23. Dezember abzuhalten, eine Sitte, die immer noch in Ehren gehalten wird.
Der Friedhof ist geprägt durch die Walfängerzeit der Insel, denn entlang der Nordmauer findet sich eine einmalige Ansammlung von Grabsteinen, die **Kommandørstenene** genannt werden. Die Kapitäne der Walfangschiffe brachten selbst die Steine aus dem Gebiet um die Rhein-Mündung herum mit. Mehrere zeigen eine richtige kleine Lebensgeschichte des Kapitäns und seiner Familie.
Im Lakolk befindet sich **Rømø Mini Museum**. Die Ausstellung ist so angeordnet, daß auf einer Reihe von Tafeln über die Entstehungsgeschichte der Insel berichtet wird, von dem Zeitpunkt an, als diese eine Sandbank im Meer war, bis zu der Epoche, als sie ihre jetzige Größe erreichte, die dennoch nicht die endgültige ist. Die Gezeiten, die der Insel ein sehr eigenständiges Pflanzen-, Tier- und Vogelleben bescherten, werden ebenfalls in der Ausstellung dargestellt.
Nördlich von der einzigen Ampelkreu-

Der alte Kommandeurshof im Norden Rømøs, auch „Thades Gård" genannt, ist seit 1950 Nationalmuseum

zung der Insel und westlich der Ortschaft Bolilmark liegt **Høstbjerg**, der mit seinen 19 Metern Rømøs höchste Erhebung darstellt. Von hier aus hat man eine ungewöhnlich schöne Aussicht über das Heidegebiet hinweg. Ist das Wetter klar, kann man sowohl das Wattenmeer als auch die Nordsee überschauen.

In Toftum findet man eine Gedenkstätte aus Rømøs bedeutendster Zeit, dem 18. Jahrhundert. Es handelt sich um den schönen alten **Kommandørgård** (Kommandeurshof), auch „Thades Gård" genannt. Der Hof wurde 1950 vom Nationalmuseum übernommen, das in ihm eines der hervorragendsten kulturgeschichtlichen Museen des Landes eingerichtet hat. Es ist ein großartiges Erlebnis, durch die alten Stuben des Kommandeurshofes zu gehen. Dazu hat beigetragen, daß die Gebäude von ihrer Errichtung im Jahre 1748 an bis zur Übernahme durch das Nationalmuseum im Besitze der gleichen Familie gewesen sind.

Mit der größten Sorgfalt hat die Familie Thade die schönen Einrichtungen mit ihren mit Verzierungen versehenen Türen und ihren Bemalungen, Beschlägen und Möbeln aus dem 18. Jahrhundert und der Zeit danach in Ehren gehalten. Und der Hof zeigt den Wohlstand, den die Grönlandfahrt den Kapitänen brachte, die auf Schiffen von Deutschland und den Niederlanden aus fuhren. Der Hof ist mit seinen Paneelen, Decken und Türen vollständig restauriert worden. Die Wände sind mit holländischen Kacheln gefliest, und das Inventar ist nach den Begriffen seiner Zeit sehr vornehm. Als der Bauherr, der Schiffer Harcke Thades von der Insel Föhr, seinen Einzug in das neue Heim hielt, konnte er mit Recht stolz und zufrieden sein.

Auf dem Kommandeurshof kann man den Schlüssel zu **Dänemarks kleinster und ältester Schule** ausleihen, die ebenfalls in Toftum steht. Die Schule wurde von 1784 bis 1874 benutzt und bot mitunter bis zu 40 Kindern Platz. Der Lehrer war immer ein

alter Kommandeur, und er wurde unmittelbar von den Eltern bezahlt, sowohl in Bargeld als auch in Naturalien. Die Mädchen mußten reihum das Klassenzimmer sauber halten, und die Jungen mußten Heizmaterial mitbringen und dafür sorgen, daß Feuer im Beilegerofen war. Darüber hinaus galt die Abmachung, daß der Lehrer reihum von den Eltern beköstigt werden mußte.
Vom Kommandeurhof geht der Weg nordwärts nach Juvre. In diesem kleinen Ort hat man einen Gartenzaun aus Walknochen von 1772 bewahrt. Zu jener Zeit war es nichts Besonderes, Walknochen zu benutzen, da weder Steine noch Holz zur Verfügung standen. Ursprünglich ist der Gartenzaun jedoch wesentlich länger gewesen.

Von Rømø nach Højer Schleuse

Segelt man zum Abschluß in den südlichen Teil der dänischen Wattengewässer nach Højer hinein, so ist zu raten, dies nur bei Tageslicht, guter Sicht und auflaufendem Wasser zu tun, selbst wenn das Schleusen im Kanal vor Højer erst bei Niedrigwasser stattfinden kann. Nur so läßt sich das Boot nach einem eventuellen Festkommen schnell wieder flottmachen. Im Højer Dyb segelt man zwischen der Grenze an Steuerbord, und Jordsand, Dänemarks einziger Hallig, an Backbord. Heute ist dies ein Vogelschutzgebiet mit einer Beobachtungshütte auf Pfählen, denn bei Sturmfluten wird die kleine Insel überschwemmt. In der Geschichte Dänemarks taucht Jordsand 1644 auf, als die Dänen eine Schlacht gewannen und danach dort knapp tausend holländische und schwedische Seeleute begruben. Hat man die rot-weiße Ansteuerungstonne südöstlich des Højer Dybs erreicht, verläuft das nur vom 1. 4. bis zum 15. 11. bezeichnete Fahrwasser bis zur Einfahrt in den Højer Kanal, der durch den trokken fallenden Streifen vor der Küste gegraben ist.

Højer

Die **Vidåschleuse** im Seedeich verbindet das Wattenmeer mit dem Vidå-Fluß. Durch den Deich führt ein Tunnel, der zugleich als Gezeitenschleuse dient. Die Anlage kann nur bei Ebbe benutzt werden, wenn die lichte Höhe im Tunnel 2,5 bis 3,0 Meter beträgt. Die Wassertiefe in der Schleuse und hinein bis zum Yachthafen mit 85 Plätzen 1,4 Kilometer westlich der Küstenlinie beträgt 2,0 Meter. Die Schleuse am alten Deich wird nicht mehr benutzt, d.h. hier besteht freie Durchfahrt.
Auch hier ist eine **Flutsäule** aufgestellt, die den Wasserstand aller bekannten Sturmfluten anzeigt.
Der Vidå fließt weiter nach Tønder und führt allmählich immer weniger Wasser. Mit einem Tiefgang unter 1 Meter kann man in der Regel ganz zu den Bootsstegen am Rudbøl See hinauffahren, und einige flachgehende Boote können bis ganz hinauf nach Tønder fahren.

- Wasser
- Lebensmittel
- E-Anschluß
- Hafenmeister: Tel. 74 78 23 88
- Fahrradverleih
- Nächste Tourist-Information: Tønder, Tel. 74 72 12 20

In der Stadt

Højer ist eine eigentümliche, aber ansprechende Mischung von Dorf und Kleinstadt. Es besitzt einen Marktplatz und Straßen mit geschlossener Bebauung, doch mitten dazwischen liegen alte Bauernhöfe. Die schönsten Häuser aus dem 18. Jahrhundert stehen rund um den Marktplatz, der aus der Zeit stammt, als Højer eine Hafenstadt war und man von dort aus nach Holland segelte. Das älteste Haus von 1708 steht in der **Skolegade 3**, und in der **Storegade** befindet sich ein strohgedeckter vierflügeliger Marschenhof von 1762. In der Nørregade 38 steht der **Hindrichsenske Kaufmannshof**, der einen besonders stattlichen Anblick bietet. Das gemauerte Giebelhaus wurde 1760 errichtet, und der Bauherr ließ die Jahreszahl in schweren Eisenankern an der monumentalen Giebelfront anbringen.

Doch die unbestrittene Perle in der Landschaft ist die **Højer Mühle**. Sie wurde 1857 erbaut, 1976 restauriert und im Jahre darauf als Wattenmeermuseum eingerichtet. Nach Absprache können Gruppen einen Lichtbildervortrag über die Marsch, Sturmfluten und das Mühlenwesen ansehen. Die Mühle selbst ist mit ihren 30 Metern eine der höchsten aus Holz erbauten Windmühlen in Nordeuropa.

Die **Højer Kirche** wurde ungefähr um 1200 erbaut und steht am Marktplatz, wo das Gemeindebüro in einem wunderschönen alten Haus von 1803 eingerichtet worden ist. Außerhalb der Eingangshalle der Kirche befindet sich ein altes Halseisen. Hierin wurden Sünder zum Hohn und Spott der rechtschaffenen Kirchgänger zur Schau gestellt.

Die Flutsäule mit den markanten Ringen in Højer

Ortsregister